爆裂

未来社会的 9 大生存原则

How to Survive Our Faster Future

[美] 伊藤穰一（Joi Ito）
杰夫·豪（Jeff Howe） 著

张培 吴建英 周卓斌 译

whiplash

中信出版集团·北京

图书在版编目（CIP）数据

爆裂：未来社会的 9 大生存原则 /（美）伊藤穰一，（美）杰夫 · 豪著；张培，吴建英，周卓斌译 . -- 北京：中信出版社，2017.9（2017.11 重印）

书名原文：Whiplash: How to Survive Our Faster Future

ISBN 978-7-5086-8023-1

I. ①爆… II. ①伊… ②杰… ③张… ④吴… ⑤周… III. ①世界经济形势 – 研究 IV. ① F113.4

中国版本图书馆 CIP 数据核字（2017）第 192258 号

Whiplash: How to Survive Our Faster Future

爆裂：未来社会的 9 大生存原则

著　　者：[美] 伊藤穰一　[美] 杰夫 · 豪
译　　者：张　培　吴建英　周卓斌
出版发行：中信出版集团股份有限公司
（北京市朝阳区惠新东街甲 4 号富盛大厦 2 座　邮编　100029）
承 印 者：北京通州皇家印刷厂

开　　本：787mm × 1092mm　1/16　　印　　张：21.5　　字　　数：235 千字
版　　次：2017 年 9 月第 1 版　　印　　次：2017 年 11 月第 4 次印刷
京权图字：01-2017-4273　　广告经营许可证：京朝工商广字第 8087 号
书　　号：ISBN 978-7-5086-8023-1
定　　价：65.00 元

献给 M.，A.，A.，以及 F.，

谢谢你们阐述了那些亘古不变的至臻原则。

“目前，我们的旅程一直很舒适、惬意，路况一直很好，食物也充足、美味……事实上，如果我没经历过那些前所未有的糟糕透顶的事情，我会说，麻烦的事情才刚刚开始呢。”

——塔姆森·唐纳（Tamsen Donner），
1846 年 6 月 16 日

推荐序一
如何在快速变革的时代不被抛在脑后

在 2017 年年初的世界达沃斯论坛上，我有幸与麻省理工学院媒体实验室（MIT Media Lab）负责人伊藤穰一（Joi Ito）就“人工智能”这一话题展开讨论。那是一场非常有意义且有趣的对谈，我们在很多观点上不谋而合，他富有远见的独特视角同时也让我思路更加开阔。

仅仅时隔半年多，伊藤穰一和杰夫·豪（Jeff Howe）的新书（中文版）就要付梓面世了。为了完成这本书，他们花了 4 年的时间，采访了大量与媒体实验室有关联的人士，包括学生、工作人员和老师。从书中大量翔实的案例和资料中，能够看出两位作者的扎实功底、勤勉和努力。在此，向他们表示祝贺。

本书的两位作者是极富远见的思考者。他们敏锐地看到，随着科技革命和通信革命的发生，世界已经进入数字时代，变革快速出现，而人类的思维却总是处于脱节状态。面对这个充满不对称性、复杂性、不确定性的崭新系统，人类的思维需要更新迭代。本书基于此提出了现代世界生存的九大原则，以帮助个体和组织应对充满挑战和不确定性的未来。

这 9 个原则分别是：涌现优于权威、拉力优于推力、指南针优于地图、风险优于安全、违抗优于服从、实践优于理论、多样性优于能力、韧性优于力量以及系统优于个体。

这些原则不是抽象的理论，而是伊藤穰一带领下的媒体实验室每天都在践行的工作方式。它们极大地激发了研究人员的想象力和创造力，让媒体实验室始终保持独特性、新颖性和神奇性。

在书中，我惊喜地看到这些富有生命力的科研成果：内里·奥克斯曼（Neri Oxman）创作的、用6 000多只蚕的吐丝包裹成的复杂圆顶结构“丝绸亭”（Silk Pavilion）；合成生物学家汤姆·奈特（Tom Night）组织的国际遗传工程机器大赛（iGEM），及赢得2013年大奖的“贝当古小组”（Team Bettencourt），后者致力于研究肺结核的根治办法；神经科学家埃德·博伊登（Ed Boyden）主导了雄心勃勃的大脑揭秘计划，他们通过基因改造神经元成功治愈了老鼠的失明，未来这项技术将可以用于治疗人类从帕金森综合征到应激障碍等许多大脑紊乱病症。

本书作者之一的伊藤穰一的成长经历颇为传奇。他曾两次从大学退学，做过夜店DJ（唱片骑士），经营过一家书店，并参与创建了多家公司。他还是一位风险投资人，投资了推特（Twitter）、Kickstarter等著名公司，并担任索尼（Sony）、《纽约时报》的董事会成员。

创业和投资的经历让伊藤穰一对企业组织和管理方式有诸多体会。书中提到的美国在线（AOL）的案例尤其让我印象深刻。

2000年，我在美国担任微软（Microsoft）全球副总裁，旁观了美国在线对时代华纳公司（Time Warner）的收购。这在当时是美国乃至世界历史上最大规模的一次收购。那时正值美国的互联网泡沫，股价飞涨，美国在线意气风发。可是随着纳斯达克股市崩盘和互联网泡沫的破灭，互联网产业瞬时进入寒冬。合并后的美国在线 – 时代华纳公司陷入长期亏损，最终在 2009 年正式分离。现在，美国在线已经不存在了。

这件事带给我思考，在以互联网为基础建构的、快速变化的现代世界，企业该如何保持创造力。作者在研究维基百科、推特的案例后发现，成功的运营策略是通过网络将需要的资源吸附过来，而不是将材料和信息集中存储起来。这也是我 2009 年创办创新工场的理念之一，鼓励中国的年轻创业者以开放的心态，用“拉力”而非“推力”原则，将优秀的人才和资源组织起来，同时通过持续的迭代和调整，实现低成本的创新。

2011 年，伊藤穰一被享誉世界的麻省理工学院媒体实验室聘为主任。不少人好奇甚至怀疑，没有学士学位的伊藤穰一如何能实现如此成就？这本书也给出了答案，秘诀就是自我驱动式学习。

伊藤穰一认为，传统的教育是单向、自上而下的知识传递模式，是接受别人教授的知识的过程。而一个人只有将学习和自己的兴趣、个人关系以及可能追求的机会联系起来时，才会学得最好。人们必须培养兴趣驱动式、自主式和终身式学习的能力，否则将永远在快速变化的世界中处于劣势。

这和我对人工智能时代的思考非常相似。在不久的未来，简单的、重复性的工作将被人工智能取代，现在社会中 50% 以上的工作会消失。这不是危言耸听，而是已经在逐步发生的事实。例如,《纽约时报》已经大量使用机器人写稿，摩根大通即将启用机器人来进行全球股票算法交易；机器视觉的进化不可避免地会给安保行业造成冲击；2016 年我尝试采用的智能投资算法，获得了比我的私人理财顾问高 8 倍的收益等。

在与强大的人工智能的竞争中，人类必须变成创新型学习者，无论是理工科学的发明，还是人文艺术的创意，否则将会被“没有人性”的机器无情替代。

更可贵的是，作者在书中主张了多样性的价值，认为身处这个极端复杂的时代，多样性是一种好的管理方式，无论是对雇主还是雇员、管理人员还是工作人员，多样性都将带来全面的好处，拥有不同背景的员工的机构在解决问题时更有优势。

多样性的重要性不仅仅局限于商业领域，而是维系了共同的价值。接纳多样性是一种每个人都需要持续增强的能力，也是一种随时让自己增强“拉力”，每天保持理解和学习新事物的绝佳习惯。回到我和伊藤穰一关于人类未来工作的那场对话，人工智能会带给人们比工业革命更为巨大、猛烈的变化，此时，学习和适应能力最强的人，才有可能及早做好准备，为自己找到全新的定位。

李开复 博士

创新工场董事长暨首席执行官

创新工场人工智能工程院院长

推荐序二 未来的应对

今天大多数人已经接受我们开始进入智能时代这个事实，并且在考虑将来如何在这个充满机会、不确定性甚至是危机的时代生存。当机器可以逐步取代人，更多更好地完成原本必须由人才能完成的事情，诸如组装产品、开车、分析文档、写作、诊断疾病和交易证券的时候，大家不禁要问，未来人类的出路在哪里？甚至一些未来学家（也包括科技界的精英和一些历史学家）预测未来大部分人是难以找到自己的角色的。对于这些问题，大家在自己思考之余，或许也和我一样想听听那些一直走在科技最前列的人是如何考虑这个问题的。

说到未来科技，可能会有不少人想到麻省理工学院著名的媒体实验室。媒体实验室其实和媒体本身没有太多的关系，它以不约束教授们的研究方向，专门研究关乎人类未来的、跨学科的项目著称，而在跨学科之中，技术和人文的结合又是它的一个亮点。在历史方面，媒体实验室为人类贡献了很多重要的原创性发明，比如触摸屏、电子墨水、提升人类灵活性的假体、可穿戴式设备和车载 GPS（全球定位系统）等。而它在选择实验室主任的时候，更是不拘一格，选择了并没有学士学位（退学学生）的非学术界人士伊藤穰一担任这个重要的职务。伊藤穰一有很多头衔和职务，不过我觉得社会活动家和风险投资人最切合他的身份。

伊藤穰一对科技和商业的历史有全面的了解，对当下科技的整体大势有着准确的把握，对未来社会的特点有着自己深刻的认识。他将自己对过去、当下和未来的思考写成了《爆裂》一书，我读了之后觉得非常具有启发性。

在《爆裂》一书中，伊藤穰一以历史上一些大发明家对一些重大发明（包括他们自己的发明）的误判作为讲述的起点，介绍了他对未来的三点认识，即不对称性、复杂性和不确定性。所谓不对称性，是指由于技术的进步今天少数人可以颠覆一个大机构。我在一些场合讲，今天的创业常常就是蚂蚁战胜大象的故事，其实说的就是这个道理。所谓复杂性，则是指今天的知识体系非常复杂，是跨学科的，而不是单一维度的，是综合的，而不是单纯的。今天有一个时髦的词——跨界，其实在某种程度上反映出了知识体系复杂性的特点。所谓不确定性，则是指没有人能够预测未来。无论是麦肯锡的分析师，还是政府部门掌握了绝密资料的官员，甚至作者讲他自己，都对于快速变化的未来没有预知。我在很多场合讲过，好的投资人都是重反应而轻预测，就是这个原因。对未来的预测不仅困难，而且必要性不大。

那么面对这样一个未来，人类应该怎么办呢？伊藤穰一从 9 个角度谈了他的破局方法。

第一，涌现优于权威，意思是说新的事物（比如新技术）比过去的权威更重要。在这种前提下，人类唯一能做的就是接受新的事物。伊藤穰一举了一个例子，麻省理工学院的一名高级研究员汤姆·奈特，他在计算机科学的诸多领域有重要的发明，但是他却在年纪很大时跑去和大二学生们一同去学生物课了，因为他知道今天半导体集成电路的密度已经接近极限，未来很难再提高了。在细胞层面基于化学反应的集成电路板或许能代表未来，因此，即使作为一个计算机科学的权威人士，奈特仍认为自己必须读一个生物学的硕士学位，以便应对涌现出来的新技术的挑战。

第二，拉力优于推力。所谓推力，就是用各种方式推销给你东西，而所谓拉力就是自己有需求而主动获取。在互联网时代，分布式的、来自底部的主动需求，显然要比从上面推下来的东西有价值。

第三，指南针优于地图。在能够预测的年代，我们看到地图就能找到路径，但是在未来，很难画出一份准确而具有时效性的地图，因此使用指南针找准方向，要比按图索骥有意义得多。

第四，风险优于安全。在这一章中，伊藤穰一举了深圳的例子。为什么这个地方成了全世界很多高端硬件产品部件的供应源头，伊藤穰一认为这是因为深圳的小企业更愿意承担风险，在未来，没有什么是绝对安全的。美国只有像深圳那样愿意拥抱风险，愿意承受失败并从头再来，才能够与深圳相竞争，这其实等于是让美国回到当初的成长阶段，看似是倒退，其实是进步。

第五，违抗优于服从。我在《硅谷之谜》中讲到，叛逆和对叛逆的宽容，才是硅谷成功的第一要素。伊藤穰一在这本书中用一个故事说明违抗的重要性，即20世纪初杜邦公司（DuPont）发明尼龙的故事。卡罗瑟斯（Carothers）的老板斯泰恩（Stine）给予下面的科学家足够的自由做自己的研究。但是，他后来的老板博尔顿（Bolton）要求大家研究能赚钱的东西，所幸的是卡罗瑟斯仍继续专注于自己的兴趣，并且利用过去自由研究时期积累的科研成果，最终发明了尼龙。伊藤穰一认为，没有违抗就没有大发明，因为创造力需要摆脱束缚，这其实就是在违抗那些出于善意的（和不那么善意的）管理者的意愿。

第六，实践优于理论。对于理论和实践哪个更重要，在历史上一直有争议。伊藤穰一并不想论述谁更重要，他所谓的“实践优于理论”，意味着由于节奏快、变化成为新常态，等待和计划的成本要比先实践后随机应对更高。在过去慢节奏的时代，做所有事情的时候，都可以规划好了慢慢来，这样可以有效避免损失。今天这种规划变得不现实，因此应该先行动起来再说。

第七，多样性优于能力。简单地讲，就是通才比专才重要，在一个机构中，人才的多样性比单一化有优势。

第八，韧性优于力量。对这一点的认识，或许来自伊藤穰一东方人的基因，即对所谓的“柔能克刚”的认同。力量在一个机构中的作用当然不消说，但是，如果我们承认未来的不确定性，以及局部失败的必然性，我们就需要一个能抵御灾难性故障的系统，而韧性能够帮助度过意想不到的风暴，使得一个机构真正变得更加活跃、强健和有活力。在未来某一时刻，我们都可能无可避免地要面临失败，最实用的系统能够快速革新重生，关键在于保持韧性。

最后一点：系统优于个体。这其实是系统论的观点。真正具有竞争优势的是一个系统，而非一个特别强大的个体；是一套能够保证不断成功的制度，而不是一个天才个人的行为。

伊藤穰一在书的结尾用了谷歌（Google）的阿尔法狗（AlphaGo）和李世石对弈（当时阿尔法狗还没有和柯洁下棋）的例子描述了人工智能的飞速发展以及人类所面临的挑战。总的来讲，他是一个对人类未来持乐观态度的人，他认为机器还没有到取代人的时候，而人所需要做的或许是和机器的配合。伊藤穰一肯定了人类所具有的适应性，并且相信人类能够适应未来，只是我们过去过分看重物质财富而忽视了人的适应性。人的适应性的背后则应该是人的创造力。而未来的创新方法在很多方面已经体现在伊藤穰一所给的这 9 对矛盾中了。

《爆裂》一书可读性非常好，它不是专门写给 IT（信息技术）行业的人士或者创业者的，而是针对大众的。书里面的例子非常生动有趣，因此我一口气就将它读完了。在此之后，我思考着作者所提出的问题和他的分析，感到很有启发，于是又读了第二遍。这一遍，我又有了新的认识。因此，我认为这本书对于今天各行各业的人，都很有参考和借鉴的意义。

吴军　博士

著名自然语言处理和搜索专家，硅谷风险投资人

2017 年 8 月 6 日于硅谷

推荐序三
重新定义常识

一个灾难性的、黑天鹅级的污染事故发生了……因为事先完全没有准备，到处都是一团糟。数万人逃离家园，恐慌情绪蔓延。政府极力救灾，但人手和资源毕竟有限，连官方公布的各地污染数据都是错的。政府把一些灾民转移出来，可是有人发现，政府指定的新安置地点的污染程度居然比这些灾民原来住的地方还要严重。人民必须自救，可是现在甚至没人知道哪里是安全的。

接下来的局面当然是一方有难八方支援。但是这一次的剧情，跟我们常见的捐款捐物很不一样。

一个身在海外的科学家发出一封电子邮件给几位同行，号召懂技术的人为救灾做点什么。讨论的结果是必须迅速搞到一批环境监测设备——灾难发生以来这个设备太抢手，已经买不到现成的了。几个人发起和创建了一个网上社区，更多的人参与进来，大家干脆决定自己制造：一个创业公司设计出来了更方便好用的新款设备，一个众包网站帮着筹集了款项，一家本地公司完成了生产，一大群志愿者把监测设备绑在汽车上走街串巷，他们很快就收集了超过 5 000 万个数据点，放在一个知识共享网站上供人们随时查阅……

日本政府解决不了的问题，被网友、大众解决了。

我觉得这个事儿做得特别漂亮，比“共享单车”之类的互联网风投故事更有意思，只可惜不是发生在中国——当然，庆幸的是灾难也不是发生在中国。这是 2011 年日本地震导致核电站泄漏之后发生的事。那个环境监测设备是探测核辐射的盖革计数器，那个首发倡议的科学家是麻省理工学院媒体实验室主任——伊藤穰一。

麻省理工学院的媒体实验室是个非常有名的机构，我们经常听说那里的新发明，但是伊藤穰一和杰夫·豪合著的新书《爆裂：未来社会的 9 大生存原则》，讲的并不是技术。这本书讲的是伊藤穰一从创新的理论和实践中悟出的一些道理。

以我之见，这些道理有一个共同的主题，那就是在互联网时代，一种“新体制”正在解决一些过去的“旧体制”解决不了的问题。

伊藤穰一在书中列举了很多最新的进展，包括他所在的媒体实验室的案例，但新体制这个思想并非伊藤穰一首创。你可能早就听说过这样的旧体制和新体制的类比：大教堂和集市、集权和分权，包括我以前的一篇文章中提到的蜘蛛和海星。

简单说来，旧体制做事的方法是“命令与控制”：领导做出决策，下级贯彻执行，而新体制的做事方法，叫作“涌现”。

“涌现”是个非常地道的科学名词，说的是超级复杂系统的一个关键性质。比如说蚂蚁。每一只蚂蚁个体并没有什么智慧，做的事都很简单，几乎全是生物本能反应，可是当有了蚁群，它却能做出一些极其精巧复杂、充满智慧的事情。人的大脑中有上千亿个神经元，单个神经元的功能都是比较简单的，就好像是一个电子元件，可是所有这些神经元加在一起，却能让人产生智慧和意识。这就是涌现。

请注意，涌现可不是我们平时说的“集中力量办大事”。涌现是一个一加一不但大于二，而且变成了一个全新事物的过程，它上升到了不同的层次。市场是一个典型的涌现现象：每个人都只会自己的一点点专业技能，甚至没有一个人掌握哪怕从头至尾制造一根铅笔的全部手艺，但是众人合作，可以造出无比复杂的东西。

如果涌现是个如此厉害和普遍的力量，为什么非得等到互联网普及的今天，才又开始被人重视起来了呢？这是因为实现涌现是有条件的。早在70年以前，经济学家罗纳德·科斯（Ronald Coase）就问过这个问题：既然市场这么好，为什么企业内部不实行市场式的自由合作，非得搞命令与控制这一套管理呢？答案是交易成本太高。把一群陌生人组织起来进行有效合作是需要成本的，因为交易成本太高，涌现并不经常发生。

然而，互联网大大降低了交易成本。互联网虽只是一项技术，但是这项技术可能会导致翻天覆地的变化。这本书中有个比喻特别好：现在我们看互联网，就好像电影技术刚出来的时候的人们对待电影的态度。最早的电影是没有剧情的，都是一些小短片供人们消遣。很久以后，有了特写镜头、有了声音、有了剧情，有了长的故事片，人们才意识到“电影”到底是个什么东西。用伊藤穰一的话说，这就是“系统”的力量，你预测未来不能光考虑技术本身，还得考虑技术与环境的互动。

用这个眼光再看互联网时代，对于我们很多默认的常识，就得重新考虑了。

比如说，我们以前总说一个成功的团队要上下一心、“团结如一人”，当下仍然适用吗？不一定。新时代讲究多样性，把有不同背景、不同观点的人放在一起，反而能获得更强的做事力量和适应能力。人才配置不再是把最好的人放在最关键的地方，用罗振宇爱说的一句话说，而是“自由人的自由联合”。书中最好的例子是一群电子游戏玩家，帮着生物学家解决了一个重大难题，还获得了论文的署名权——因为游戏玩家有比生物学家更棒的空间想象力。

“不团结”，往往是创造力的来源。在这个时代“违抗”比“服从”更有价值，有很多科学发现是科学家“违抗”上级命令、自己单干的结果，因为没有人是靠别人告诉你怎么做而赢得诺贝尔奖的。

再比如说，“不打无准备之仗”，这句话还对吗？黑天鹅事件本质上就是不可预测、没办法提前准备的。专家认为 9 级以上的地震在日本 1.5 万年才会发生一次，但它就偏偏发生了。事实上，像这样的灾难提前准备反而是不必要的，否则政府就没有资源干别的了。

新时期的应对方法，是用“拉力”代替“推力”。也就是说，关键不在于你事先把多少资源“推”到这里等着灾难发生，而在于等到黑天鹅事件发生以后，你能不能迅速把资源“拉”过来。后者要求快速有效的信息交流，以及一个能迅速生产出任何新产品的供应链，而两个条件现在都具备了。

还有，“谋定而后动”，这句话现在也不一定对。伊藤穰一在书中提到有个项目，想让一个公司投资 60 万美元。这个公司说我做投资决策得谨慎，要先做个可行性研究，结果这个可行性研究就花了 300 万美元。这就是僵化的决策体制。

那新体制是怎么做决策的呢？是先做起来再说。太过追求安全你就什么都赶不上，敢于冒险、有想法赶紧尝试才是时代特色。其实这种决策方式一直都有，并不需要非得在互联网平台才能用。几年前，奇普·希思（Chip Heath）和丹·希思（Dan Heath）的《决断力：如何在生活与工作中做出更好的选择》这本书里就讲过这个道理——实干家不需要精确调研。但是伊藤穰一这本书中提到一个关键机制，使得“尝试冒险”的做法变得更容易了。

这个关键机制就是“供应链”的成熟。现在任何一个人有个什么好想法，找到人帮你把想法设计成产品，帮你安排产品的生产，帮你做市场营销很容易。你不需要工厂，不需要库存，甚至不需要自己的资本，你需要的只是想法。有想法就尝试一下，很快设计定型，把产品推向市场，如果卖得好就继续生产，如果卖得不好就放弃，成本并不高。这是冒险成本越来越低、大企业敌不过小公司的时代，这是把一切产业都变成软件产业的机制，这是没有资本的资本主义！

互联网科技对世界的改变，绝不仅仅是生活和娱乐的升级，更可能是整个生产方式和社会组织管理的根本变革。如果“涌现”比“命令与控制”越来越高效，那“维护领导的权威”及

“加强管理”还有多大的意义？如果现在的“天命”是在小创业公司这一边，那巨无霸企业岂不是很危险吗？

其实这个道理并不新。在近代中国的历史上，游击队的胜利体现了这个道理，“山寨制造”打败国际大品牌也是这个道理。耶鲁法学院教授吴修铭（Tim Wu）有本书叫《总开关：信息帝国的兴亡变迁》，它从美国信息产业的发展史中，总结出一个规律：任何革命性的信息技术，一开始出现的时候总是自由开放的，而成熟以后一定会走向垄断封闭。现在我们正好赶上一个新技术发展的关口，“自由、开放、去中心化”，是这个时代的主题。

伊藤穰一说了“涌现”体制的这一面，我想提醒读者一句，“命令与控制”这个“另一面”并没有完全失效，而且一旦创新速度变慢，相关领域就很可能重回“命令与控制”体制。

那么回过头来说，伊藤穰一提醒我们的终极问题是：到底什么样的体制，才是创新体制？答案是涌现体制。如果害怕风险和混乱，干什么事都要等待准允，你就不可能真的是在创新。

现在在中国，拿个智能手机上街基本上就不用带钱包了，中国人享受到了全世界最发达的互联网服务，这是相当了不起的成就。可我仍觉得中国在互联网时代还有很多需要进步的地方。伊藤穰一2011年应对日本核电站泄漏事故所做的事情，还没有哪个中国人做过。麻省理工学院媒体实验室这样去中心化、“反学科”的研究机构，中国还没有。真正原创的互联网应用，在中国还太少。

可是要说创新的"硬环境"，比如说完备的供应链，你知道哪里最强吗？就在中国深圳。深圳的供应链很强大，美国人已经放弃竞争了。按伊藤穰一的说法是美国干脆连想都不要想自己搞供应链的事儿了，硅谷和深圳是天作之合。

为什么不是中国中心城市与深圳搞天作之合呢？就在本书中文版出版的这个时候，"区块链"成了最新的热点。这是一个更彻底的去中心化机制，一个更强大的涌现力量。

所以，读书的时候赞叹创新很容易，但真正面对新事物的时候敢不敢放手冒险，才是最难的事啊。

万维钢

科学作家，"得到"App《精英日课》专栏讲师

目录

序　言

1895年12月28日，巴黎大咖啡馆（Grand Café）门外人头攒动，人们正在等待一场神秘的展览开幕。这场展览的发起人许诺，观众只需花1法郎便可亲眼见证人类历史上首批“活照片”。对现代人来说，这更像是一场嘉年华杂耍。但在19世纪末，这可无法阻挡巴黎人的热情。当时可谓是制造轰动的时代——通灵人、耍蛇人、斗熊摔跤者、原住民武士、魔术师、环形全景画、巫女等一一登台。连同这些奇观一同登上报纸头条新闻的，还有19世纪90年代的许多正统科学发现以及工程学成就。就在此前几年，古斯塔夫·埃菲尔（Gustave Eiffel）建起了当时世界上最高的建筑物，电则把巴黎变成了光之城。在巴黎宽阔的林荫大道上，汽车的数量开始超过马车。工业革命改变了人们的日常生活，各种新奇事物和快速变化纷纷出现。如果有个巴黎人认为每一个晚上都可能发生意想不到的事情，他一定会被理解，因为事实经常如此。

观看首批“活照片”的观众最终被引领着迈下数级黑暗、狭窄的台阶，来到咖啡馆的地下室，坐在摆放整齐的折叠椅上。而在房间中央凸起的平台上站着一名男子，他正在摆弄一个小木箱。短暂的尴尬之后，这台装置突然发出一道光，照亮了一块由亚麻布制成的屏幕，妇女的模糊身影从工厂的阴影中显现出来。观众对这一奇观的反应并不热烈，因为大半个巴黎城区的人们都能看到工人离开工厂的景象。之后，影像奇怪地闪动起来，似乎活了过来。屏幕上的妇女开始三三两两地从工厂中陆续走出。这段极为粗糙的镜头在今天看起来很可笑，但在那天晚上，巴黎中部的大咖啡馆的地下室内，观众们惊呆了，他们为此而鼓掌，开始大笑，还有人坐在那里目瞪口呆。50 秒钟过后，这段影像便宣告结束。人类历史上首次进行电影放映的奥古斯特·卢米埃尔（Auguste Lumière）和路易·卢米埃尔（Louis Lumière）兄弟最多只能往他们的发明——电影中放入 17 米长的胶片。

对于那些首次看到将光线转化为移动影像，首次在绷紧的屏幕上看到裙子随风飘摆的人们而言，他们感觉如何？后来，最早一批放映员中有人回忆说："你只有身临其境体会那些刺激无比的放映，才能了解当时的观众究竟有多兴奋。每放映一幕，都会伴随热烈的掌声。放映 6 幕后，我打开了灯光，发现观众们浑身发抖，还有人哭了出来。"[1]

这一奇观的消息迅速传播开来。大咖啡馆外人潮涌动，乱成一团，以至警察都出动以维持秩序。[2] 一个月内，卢米埃尔兄弟将节目单增加了一倍，拍摄了其他数十部人们口中所说的 50 秒的新"影像"。卢米埃尔兄弟是头脑灵活的商人和发明家，他们在随后的春天里在整个欧洲大陆和美国展示自己的作品。然而，卢米埃尔兄弟被人们记住并不是因为他们发明了电影，更多是因为一部名为《火车进站》（*L'Arrivée d'un Train*）的影片，或者更准确地说，是因为这部电影首次放映时所引发的骚乱。

即便不会讲流利法语的人也能猜得出，《火车进站》描述的是一列正在进站的火车。然而，并没有人向第一批观众发出警告。拥挤成一团的观众们以为这列火车将会驶出屏幕，把他们撞得血肉横飞。于是，观众们跌跌撞撞，发疯似的冲向出口。灯光亮了起来，一大群人挤在狭窄的楼梯上。这场悲剧的惨痛程度取决于你相信谁的讲述，有一些现代学者也质疑过这起骚乱的真实性。

无论其真实性几何，这个故事很快成为电影传说，也成为批评家马丁·洛勃丁格（Martin Loiperdinger）口中的“电影创始神话”。[3] 这个城市故事明显发挥了重要作用：它或许最准确地表达了亲历“不可能发生的事情”发生时的那种纯粹、神秘的奇怪感觉。简单的事实不足以描述这种轰动，我们必须虚构一个神话来讲述事实。科技已经超越了我们的理解能力，而这也并非最后一次。

人们或许有理由认为，拥有全球知名度和迅速增长的片源库的卢米埃尔兄弟将会变得极其富有，并不断推动这一全新媒介发展变化。然而，到 1900 年，他们便结束了。奥古斯特·卢米埃尔宣称：“电影是没有未来的发明。”卢米埃尔兄弟开始投身于彩色摄影这一可靠的技术领域。

这则声明让人诧异的地方并不在于两位前途光明的企业家做出了重大的误判，而是这个在现在看来是误判的决定在当时绝对称得上是一个聪明的决定。19 世纪与 20 世纪相交之际，卢米埃尔兄弟身处一个拥挤无比的领域，他们的电影引发了无数的效仿者。当时，早期的电影只是从一个角度拍摄的单一场景影像，没有摇臂，没有镜头切换，情节也仅仅局限于那种人踩到钉耙，钉耙弹起砸到鼻子，引发观众大笑的场景。就像当时其他轰动一时的事物一样，新鲜劲儿一过，电影不过就是街头娱乐。人们创造了电影技术，但并非电影这种媒介。当我们观看这些早期影片时，我们看到的并不是电影，而只是一些活动的图像。

未能意识到这一发明有重大意义的人并非只有卢米埃尔兄弟。一些极负盛名的发明家、工程师、工艺师都没有意识到自己工作成果的潜力。事实上，历史告诉我们，那些最接近技术核心的人最不可能预料到这些技术的最终应用。1844 年 5 月，塞缪尔·莫尔斯（Samuel Morse）发明了全球首个商业通信系统。站在美国国会大厦的地下室内，他向 38 英里[①]外巴尔的摩的一座火车站发出了一封电报。这封电报的内容由《圣经·旧约》而来：“上帝创造了何等奇迹！”短短几年时间，每一座美国大城市都实现了即时通信。而在 10 年内，第一条跨大西洋电缆铺设完毕。

“上帝创造了何等奇迹”被认为是在表达感激之情——“看看天父为你所做的一切”。当时，莫尔斯表示，要以发明者的名义为美国电报施洗，他的意思是指上帝，而非自己。然而，当天晚些时候，当他把这句话记录在一张小纸条上以为后世留存时，他加了一个问号，改变了整句话的含义。[4]莫尔斯因虔诚地大谈特谈宗教而被世人所知，但加上这个问号，他便成了一位更加有思想的人物。数千年来，信息的传递速度从未快过马匹，无论信

① 1 英里 =1.609 千米。——编者注

使是国王还是国王的厨师。现在，信息的传递拥有了某种宇宙力量的速度。他或其他任何人如何得知它会给世界带来什么呢？

莫尔斯不知道。他去世时仍然相信，通信业的下一个大发展将会是能够同时传输多条信息的电报线，而非电话。当亚历山大·格雷厄姆·贝尔（Alexander Graham Bell）首次展出他的这一发明时，莫尔斯将电话贬斥为“电子玩具”。几十年过后，托马斯·爱迪生（Thomas Edison）也没有表现出拥有更加深刻的洞见。他将首台被他称为“会说话的机器”的留声机推向市场，这成了记录商人口述信件的设备。他称之为“爱迪电话”。此后许多年，他都坚持认为，应该不会有什么客户用它来播放音乐。一位自学成才的工程师埃尔德里奇·里夫斯·约翰逊（Eldridge Reeves Johnson）意识到了留声机的潜力，它能够将音乐带入千家万户的客厅以及酒吧。他于 1901 年创办了维克多唱片公司（Victor Records），并邀请著名歌唱家恩里科·卡鲁索（Enrico Caruso）加入。爱迪生发明了留声机，但约翰逊做的事情更加伟大，他开创了唱片产业。[5]

对于这种重大失误，人们常常报以假笑，似乎爱迪生就是巴斯特·基顿（Buster Keaton）的电影中古板而又正直的人，他盲目地出丑，而拥有即时通信系统并掌握庞大信息库的我们则免于遭受如此重大的预测失误。但就像是来到城市中的人猿泰山，人类总是无法理解自身所创造出来的事物的重大意义。19 世纪末，工厂所使用的蒸汽发动机总是被安置在涡轮机的大型中轴旁。当经济学家保罗·戴维（Paul David）研究首批电气化工厂时，他发现，工厂的规划者总是把电机堆置在厂房中央，新建的工厂也是如此，这么做毫无必要。这样一来，本该提高生产力的创新似乎丝毫不起作用。直至 30 年后，工厂经理才开始探索灵活布置电机的可能性，并根据工作流程重新布置工厂，生产力由此提高了一倍，有时甚至可以提高两倍。[6]

我们目前所处的时代同样不可避免地会有失败的预测。1977 年，全球最大、最成功的电脑公司之一——数字设备公司的总经理肯·奥尔森（Ken Olson）曾对人说，人们没有任何理由在家中放置一台电脑。[7] 他在整个 20 世纪 80 年代一直持有这种看法，即便在微软公司和苹果公司已经证明他错了之后的很长一段时间里也是如此。30 年后，微软公司前首席执行官史蒂夫·鲍尔默（Steve Ballmer）在接受《今日美国》（*USA Today*）采访时表示，苹果手机根本没有任何机会获得巨大的市场份额。[8]

●●●

这些逸事令人感到好笑且难以置信，但同时，它们也的确有些道理。讲述它们不是要嘲笑那些早已逝世多年的美国发明家，而是要证明，我们所有人都容易误判技术“茶叶”的形状[①]，占据统治地位的主流思想体系会让我们变得狭隘。尽管已经发生了巨变——本书便是对巨变的记录，然而我们的头脑依然与那个认为汽车只不过是一时时髦、火只是帮助人们取暖并在洞穴墙壁上投射有趣影子的工具的大脑没有什么区别。

---

① 此处指茶叶占卜的方式。茶叶占卜就是喝茶时，从茶叶渣在杯中的形状可以占卜所想要知道的事情。——译者注

本书秉承着这样一个信念：任何一个人类发展时期，都拥有一整套得到公认的假想与信念体系。我们这里说的不是观点或意识形态，而是潜在的另外一套思想体系，它们是无意识的，或者更准确地说是前意识：强大好过软弱，有文化好过无知，拥有个人天赋比与众不同更受人欢迎。想象一下，你的观点、你的政治信念、你的所有关于这个世界以及自身所处位置的看法都是房子里面的家具。长期以来，你一直都在有意识地获取这些家具，扔掉一些，保留一些，而且随着新需求的出现还会再添置新的家具。本书探讨的则是其他一些东西，即支撑你的观点的托梁、铆钉和横梁。换句话说，本书并不是要讲述你已知的东西，而是要讲述你不知道自己已经掌握的东西以及为何要质疑这些有疑问的假设。

法国哲学家米歇尔·福柯（Michel Foucault）相信，这一由信仰、偏见、行为模式和风俗习惯所组成的矩阵构成了引导我们思考、做决定的一系列规则。他称之为“知识模型”，他认为可以通过这些思想观念体系来确认不同的历史时期，正如考古学家通过人们使用的陶器来判断历史年代一样。[9]美国科学哲学家托马斯·库恩（Thomas Kuhn）在其经典著作《科学革命的结构》（*The Structure of Scientific Revolutions*）中将这一包罗万象的思想体系称为“范式”。[10]

通过仔细研究之前数世纪的科学思想和实践的变革历程，库恩确认了化学或物理等学科包容新观念的模式。他说，即使是最严谨的科学家也经常会忽略或误读数据，以维持占统治地位范式的“一贯性”，并为某些科学理论出现的漏洞进行辩护。例如，信仰牛顿学说的物理学家上演了令人惊叹无比的“智力魔术”，为天文观测中出现的异常现象进行辩解，而这些异常现象最终让爱因斯坦提出了相对论。这样的巨变（科学革命，或库恩所称的范式转移）过后是短暂的混乱期，然后会稳定下来，围绕新的范式形成新的科学共识。[11]

本书竭力避开围绕术语的辩论，以满足那些怀有好奇心的人。早在 19 世纪 30 年代，阿历克西·德·托克维尔（Alexis de Toqueville）就已经给出了最完美的诠释。在试图寻找美国社会奇怪的疏离感和惊人繁荣的缘由时，他指出，美国人独一无二的思维习惯（如朴素的实用主义）使得美国在工业革命中成了领头羊。

每个人的思维习惯都不相同，却根深蒂固。尽管本书讲述的是一些复杂的内容——密码学、遗传学、人工智能等，但它有一个简单的前提，即技术发展的速度超过了人类理解能力的提升速度。现在，我们要迎头赶上。

我们有幸（或者不幸）生活在这个有趣的时代：中学生能用基因编辑技术创造新的生命形态，人工智能的发展促使决策者思考大范围的、永久性的失业问题。也难怪我们的思维习惯存在不足，它们是在煤炭、钢铁以及简单繁荣时代形成的。强者并不一定会生存下来，并非所有风险都一定要降低，公司也不再是适合我们有限资源的最优组织单位。

数字时代让这些假设都成了陈旧的过去时，它们比毫无用处还要糟糕，甚至会产生反作用。我们在接下来的章节中会指出，人们当前所拥有的认知工具集不足以使他们理解从通信到战争等一切快速变革所带来的深远意义。我们的目的是为大家提供一些新的工具，我们把它们叫作原则，因为快速变化的未来的特点之一便是要摧毁所有如同“规则”一样的僵化事物。

这并不容易做到。我们无法告诉你们应该想什么，因为当前人类与科技在信仰体系方面处于脱节状态。本书旨在帮助人们解决这一脱节状态，提出九大原则，让我们的思维与现代世界对接。这些原则也可以帮助个体和组织应对充满挑战和不确定的未来。

人们或许会认为，这些根深蒂固的思想会随着时间的推移而不断变化，就像昆虫物种缓慢地进化，以在特定的环境中生存。但这并不是思想体系变化的方式，甚至也不是生物体进化的方式。在这两个领域，一段相当长的稳定期过后，会出现外部环境巨变而引发的剧烈动荡期，无论是政治变革、新技术出现，还是此前稳定的生态系统出现新的捕食者。[12] 这些变革并不美好，进化生物学家称之为“物种形成的时期”。[13] 不得不提的是，我们正处在大变革时期，生态系统正在发生巨大的变化；或者说，我们正处于艰难的生存时代，要避免让自己陷入下一场大灾难。

我们在本书中所提出的原则并不是创办互联网企业的良方，也不是要教你成为一名更好的经理人，但有志于此的人或许会从本书中获益。请把这些原则想象成如何使用全球最新操作系统的提示。这一最新的操作系统并非过去几个世纪我们所使用的操作系统的简单迭代，而是全新的发布。就像任何全新的操作系统一样，我们都必须适应它。它的运行逻辑不同，也不会有操作指南。

说实话，即便开发者会发布操作指南，等你拿到手也已经过时。

我们希望本书能够为读者提供更有用的东西。原则都很简单，但也很有力量，它们是关于系统的新逻辑的指南。人们可以单独理解每项原则，但它们作为整体的力量远远大于每个部分相加之和。因为从根本上来说，这一新操作系统的基础是构成网络时代核心（机器最核心的代码）的两个必不可少的事实。第一个便是摩尔定律。一切数字化的东西都会以指数级速度变得越来越快，越来越便宜，越来越小。[14] 第二个就是互联网。

当科技革命和通信革命同时发生时，就会释放出足以令创新本质发生变化的爆炸性力量，将其从中心位置（政府和大公司）推至边缘位置（一个 23 岁的朋克摇滚音乐人和一个居住在日本大阪的电路板极客）。试想一下，查尔斯·达尔文（Charles Darwin）23 岁时在英国皇家海军“小猎犬”号战舰担任植物学家期间通过观察搜集到的标本，开始酝酿自然选择理论。此后，他花了 30 多年时间搜集数据以支撑自己的观点。他如此有耐心、如此谨慎，以至现代人都认为他是全身心投入科学研究的苦行僧般的人物。[15]

然而，当时的世界与现在大不相同。相较于当代科学家所能获取的信息，他依靠“雅典人俱乐部”、大英博物馆和皇家学会等专业机构的图书馆，以及历经数月从海外运来的书籍中所获取的信息实在是九牛一毛。由于没有电话，更别提互联网了，大学学院的信息输入仅限于典型的维多利亚式通信网络——便士邮政。研究与发现如同冰山移动般缓慢，而真正的创新又需要大笔的金钱，这意味着要付出家庭财富或得到机构赞助，而且还要应对由此而来的一切政治活动。[16] 今天的遗传学家能够从一个冰芯标本中提取足够的 DNA（脱氧核糖核酸），描绘出整个新石器时代的生态系统，在全球学者的参与下修正自己的结论，所有这一切只需要一个暑假便可完成。这并不仅仅是程度上的改变，而是对现状的颠覆。

那么，接下来会发生什么？这是我们这个时代多年来一直令人困惑的问题。然而，如果那些生活在更简单、更慢速时代的先辈们无法回答这一问题，我们又有什么机会呢？我们很难回答。核裂变代表着人类最激动人心的成就，同时也给人类这个物种的生存带来了最严峻的挑战。哈伯制氨法导致了合成肥料的出现，大大增加了粮食产量。制氨方法的发明者弗里茨·哈伯（Fritz Haber）获得了人们的称赞，人们认为他帮助数十亿人免于忍饥挨饿，他也因此获得了诺贝尔奖。但同样是他，引发了化学战，在第一次世界大战期间负责监督释放氯气，造成 6.7 万人伤亡。[17] 事实就是这样，未来犯罪研究所创始人、安全专家马克·古德曼（Marc Goodman）指出，一些网络安全技术被黑客所用，同时也被人们用于防御黑客进攻。古德曼曾写道："最原始的技术——火可以被用来取暖、烹饪食物，也可以焚烧邻近的村子。"[18]

事实是，技术本身并没有特殊的意义。哈伯的另外一项研究成果——齐克隆 B 只不过是一种气体而已，这种有利用价值的杀虫剂同样在大屠杀期间被用于杀害数百万人。[19] 核裂变是普通的原子反应。互联网只不过是发布信息、重新组合信息的渠道。

对于人类社会来说，科学技术的真正用途通常会出乎我们的意料。

当你读到本书时，虚拟现实头盔厂商奥克勒斯（Oculus）应该已经发布了消费版的虚拟现实头戴显示器Oculus Rift。我们如何使用这种虚拟现实头盔？开发者已经开始研发视频游戏，以充分利用虚拟现实头盔所带来的极强的真实感。总值达1 000亿美元的色情行业不会落后；医生可以利用虚拟现实设备远程实施手术，或者为那些无法亲自到医院的病人进行身体检查；你还可以探访火星和南极洲，不需花钱便可欣赏丹佛公寓外的景色。但事实上，我们并不知道，人类将如何使用这一科技的第二代或第十代产品。进步来自最不可能的方面。如果你专门去找人发明电话，或许不会光顾聋哑学校。然而，事后看来，作为一位失聪母亲的儿子、失聪妻子的丈夫的贝尔教授似乎是最佳选择，他是声波研究的先驱，也懂得利用振弦作为声音通信系统的方法。[20]

在电报发明之后充满奇迹的那个世纪，新鲜事物的冲击成为常态：从缝纫机到安全别针，从电梯到蒸汽轮机，人类不断向前进步，技术的发展速度经常超出我们的理解范围。基因工程是否会治愈癌症，还是将成为廉价的大规模杀伤性武器？没有人知道答案。正如摩尔定律所展示的那样，技术是根据指数定律发展的。我们的大脑，或者至少可以说是在机构、公司、政府和其他组织中工作的智慧总和，在其之后缓慢发展，努力理解上帝或人类创造了何等奇迹。

科幻小说作家威廉·吉布森（William Gibson）曾经说过："未来已来，只是尚未流行。"[21] 与毫无争议的现实相比这只不过是心智滞后的观察而已。即便是在美国波士顿——本书两位作者称之为家的地方，当你驱车从麻省理工学院繁忙的实验室到河对岸缺少资金的公立小学，数十年来所取得的进步似乎正在消失殆尽。

回到卢米埃尔兄弟以及他们那振奋人心、跌宕起伏的在活动影像方面的尝试上。在将近10年的时间里，事情的发展与当时的情况是一致的。1903年，作为催眠师、通灵师，热衷电影这一新媒介的英国人乔治·阿尔伯特·史密斯（George Albert Smith）当时正在拍摄两名衣着整洁的儿童照看一只受伤的小猫的画面。这是最受史密斯所在的维多利亚时代中产阶级观众欢迎的场景。有一名观众提出难以看清楚片中小女孩用汤匙喂小猫的画面。因此，史密斯做出了一些细节上的改变。他将镜头推近，直至镜头中只剩下了小猫和女孩的手。在此之前，传统的观点认为，这样的构图可能会让观影人群陷入本体论的困境：女孩怎么了？她是否被切成了两半？史密斯冒着风险，将这一镜头编辑到最终的影片中。观众们的反响很积极，如此一来，史密斯便发明了特写镜头。[22]

让我们仔细思考一下。在经历了8年时光、数百名电影拍摄人员、数千部电影之后，才终于有人不再把（电影）新技术当作二维空间的把戏。这一简单的创新助推电影产业出现了一个试验和进步的阶段。然而，又过了12年才出现了一部能够被当代观众视为电影的电影，即D. W. 格里菲斯（D. W. Griffiths）的《一个国家的诞生》（*Birth of a Nation*）。[23]原因并非缺乏技术，技术最终只是工具而已。技术除非被人类的思想所驱动，否则就是无用、静止之物。

●●●

在地球漫长的历史长河中，变革一直乏力。生命早在40亿年前便已经出现，过了28亿年才出现性别差异，又过了7亿年才出现第一个拥有大脑的生物。第一个两栖动物蠕动到陆地上则是在此3.5亿年之后。从这个意义上说，复杂生命体是最近才出现在这个星球上的。如果可以把地球的历史压缩到一年当中，那么居住在陆地上的动物是直至12月1日才出现的，恐龙的灭绝也是圣诞节后的事情。原始人开始直立行走大约是在新年前夜晚上11点50分，有记录的历史则是在午夜12点之前几纳秒才开始的。

即使在那时，变革的出现依然十分缓慢。现在，让我们假设最后10分钟为一年，即行为举止上更加贴近现代人类的时期。直到12月之前，没有任何变化发生。苏美尔人开始在12月的第一周熔化铜，第一种有记录的语言大约出现在12月中旬，基督教的传播大约始于12月23日。但对大多数人而言，生存依然艰难、野蛮和短暂。直至12月31日黎明，终于开始出现变化的迹象，工业时代的大规模生产开始出现。就在这天早上，大陆开始铺设火车铁轨，人类的移动速度终于开始超过马匹。这一天接下来的时间充满了令人激动的活动：下午2点左右，抗生素的出现使得婴儿的成活率和人类的预期寿命得到了极大的提高，两者自人类物种于1月从非洲大陆向外迁徙开始就基本没有什么变化。下午，飞机开始绕地球飞行。晚饭时，富有的公司开始购买大型计算机。

人类花了这一年中的364天才达到10亿人口的规模。到12月31日晚上7点，地球上的总人口达到30亿，人类才打开了第一瓶香槟酒的瓶塞。在午夜之前，地球上的总人口翻了一番，按照这个速度（大约每80分钟增长10亿人口），我们将在新年第一天凌晨2点达到地球的容纳能力极限。[24]而直到最近（按地质分期来算，距今只有蜂鸟一次心跳的时间），旅行速度、人口增长、我们所拥有的信息数量才开始升级。简言之，我们进入了指数时代。

然而，2009年《哈佛商业评论》(*Harvard Business Review*）一篇颇具影响力的文章中所称的“大变革”[25]直到新年前夜晚上10点才伴随着上文提到的两项革命出现：互联网和集成电路芯片。这两者宣告了网络时代的到来，与此前所发生的相比，是与工业时代有别的更加根本的突破。

越发明显的是，网络时代的首要条件并不是快速的变化，而是持续的变化。在几代人的时间里，如果继续用上面的时间类比，这是指晚上10点以后，稳定的时间段变得越来越短，新范式的颠覆性变化出现得越来越快。[26]遗传学、人工智能、制造、交通以及医学等领域即将出现的突破只会加快这一变化的速度。《哈佛商业评论》中的“大变革”一文的作者在另外一篇题为“新现实：持续破坏”的文章中发问：“如果‘稳定–破坏’这一历史模式自身被破坏了呢？”[27]

如果你在网络安全或软件设计行业工作，你无须读书便可以发现，在这个变化速度与摩尔定律相挂钩的行业工作是何种体验。它是一种会带来质变的量变。当芯片变得越来越小、速度越来越快时，我们就会得到可穿戴的电子设备。机器人会制造机器人。电脑病毒会引发金融混乱。你是否已经为大脑植入做好准备？等等，先别回答。变革不会以你的意志为转移，无论你是否已经准备好。20 世纪末，变革的速度已经超过了人类。这就是指数时代，它已经为我们所处的时代创造了三个定义条件。

不对称性

在模拟时代，粗糙的牛顿物理学统治着人类活动领域。强大的历史推力被同样规模和强度的力量抵消。资本受到劳动力的约束，两者均受限于政府的管制。强大的军队会击败弱小的军队，百事可乐令可口可乐感到担忧，仅此而已。尽管出现了冲突，通常是血腥、灾难性的冲突，但当这些规模庞大的力量相互接触后，其结果会符合每个人都能理解的某种定律。

然后，在 20 多年里，一切都发生了改变。当然，让人印象最深刻的例子便是恐怖主义组织在世界舞台上的出现，它们的成员数量甚至比美国一个中西部农业城镇人口都要少。但也出现了其他例子：一些小规模的黑客团伙侵入美国政府数据库带来了一场浩劫；[28] 一位名叫克雷格·纽马克（Craig Newmark）的男子凭借一己之力，用克雷格列表网（Craigslist）严重削弱了美国报纸产业；[29] 2010 年，失业操盘手纳温德·辛格·萨劳（Navinder Singh Sarao）在他伦敦公寓的电脑上安装了一个程序，造成美国证券市场蒸发了

1 万亿美元市值。[30]

如果说这样的“小”就是新的“大”，那就有些简单化了，但无可否认，互联网和快速发展的数字科技让竞争变得更加公平，人们既可以借此行善，也可以用来作恶。这已经不是好与坏的问题了。无论你是经营一家小型公司，还是在政府机构中负责一个部门，抑或在任何规模的机构中肩负要职，最重要的便是不对称性这个简单的事实。关键是，你不能再假定成本与收益成正比。更大的可能是，真正的现实恰恰与这一假设相反。今天，对现状最大的威胁来自最细微的地方——初创公司、流氓、离经叛道者、独立实验室。似乎这一现实还不足以令人气馁，我们必须与新的竞争者不断周旋，而我们所面对的问题也变得越来越复杂。

复杂性

复杂性，或者说是科学家通常所说的复杂系统，没什么新鲜的。事实上，复杂系统早于现代人在 30 多亿年前就出现了。动物体内的免疫反应便是一个复杂系统，蚁群、地球气候、老鼠的大脑、一切活细胞内的生物化学过程皆是如此。此外，还有人为的复杂系统，即人类无意的干预让整个系统变得更加复杂，如气候，或者水资源利用的改善。换句话说，我们或许制造了气候变化，但这并不意味着我们知道这一点。

经济学具备了复杂系统的所有典型特征，它是由大量遵从少数简单规则的个体组成的（例如，经纪人执行卖出命令，引发了令人眼花缭乱的行动和随之而来的连锁反应）。数百万诸如此类的简单行动——购入、卖出或持有，奠定了市场“自我组织”趋势的基础。[31] 这就是为何蚁群会被认为是一个“超有机体”，因为它们的行为举止远远超出了蚁群中任何单一一只蚂蚁所拥有的能力。许多复杂系统也具有适应性，例如，市场一直随着新信息的出现而持续变化，就像是蚁群会共同对新的机会或威胁做出反应。[32] 事实上，加工和生产信息正是一些复杂系统的本质。[33]

对于复杂系统的研究已经成为科学研究中最具前途的领域。它天生便是跨学科的，是物理学家、信息论者、生物学家以及其他科学家联手研究发现无法被任何单一学科囊括的领域。

复杂系统的数量或水平受 4 个因素的影响：异质性、网络、相关性、适应性。密歇根大学复杂系统研究中心主任斯科特 · E. 佩奇（Scott E. Page）说：“把它们想象成为 4 个旋钮。”佩奇说，在某个点上，这些旋钮全部归零。我们生活在一个孤立、同质的社区中，不具备足以应对快速变革的条件，但数千年来，这并不重要。例如，罗马帝国历经数百年才瓦解。佩奇说：“近些年来，我们把这些旋钮上的音量全都拧到了 11。[34] 我们并不知道这样做的后果是什么。”[35] 正是这些未知把我们引到了第三个条件上。

不确定性

让我们再回到那个价值数百万美元，不，数十亿美元的问题上来：下一步是什么？没有人知道。麦肯锡咨询公司收费高昂的咨询师不知道，那些在美国国家安全局的高度机密材料中翻找的分析师不知道，本书的作者当然也不知道。正如我们在本书开头所看到的那样，过去数百年，人类在预测未来方面表现糟糕。事实上，专家和未来学家的表现最为糟糕，甚至不如随机选择。[36]（《华尔街日报》多年来一直开设有一个专栏，将荐股专家的建议与扔飞镖随机选择股票相比较，扔飞镖的方式经常获胜。）如果买股票本就是一种不能赚钱的活动，现在则更是徒劳的，我们为世界的复杂系统指数增加了不确定性。

气候学家已经指出，全球变暖其实是一个误称，并非所有地区都会出现气温上升。许多地区将迎来更多的极端天气。[37]这是因为，气温的上升会给既定气候模式带来更多变量，一些地区将因此变得干旱，一些地区将会变得湿润，而几乎所有地区都将遭遇更多的风暴。全球变暖并不是简单地带来了全面性的气温升高，而是会极大地增加气候系统的波动性。变暖其实只是更多的气象不确定性的开端。

在人类历史的大部分时间段内，人类的成功与准确预测的能力直接相关。一名中世纪的商人知道的事情并不多，但如果他得知莱茵兰地区暴发大面积干旱，就可能会预测到，该地区小麦的价格将会上涨。在充满复杂性的时代，一个未能预见到的进展有可能会在几天里改变游戏规则。

本书不仅要观察不对称性、不确定性和复杂性的条件，而且还将为它们开出药方。如果你不知道，也没有关系。事实上，我们已经进入一个新的时代，承认无知要比耗尽资源（通过各种附属委员会、智库和销售预测机构）预测未来更具战略优势。

那么，应该如何围绕“不知”原则重建公司、政府机构、大学院系的结构，甚至是进行个人职业规划呢？这听起来似乎更令人费解，充满神秘感，而且最终也是无解的。但我们可以从那些活在当下、展望未来的人身上学习到一些经验。身处军事、生命科学、技术，甚至是新闻媒体等多个领域的人士已经开始打造相互联系的机构，以应对复杂性和不可预测性。他们的共同点比你想象的要多得多。

●●●

媒体实验室恰好是窥探这一未来思想的前哨，因为这些原则或多或少已经融入媒体实验室的基因。“媒体”一词一直以来被以多种方式解读，有人说它是“信息沟通的一种方式”，也有人说它是“艺术家、作家或音乐家使用的素材或形式”，还有人说它是“存在或发展的事物”，或者简单来说是“用于特殊目的的一种东西”。[38]

媒体实验室需要这一宽泛的概念框架，因为它一直是“错置的玩具”的孤岛，一个帮助艺术家创造新技术、帮助遗传学工程师和电脑科学家改造教育体系的地方。这里的文化并不是跨学科的，而是以“反学科”为傲，教职人员和学生们并不仅仅是跨学科间相互合作，而是会探索不同学科之间以及各学科之外的内容。

这一做法始于媒体实验室的共同创始人尼古拉

斯 · 尼葛洛庞帝（Nicholas Negroponte）。媒体实验室萌生于尼葛洛庞帝与他人共同创建的建筑机械小组，麻省理工学院的建筑师们利用先进的图形计算机，进行电脑辅助设计试验。尼葛洛庞帝［与史蒂夫 · 乔布斯（Steve Jobs）一起，在硅谷］预见到了电脑将成为个人设备的时代。他还预测，大规模的交互将使所有学科交叉在一起，也将把文科与理科联系到一起。媒体实验室的学术项目叫作“媒体艺术与科学”。

对于尼葛洛庞帝和媒体实验室而言，幸运的是，世界已经为这一预测做好了准备，媒体实验室得以启动一种特殊模式，即多家相互竞争的公司组成联合体，资助这项工作，并分享所有知识产权。这将会为学生、教职员工、客座研究员打造一个自由的、无定向研究的空间。联合体模式使得实验室的每个人都能彼此分享。[39]

媒体实验室早期曾利用先进的展示技术、触摸屏、虚拟现实、全息摄影、用户界面、传感器、智能触觉、个性化机器人、人工智能、软件与编程、3D（三维）打印与制造等为全世界不断探路。20 世纪 80 年代大部分时间担任苹果公司首席执行官的约翰 · 斯卡利（John Sculley）曾经担任媒体实验室巡视委员会委员约 10 年之久。他最近表示：“我们最后在苹果公司付诸实施的许多想法都源自媒体实验室。”[40]

尼葛洛庞帝的许多预言成真，世界步入数字化时代，计算机赋予人类更强大的力量，各种事物彼此之间的互联更加有效、成本更低，也更为复杂了。世界变得更加开放、更加交互、更加复杂，这促使媒体实验室不断进入新的领域，如社交网络、大数据、经济学、公民学、城市学、数字加密货币，以及其他许多更加具体、更加容易进入的领域，互联网、计算机和设备使得这些领域开始向新思维和创新的方向发展。

与此同时，互联网和计算机还极大地降低了发明、分享、合作和传播的成本，越来越多的地方开始展开有趣的工作，这些工作之间的相互联系也越来越紧密。

最近，媒体实验室开始进入自然科学领域，越来越多的项目和人士专注于生物学领域。[41]看上去，媒体实验室极端务实、“反束缚”的气质与科学领域相得益彰，如计算机科学家或许会从建筑学中汲取灵感，建筑学从电子工程学中汲取灵感，只要彼此有共同点。事实上，这种气质也十分适合这个越发复杂、跨学科、快速变化的世界。事实证明，这种来自“反学科”思维的务实精神在人类理解前沿科学领域方面十分宝贵。埃德·博伊登负责组建神经生物学小组，该小组共有 45 名研究员，是媒体实验室中规模最大的。博伊登的团队并没有把重心放在临床研究或理论工作上，而是聚焦于可以被大脑科学家所利用的基础工作，让他们可以加深对人类神经系统的理解。如果不利用神经生物学领域外的专业知识，这一任务根本无法取得成功。

媒体实验室成功地适应了碾压众多公司（还记得奔迈公司的 PalmPilot 系列掌上电脑吗）和研究型实验室（施乐公司忽视了施乐帕克研究中心的诸多创新）的变革。[42]这要归功于尼葛洛庞帝和其他人在媒体实验室创立之初确立的强大核心价值观和原则。整个世界（包括媒体实验室）发生了许多细微的变化，但核心原则依然坚如磐石。

这些原则在设计之初便存在相互交叉、互为补充的特点（它们并非根据重要性排序）。事实上，或许最为接近媒体实验室使命核心的原则并没有被列入其中，尽管它从头到尾贯穿本书的每个章节。这个原则便是将学习置于教育之上。我们认为，学习是必须亲力亲为的，教育则是外界加诸你身上的。媒体实验室的启示精神很大程度上要归功于米奇·雷斯尼克（Mitch Resnick），而正是他的导师西摩·帕佩特（Seymour Papert）帮助创立了媒体实验室。雷斯尼克负责运营“终身幼儿园”研究小组，他致力于创新学习的“4P”，即项目（Projects）、同伴（Peers）、热情（Passion）、玩耍（Play），这也激发了本书的许多灵感。我们坚定地相信，如果要在未来为这些原则寻找一片肥沃的土壤，我们的教育体系也必须接受同样的哲学理念。

从许多方面来说，本书所提到的 9 个原则代表了我们对媒体实验室核心原则的解读。它们已经成为媒体实验室的指导原则。作为实验室主任，我的工作便是推动和调整实验室的前进方向，从某种意义上来说，即它的生态系统。媒体实验室是一个自适应的复杂系统，就像苔原或热带雨林，主任则要照料花园，为世界培育出美丽和新鲜的花朵。

这同样也是本书的主题，尽管我们猜测这个过程与春日下午的花园相比，有时会纷乱，令人厌烦，但这就是我们所生活的时代。这些原则提供了一个有关如何塑造新世界并使之繁荣的图景。

Emer

ove

Autho

1

涌现
优于权威

1 涌现优于权威

此前，我们对于知识的产生和传播有着十分单一的理解：它来自上帝，透露给不同的牧师、先知、神父、政教合一的领袖，并以教义（或世俗领域的政策）的形式传达给古代的中层管理人士，最后传播到无条件顺从的普罗大众。

这样的认知很陈腐，饱含专制的意味。马丁·路德（Martin Luther）和一些激进人士认为宗教真理来自教友团体而非天主教会，这才让人们开始发现这一认知系统的漏洞。尽管如此，这一模式在很大程度上依然未被改变。教堂依然是知识产生、整合和传播的主要来源。

随着这一认知系统逐渐退出历史舞台，一个新的系统"涌现"。新系统并没有要取代权威。我们不打算自我监管，或者成群结队进入无法无天的公社。实际上，发生改变的是人们看待信息的基本态度，是多数人向少数人传达愿望和指令方面的价值导向以及扮演的角色。互联网在其中发挥了关键作用，为大众提供了一个通道，使他们的声音能够被倾听，也推动他们参与讨论、思考和协作，而这些此前都属于政治的专业范畴。2007 年，业余人士撰写的博客突然能够抗衡新闻机构的权威性。伊藤穰一当时写了一篇博文。他在文中预测，互联网催生了一种新的政治现象，一种类似于蜜蜂或者其他群体生物的集体智慧，这一集体智慧的能力远大于该集体中任何个体的能力。人们发现，尽管 2011 年席卷中东独裁政府的突尼斯骚乱止于政变，未能更进一步创建新政府，但是从中可以看到这种"涌现"民主的足迹。黑客组织"匿名者"或许展现出了最纯粹的"涌现"民主，它强大有力，同时又完全没有领导。

"涌现"民主的特点成为2016年美国总统选举的显著特征。人们很容易感觉到，伯尼·桑德斯（Bernie Sanders）和唐纳德·特朗普（Donald Trump）都没有领导各自的选战，而是乘势"踏浪而行"，希望并祈祷选民的集体身份最终能够使他们成功"靠岸"。

科普作家史蒂文·约翰逊（Steven Johnson）曾在其著作《涌现》中向大众读者介绍过这些观点。他把新观念的演变比喻为一种单细胞生物——黏菌。当食物短缺时，它们会聚集在一起，组成超级有机体。没有大脑的黏菌怎么知道这样做呢？其实，它们就像土堆中的蚂蚁一样，遵从一系列简单的规则，无论走到哪里都会留下信息素。如果足够多的个体留下带有"我饿了"信息的信息素，这一信息便会散播至所有蚂蚁那里，它们便会聚集在最近的朽木上。约翰逊在书中指出，人的思想观念也是如此。黏菌一生中大部分时间都独立生存，永不停歇地在周边寻找食物。但当黏菌聚集在一起，强大的集体信号便会引发完全不同的信息，这是个体黏菌不会设计，甚至永远不会明白的信息。约翰逊指出，思想观点也会出现这样的情形。"把更多观点接入系统，通过在畅销书中发表观点或组建研究中心研究这些观点，让它们留下更长、更持久的痕迹。用不了多久，整个系统便会面临转型。独立的直觉和个体执念便会联合发展成为一种全新的看待世界的方式，为千万个体所共享。"[1]我们现在便处在这一转型的节点，一个固体突然融化成为液体的时间节点，或者空气中水分冷却到一定阶段变为暴风雨的时间节点。

当大量细微的事物通过简单的选择行为，如向左还是向右、攻击还是忽视、买入还是卖出等，表现出远超个体能力的特性时，“涌现”便会发生。蚁群是最典型的例子。这一元组织拥有比个体强大得多的能力和智慧：蚁群知道附近有没有食物，何时采取躲避动作，需要出动多少蚂蚁去寻找当天的食物或抵御攻击。[2]

人类的大脑是另外一个蕴含“涌现”理论的令人震惊的例子。组成人类基因组的2万个不同基因中，大约有1/3出现在大脑中，并且掌管着数百亿个神经细胞的生死。每一个神经细胞尽管相对复杂，但自身没有意识，或者说不够聪明。然而，当这些神经细胞相互连接时，便会形成一个令人惊讶的网络，该网络不仅比神经细胞总和更强大，而且能够意识到自己在思考。尽管人们热烈讨论的话题仍然是“大脑真正的工作机理”，但很明显，以正确的方式将不太复杂的部分相互连成网络，便可以涌现思考和意识。

自然界还有其他表现集体认识过程的例子。鱼群、鸟群、蝗虫都显现出了“涌现”的特质。生命本身便是“涌现”而来的，是包括碳水化合物、脂类、蛋白质、核酸等在内的分子各自发挥作用的结果。脂类从来不会对蛋白质说：“我们需要组织和聚集起来组成一个像杰夫一样笨拙的、谢顶的两足动物。”脂类只想要存储能量，或者与其他脂类相互连接创造细胞膜。

当然，“涌现”系统并不是什么新鲜事物，对于它的研究可以追溯至古希腊时代。“涌现”也并不只是自然现象。从整座城市的规模来看，人类就像是蚂蚁，匆匆忙忙地奔来走去，做出小小的决定，不会想到会给公民社会带来什么影响。这事实上也是城市具有如此魔力的原因所在。任何个体都无法引起新奥尔良傍水区的骚乱，也无法制造出东京涩谷区的时尚。环形交通枢纽依靠“涌现”，人类通信持续发展也依靠“涌现”。同样，或许除了莎士比亚，没有任何人能够在语言学方面持续创新，凝聚成任何一种语言的多样形式。人类创造出的最显而易见的“涌现”系统便是经济，它清楚地表现出了任何个人都无法掌控的特点。我们总是认为，市场不过就是买家与卖家会面和交易的地方。但正如奥地利经济学家弗里德里希·哈耶克（Friedrich Hayek）在1945年的论文中所说的，市场会做一些更有价值的事情，它会搜集并利用“个人拥有”的知识。哈耶克在这篇被视为信息理论奠基作之一的论文中写道：“每一名社会成员只能拥有整体知识的一小部分。因此，每个人都不知道社会运转所依赖的大多数事实。”在哈耶克看来，市场是一个人类创造的偶然集结的机器，旨在“征服智力”。[3]

哈耶克认为，一只股票的价格体现了任意时刻这家公司所有已知信息的集合体，加上对世界相对稳定性的认识。股票市场是在互联网出现之前最伟大的信息系统。在我们所处的这个时代，互联网使得数十亿人[4]有机会获得与市场相同的能力，累积大量信息，并据此做出有根据的决定。由于世界的相对稳定性越来越多地取决于数十亿人口的担忧或信心，股票价格与公司潜在价值之间的联系便越来越弱。这样一来，股票波动的风险就被放大了。

然而，从权威到“涌现”的转变正在改变许多机构的未来。在前一种系统内，机构就像轮船一样，少数几个高高在上的人决定行驶的航线是否明智；而在后一种系统内，许多决定并不是这样产生的，而是从大量员工或股东中间“涌现”出来的。许多公司起初对这种现象持恐惧或不屑一顾的态度，但它们现在意识到，“涌现”系统或许会让它们提供的服务不再必要。当然，“涌现”系统也可以获得更大的回报，就像我们现在已经开始看到的一样。

从《不列颠百科全书》到维基百科的出现便是这一转型阶段的绝佳例证，前者的作者是权威的专家团队，后者的作者则是出于公益目的自发写作的读者群体。2005 年，《自然》（*Nature*）杂志发表的一项研究表明，二者在质量方面相差无几。[5] 自此之后，我们便见证了维基百科的稳步发展。它不仅能够及时更新信息（名人死亡、两个敌对的派系之间爆发冲突），而且还能引发不同意见，促使人们思考，并最终就信息的呈现达成共识。

●●●

尽管突尼斯骚乱和黑客组织“匿名者”在这个依旧充斥着威权权力架构的世界中似乎仍属少数，但它们却是一个已经明确存在现象的单独的、生动的体现。范式、信仰体系、偏见等都呈现出了“涌现”的特征。某个个体能够实现突破，被我们称为“知识模型”的思想观念体系来自大众，而个体则对此却浑然不知。重力是一个概念，伊萨克·牛顿（Isaac Newton）希望借此向伽利略致敬。然而，科学革命是对人类认识论理念的彻底改造——我们如何获取知识，如何证明我们的信念合理。简而言之，它是一系列新的原则，不是某个人的心血之作，同时又是每个人的心血之作。

当前的历史时刻，人们对于“涌现”的痴迷并非偶然。在理解“涌现”系统如何在自然系统内发展变化方面，我们取得了巨大的进步，这反过来又帮助我们更好地了解人类所赖以生存的“涌现”系统。还记得蚂蚁吗？两位斯坦福大学教授最近合作研究蚂蚁如何寻找食物，其中一位是计算机科学家，另外一位是生物学家。他们发现，蚁群其实早于人类数百万年便发明了传输控制协议 / 互联网协议（TCP/IP），而这是信息在互联网上传输的核心方法。[6]

人类在无意识的情况下复制了自然界已存在的模式，这并不鲜见。事实上，一些不可简化的模式，如定义雪花形状的分形曲线，不断重复的趋势本身便是“涌现”的属性。近 20 年来，我们一直用“根本性变化”形容互联网的发展，将其称作“彻底的”、“革命性的”新媒介。这并不是夸大其辞。然而，网络的发展，将在“人类如何思考”这一最深层次领域对我们产生影响，其结构由一个充满节点和神经元的“涌现”系统组成，不服从任何明显的线性命令，我们不应该对此感到吃惊。

●●●

生物学是最初的“涌现”系统，这一事实不证自明，但即使在直觉层面我们对此也难以把握。我们本能地倾向于相信，每一个奥兹国背后都存在巫师，正是他在指挥行动。几乎每一种文化的核心都会讲述地球和大部分物种是如何产生的，它们认为最初这个世界上只有上帝，或者古希腊时代的大地女神，或中国古代神话中的盘古。

这一核心认知假设塑造了我们构造世界的方式。我们相信，蚁群会接收蚁后的指令，某些组织会负责应对我们周遭世界的复杂性。我们将这一根本性误解写入我们的社会组织——每一个部落都有自己的首领，每一家公司都有自己的首席执行官。直到最近我们才开始明白下面这个解释：蚁后并不比最低级的工蚁拥有更多的能力。这颠覆了数个世纪以来人们心中的认知，持续不断地创造我们周围多样化的、差异化的生命形式的物种形成背后并没有权威的支配力量。“涌现优于权威”的原则优先于其他原则，因为它是其他原则赖以存在的基石。要是我们基于这一原则建立机构和政府，而非一错再错，将会如何？事实是，我们已经在这样做了。治疗肺结核的努力便是如此。

结核菌是通过空气颗粒物传播的。一个简单的喷嚏能够包含 4 万个传染性微粒，而 10 个微粒便会让人感染肺结核。结核杆菌寄生在感染者的肺部。人类的免疫系统会追踪这种细菌。大多数细胞会死亡，但狡猾的结核菌会等待时机。据估计，全球 1/3 人口感染了结核菌，它们的潜伏期可能是一个月、一年或者一生。然而，在 10% 的病例中，结核菌会逃脱免疫系统在它们周围设立的防护屏障，快速繁殖，最终填充到肺部，使感染病人中大约一半因此丧生。[7]

直到 18 世纪，与人类历史一样悠久的肺结核才成为流行病。[8] 随着寄主的大迁徙，它进入人口稠密的城市贫民窟，一个简单的喷嚏就可以感染全家人。[9] 当时这种病被称为“肺痨”，到 1820 年，“肺痨”已经夺走了 1/4 欧洲人的生命。第一次世界大战后，由于卫生条件不断改善以及更为复杂的抗生素的出现，肺结核患者大幅减少。到 1985 年，美国平均每 10 万人中感染肺结核的病例不超过 10 例。[10] 肺结核似乎已经处于被消灭的边缘。

然而，结核菌再一次击败了我们。有时，医生会开错抗生素的处方；一些病人可能会忘记医嘱，发展中国家的囚犯和结核病人更是容易不按医嘱服药。这些不完善的治疗将会淘汰那些最弱的结核菌，而那些较强的结核菌则会存活下来并且变得更活跃，它们已经实现了基因突变，能够抵御抗生素。这种具有抗药性的结核菌成功繁殖了后代，它们都拥有相同的突变。[11]

肺结核并不是唯一经历这条进化之路的疾病。世界卫生组织表示，抗药性疾病是未来最大的公共健康危机之一。世界卫生组织负责健康安全的助理总干事福田敬二（Keiji Fukuda）博士说："如果利益相关方不采取紧急、协调一致的行动，世界就会迎来后抗生素时代，数十年来可以被治愈的普通感染和小伤病将会再一次置人于死地。"[12]

2013 年，欧洲 9 个国家的一组研究人员实施了一项紧急的协调行动。他们宣称："为了攻克现代疾病，人们需要现代化武器。"[13] 其中一项武器便是全新、"涌现"式的研究组织方式。

在搜索栏中输入噬菌体，你会发现，这是一种吸收细菌的病毒。它们的形态很像长有细长腿的登月舱。如果不是得到有效的利用，它们或许早已成为你的噩梦。

这些欧洲研究人员以项目所在的巴黎机构将组织命名为"贝当古小组"，他们重新编辑噬菌体来做一些有益的事情。他们将噬菌体置于蛋白质中，可以借此检测到结核菌对抗生素产生免疫的原因。这种蛋白质切断包含抵抗序列的双螺旋线中的一段，就像我们删掉（键盘上）敲下的一句话这么简单。经过对结核菌 DNA（即它的源代码）所做的小调整，药物可以再次控制住这种细菌。“贝当古小组”还展示了他们制作的一种用于即时诊断疾病的特殊组织，使那些深受结核病影响的地区大为受益。通过改变细菌 DNA 中的几行代码，这种致命病菌便走上了像天花一样的灭绝之路。

或许还需要几年时间，普通民众才能够使用“贝当古小组”的疗法。目前，上述尝试只限于在试管中进行，使用的也是安全的、类似结核菌的细菌。“贝当古小组”开发这种开创性疗法是为了参加国际遗传工程机器大赛[14]，其中大多数研究员仍在攻读自己的学位。

国际遗传工程机器大赛并非传统的科学活动，合成生物学也并非传统的科学，合成生物学能够为带有新特性和新功能的生命体创造新的基因序列，就像是新型巧克力或者生产抗疟药的酵母菌。帮助创办国际遗传工程机器大赛的前麻省理工学院科学家兰迪·雷特贝格（Randy Rettberg）说：“以前，科学是通过把小组研究人员锁在实验室中直至他们实现微小突破来实现进步。未来，科学不会再以这种模式取得进展，合成生物学现在的研究方式已经不是这种模式了。”[15] 出现在开源软件和维基百科时代的合成生物学，正在成为学生、教授以及大量自称“生物黑客”的平民科学家之间进行激进合作的练习场。“涌现”已经闯入实验室。

从学科发展看，合成生物学仍然处在初始阶段，但它有可能以我们难以想象的方式影响人类。硅片之后，可能会出现分子计算机，将一部超级计算机注入一个大头针的顶端。整个人类都有可能被重新编程，对所有病毒免疫。重新再造后的大肠杆菌或许能够排出大量燃料，足以驱动一架飞机飞越大西洋。[16]想象一下细菌的巨大收集池，它能够满足全世界对化石燃料的需求。或许你想要一个舶来宠物？试试当地基因实验室里时髦、身材娇小的大象吧！或者你也可以自己编程，创造自己想要的宠物。

哈佛大学、麻省理工学院遗传学者乔治·丘奇（George Church）说："你无法预测一个科学领域的未来。"丘奇经常因为夸大合成生物学的做法而饱受批评，他曾提出要逆转尼安德特人和猛犸象的灭绝。[17]但就个人而言，他看上去并不像是一个煽动者，而更像是一个现实主义者。当被问到合成生物学的一些观念是否离谱时，他耸了耸肩并指出，没有人曾预测会出现简便、快速绘制人类基因图谱的科技。丘奇说："基因测序的价格在下降，增长速度则是摩尔定律的6倍。10年前，没有人能够预测到会这样。"[18]（摩尔定律认为，计算机处理速度每18个月会增长一倍。）

尽管"贝当古小组"的项目很出色，但它在很大程度上依然停留在理论层面。如果投入大量的专业知识、时间和资金，应该有可能创造出一种能够重新编写肺结核的病毒。基因编辑技术的快速应用使得运用这一疗法的概率得到了很大提升。现在，基因编辑技术已经成为世界各地不断涌现的生物学爱好者的标准操作程序。发明了合成生物学领域众多应用技术的丘奇说："科技的发展速度迅猛。许多奇思妙想或许在我们有生之年就会成真。"他脸上露出了讽刺的笑容说："某个无聊的 13 岁少年可能会设计出一种病毒，消灭整个人类。一切皆有可能。问题是，我们会感到幸运吗？"

外来的科学学科并非人类努力向全新发现和创新路径转变的唯一领域。我们可以把它称为平民科学，或众包，或开放创新。然而，合成生物学的崛起表明，不久之后我们就要把它称为标准操作程序。"涌现"对于权威的胜利意味着知识生产和传播的结构性转变，专业和知识开始从互联网等分散式的网络中涌现。"涌现"时代已经取代了权威时代。国际遗传工程机器大赛之类的机制对于学术领域而言并非无足轻重，而是成了不可或缺的一部分。

在传统的体系中，从制造业到政府部门，大多数决定都由顶层做出。尽管雇员们或许被鼓励提出产品和项目建议，但处于权威地位的经理和其他人会咨询专家，再决定采纳哪些建议，这个过程通常很缓慢。想要突破官僚体系的重重包围，会受到保守派的阻挠。

"涌现"系统假定系统内的每一个人都拥有独特的、让整个组织受益的聪明才智。当人们做出支持哪一个观点或项目的选择时，这一信息会被共享，或者更重要的是，可以利用这一信息进行创新。

随着新工具逐渐普及，创新成本呈现直线下降趋势，使这一转变成为可能。廉价、高效的 3D 打印机让原型机制造成为轻而易举的事情。以往只有大型企业或学术机构才能获取的知识现在可以通过在线课程或“生物 DIY”（DIYbio）之类的网络社区获得。“生物 DIY”是平民科学家的社区，他们在此可以参与此前只在费用高昂、特殊的实验室才能进行的基因试验。[19]

最后，Kickstarter 和 Indiegogo 等众筹平台建立了无缝对接的平台进行筹款，研发项目既有小型艺术项目，也有大型消费电器，这些都是实时的“涌现”例子。创造者可以利用大量潜在客户群体对这一独特信息的有效性进行测试——一个水瓶变成了超级水枪。这种隐性的社交特点使得众筹变得格外有用，即使对那些已经引来风险投资或其他资金的项目来说也是如此，而对那些没有获得其他任何资金的项目来说则是无价的。众筹网站的初步成功还向职业投资者发出了信号：项目与公众产生共鸣，将给予创新者一个获得资金来源的机会，否则，根本无人问津。[20]

一旦拥有了资金，我们的“创新家 / 企业家”便可以轻易地扩充其资源，通过众包发现那些他们此前无意中错失的东西。初创公司和个人无须雇用大量工程师、设计师和程序员，而是可以直接借助全球自由职业者和志愿者群体，弥补所欠缺的技能。[21]

由权威向“涌现”的转变中，另外一个重要因素便是免费和便宜的在线教育和社区教育的普及。这不仅包括 edX① 等正式课程，也包括可汗学院（Khan Academy）等教育网站、创客空间（hackerspaces）的实践课、通过网络开展的或面对面的非正式同

---

① edX，哈佛大学和麻省理工学院共同创立的非营利性网络教育项目。——译者注

伴辅导等。人们学习新技能的机会越多，创新能力就越强。[22]

所有这些进步都正在创造一个现实的系统，让世界各地的人们都有能力去学习、设计、开发和参与创造性的叛逆行为。与只能推动渐进式改革的权威体系不同的是，“涌现”系统会促进非线性创新，对塑造网络时代特性的快速变革做出快速反应。

●●●

一名伟大科学家最难得的品质之一便是愿意让自己看上去有些愚蠢，尽管这一点并未得到普遍认可。1995 年秋天，汤姆·奈特（Tom Knight）还是麻省理工学院一名高级研究人员，他发明了推动计算机发展的几项关键技术，还创办了一家上市公司。然而，9 月的一天，在一节生物入门课上，他发现自己周围都是大二的学生。奈特笑着说：“我想他们一定想要知道，这个奇怪的老头到底是谁。但生物学的知识，我必须从头学起。”[23] 奈特意识到了即将到来的新世纪的一个核心事实：生物学就是科技。不过他只是少数意识到这一点的人之一。

奈特因设计集成电路取得了博士学位。集成电路可以操控从你的汽车到电脑再到闹钟的所有事物。到 1990 年，他意识到自己的寿命可能会超过硅片。“你应该预测到，到 2014 年，摩尔定律将会达到天花板。”一块芯片上的晶体管数量每 18 个月便会翻一番，这一定律已经稳定存在了 50 年，但“最终将会与物理学定律相冲突”。换句话说，晶体管可能变得只有数个原子的宽度。奈特的预言已经成真。近年来，摩尔定律开始进入停滞期。

“很明显，我们应该从物理组装阶段转换到化学组装阶段。我们此前一直都是通过物理组装的方式制造半导体。”奈特意识到，世界上最好的化学发生在细胞层面。奈特决定，最有可能“继承”集成电路板的是活细胞。“我已大致决定了我要攻读生物学硕士学位。”

奈特此前一直认为生物学一片混乱。“我的假设是生命如此令人难以置信，我认为世界上所有工程师都这么想，任何有脑子的人都会举起双手说‘没希望’。”一个偶然的发现使他改变了想法。一名同事给他看了生物学家哈罗德·莫洛维茨（Harold Morowitz）写的一篇论文。[24] 生物学中存在啄食顺序：“我的有机体比你的有机体要复杂得多。”资金和声望似乎也同样按照等级分配。莫洛维茨对真核、多细胞、生命形态等都不感兴趣，大部分职业生涯都在研究地球生物起源，这意味着他一直观察最简单的生命形态，即卑微的、单细胞的支原体。

人类基因组共包含有32亿个碱基对（人类遗传密码最小的基本单位）。科学家在基因测序领域取得了巨大进展。但鉴于篇幅所限，我们对于读过的东西依然一知半解。与之相比，结核菌只包含50万个碱基对。奈特说：“相较而言，人类基因组要比结核菌复杂约3 000倍。因此，你至少可以自欺欺人地认为，你知道所有可以了解到的事情。”

1996年夏天，奈特参加了一场由美国国防部高级研究计划局（DARPA）主办的会议。他提议对“细胞计算”进行研究。他认为，可以将细胞编程，让细胞做一些有益的事情，包括接替最终将要退出舞台的硅片。不到几年，他便在其所在的麻省理工学院计算机科学系建起了一个实验室，里面带有孵化器和试管，以及一座高压炉。他大笑说："我的同事都认为我是个傻子。电脑实验室中间便是所有这些神秘的生物化学设备。"

奈特并不是想成为一名工程师，但他的渴望、热情、原则和信念体系促使他这样做。他说，工程师的思考方式与生物学家不同。"我的生物学家朋友会说，汤姆，我们已经学习了所有关于大肠杆菌的知识，你为什么还要研究它？"换句话说，"我已经学完了我将要学习的一切知识，其他的都是我不感兴趣的细枝末节"。

奈特说，工程师的思维不一样。他说："如果你的目标是要学习复杂的生物学，没问题。但如果你的目标是研究这些十分简单的生物学系统，理解有关它们的一切以便能够深入了解并修正它们，并以此为基础做些不同的事情，这就是完全不同的角度了，需要不同程度的了解。"对于一名工程师而言，理解意味着要进行拆解，然后再整合在一起。

1998年，奈特开始研究费式弧菌，这是在短尾鱿鱼体内发现的一种会发光的细菌。鱿鱼为这种细菌提供糖分和氨基酸。而费式弧菌则会发出媲美月光的光亮，让鱿鱼在夜晚"隐身"。

但让奈特感兴趣的是，生物为什么会发光，因为费式弧菌只有在鱿鱼体内才会发光。他解释说："费式弧菌会排泄出少量的特定化学物质。在海洋中，这种化学物质会被冲走。但在鱿鱼体内，它的数量会不断增加。一旦达到特定的密度，便会引发发光现象。”换句话说，细胞在相互发送信号。奈特指出，他可以分离出控制生物发光的基因序列，并“用一种自然界从未使用过的方式利用它”。重现受控制的细胞通信被证明是一个大难题。

目前，奈特已经吸引了一大批有同样想法的年轻科学家。他的两位合作伙伴，德鲁·恩迪（Drew Endy）和罗恩·魏斯（Ron Weiss）将会继续研究合成生物学（这也是奈特有时被称为“合成生物学之父”的原因所在）。像奈特一样，将编程原理应用于遗传学这一项目令人兴奋的前景吸引了恩迪和魏斯。他们也同奈特一样没有生物学知识背景。恩迪最初想当一名环境工程师。魏斯这个编程天才就是通过“智能微尘”工作接触到生物学的，这项工作把超微型计算机嵌入涂料或马路等柔性材料。奈特笑着说：“我想，公平地说我们目前还是业余选手，但我们学得很快。”

随着新千年的到来，合成生物学更多的是一种理论层面而非应用层面的工程学科。越来越多的计算机科学家、工程师、物理学家开始意识到，合成基因材料有朝一日将会带来革命性的应用，但能够证明这一点的证据却很少。

2000 年 1 月，这一局面发生了变化。波士顿大学生物工程学家詹姆斯·柯林斯（James Collins）和他的同事证实大肠杆菌中存在“遗传学开关”。[25] 通过发出外部信号的方式，科学家们可以促使一个基因开始转录［基因表达的第一步，DNA 转录为 RNA（核糖核酸），之后转变为蛋白质］。再次发出信号，细胞便会关闭，就像是电灯开关一样，但不一样的是这一切是在细菌中进行的。

同月，《自然》杂志发表了另一篇具有里程碑意义的论文。科学家设计出了能够以有序的间隔制造出蛋白质的振荡电路。他们把这种能够协助控制交替基因表达的抑制基因称为“压缩震荡子”。[26]两篇论文都表明，复杂的生物进程可以从零开始合成。

2001 年，奈特和魏斯成功地实现了费式弧菌的细胞通信，这意味着它们能够“打开开关”。现在，这一项目可以在高中科学中实施。奈特说，这在当时的生物学领域根本算不上重大进展，“但它在工程学意义上是影响深远的。一位生物学家看了我们做的事情，问我们为什么要做这个。而在工程师看来，我们是朝着全新方向迈出了一小步”。

然而，重复任何以上试验都艰难得令人难以想象。制造实验室如雨后春笋般出现，可以合成必要的基因序列，让奈特和他的团队将精力放在手边的试验，但这些实验室都太昂贵了。此外，作为工程师，奈特和他的伙伴们并不只想要复制一次试验，而是要试验一遍又一遍，直至达到工程学其他领域一样的水平。这意味着，要创建一系列标准。

他们的想法是，通过创立一系列 DNA 序列执行已经确定的、为人所理解的功能。它们可以进行无限组合，就像是砖块一样。2003 年，奈特发表了一篇论文，提出创立遗传密码基础目录。[27]他所称的这些“生物砖”将被收入标准生物组件登记册（Standard Biological Parts）。一块生物砖，作为“启动子”会启动 DNA 片段的转录，另一块能产生特定的蛋白质。这些可以预见的部分永远都具有可预见的功能。

他们的灵感来自两个完全不同的来源。一个是被称为 TTL 数据手册的电路元件清单，它记录了数千个电路元件和它们的功能。“你想查找你那部分，只要记下编号就可以调用，非常快。”另一个灵感则更加贴近生活。“早期的思考，早期的隐喻，喜欢修修补补的人以及喜欢拆东西的人，如玩乐高一样。这一隐喻主要以那些重复使用的零件、那些能够搭建起来的乐高积木为核心。”

或许有人会说，奈特和他的合作伙伴像其他工程师那样对待生物学研究：将物体拆解，发现它的组件，然后再研究如何通过重新配置来改善其表现。不过这忽略了国际遗传工程机器大赛更加大胆的目标。创建一系列标准化生物砖首先是一项社会行动。你无须是建筑师，只要有乐高积木便可以表现出形式与空间的独特交叉景象。尽管合成生物学依然处于初期阶段，但它已经被打上了平等主义的印记。奈特、恩迪和雷特贝格并没有“打造”或“创建”一个全新的学科。从一开始，他们便花时间为促进合成生物学的有机增长创造条件，他们此前未曾预料到的人和观念不断推动着该学科的发展。远远超过之前的所有领域，合成生物学才是“涌现”的成果。

著名年轻科学家戴维（David Sun Kong）曾作为麻省理工学院媒体实验室的博士生参加过最初几届国际遗传工程机器大赛。他说，这在预料之中。从某种意义上来说，合成生物学的出现就像某人的巧克力掉在了另一个人的花生酱上。“先驱们是土木工程师、计算机科学家和电子工程师。”先驱们或许不认可这个类比，但正如黏菌细胞一样，合成生物学大于组成它的各个部分的总和。

通过降低入门门槛以及模仿游戏的方式，奈特和其他伙伴鼓励更多样化、更具创新性的参与者为合成生物学做出贡献。戴维在麻省理工学院附近运营一家叫作EMW的艺术、科技和社区中心。他说："有一个基本的信念是，生物学应该是大众化的。要让人们理解生物学是如何研究的，不仅仅是了解相关生物学知识，还要知道如何去操控。"EMW的项目之一——街头生物学便是要探索工程生物学和街头的关系，即探索促使生物学离开实验室、走入日常生活的人、文化和生物产品之间的关系。"我们这个领域有一个共识——生物学，尤其是生物科技太重要了，不能只依靠专家。"[28]

提出登记册的建议远比真正制作登记册容易得多。与钢筋、伺服电动机或集成电路不同，组成生命体的部分并未标准化。每一块生物砖都包括一个基因序列，它们的特征都是已知的，如触发邻近细胞发光的能力。该序列则是由核苷酸一个碱基一个碱基合成而来。在当时，很少有基因组已经定性、确定或为人所知，即便是真核生命形态的简单基因组。奈特和他的合作伙伴不需要更多的实验室或更多资金，他们需要一支"军队"，而很快他们就将拥有。

附言：将钟摆拨回原处

2003年，博客在互联网上出现几年后，在一群乐观的博主的帮助下，我撰写了一篇关于“涌现”民主的论文。我和我的合著者坚定地相信，这一革命将从根本上改变民主的性质，推动其向更好的方向发展，但速度不一定快。

之后，突尼斯骚乱于2010年爆发，我们认为这证明我们是正确的。然而，不久之后越来越清楚的事实是，我们帮助创造了推翻政府的“涌现式”工具，但没有必然“涌现”出负责任的自治。该地区从突尼斯爆发革命的展望转变成了“伊斯兰国”组织的出现，我们的希望变成了失望。

更加令人失望的是，这些工具越来越多地被用于封闭的脸谱网（Facebook）和聊天工具推特网，而非搭建在自托管服务器上的开放和民主的博客。遗憾的是，互联网在利用新社交媒介推动其发展和宣传方面使其令人厌恶和冷漠的一面暴露无遗，这一程度即使没有超出，也堪比自由和民主的另一面。

我们现在处于“涌现”民主的阶段，这令人苦恼不已。但在看到这些之后，10年前曾抱有乐观心态的我们更加坚定了信心，要用积极的方式研发工具和推动趋势，实现最初“科技推动民主”的梦想。

作为迈向这一方向的一步，我们在媒体实验室建立了新的可扩展合作（Scalable Cooperation）研究小组，由副教授伊亚德·拉万（Iyad Rahwan）运营。他是一名叙利亚人，当我面试他时，他说，“涌现”民主运动的成功与失败给予他很多启示。他依然会致力于打造可扩展合作的工具，以推动民主的新形式涌现。

我期待着与伊亚德以及其他人一道，齐心协力地将钟摆拨回到另一方向，证明互联网之弧真的会偏向正义。

——伊藤穰一

Pull
ov

2

拉力
优于推力

er
Push

2 拉力优于推力

就地质运动而言，太平洋板块有点儿像一名短跑选手。每年，太平洋板块都会向西北方向移动3.5英寸[①]。距日本海岸线约100英里的这一巨大海洋板块冲撞上了移动速度远比它慢的鄂霍茨克板块，并冲入该板块之下，这个过程在地质学上叫作“俯冲”。“俯冲”给这一地带留下了很多悬而未决的矛盾。太平洋板块并未平稳滑入地球地幔中，相反，位于上方的鄂霍茨克板块卡住了位于下方的太平洋板块，由于后者的力量更大，前者受力弯曲。最终，就像音乐盒里的钢齿轮一样，每过1 000年，鄂霍茨克板块又反弹回原位。

2011年3月11日下午临近3点时就发生了这样的地质运动，并由此爆发了强度达里氏9.0级的地震。地震如此强烈，以至地轴都移动了，导致日本向美国移动了近8英尺[②]。成千上万栋建筑和高速公路尽数被毁，一座大坝也因此倒塌，但最糟糕的还在后面。

日本福岛第一核电站距离地震震中仅110英里。核电站的工程师在30秒内感受到了最初的地震波，“我突然听到隆隆声，像是地球发出的猛烈咆哮”。核电站的一位总经理告诉电视台的记者，“地震非常强烈。此次地震不仅强度大，且持续时间非常长”。通常意义上的大地震持续时间不过40秒左右，但日本这次全国皆知的“311大地震”持续时间长达6分钟。

和震区附近大多数建筑一样，最初的强震之后，核

---

① 1英寸=2.54厘米。——译者注

② 1英尺=30.48厘米。——译者注

电站已经断电。一组柴油发电机自动开始运行，但这也意味着，当时的福岛已经失去了安全保障。最初的地震过后，稻垣（Inagaki）和其他工作人员立即关闭了反应堆，但燃料铀仍会持续数天高温。冷却水泵需要靠电力运作，它能使冷水持续流经燃料棒。一旦冷却水泵停止运转，水便会立刻沸腾，然后会以惊人的速度导致堆芯熔毁。

下午 3 点，距第一次大地震已过去 15 分钟，发生堆芯熔毁的可能性似乎很小。在这样一个已经习惯了因板块构造引发强烈地质运动的国家，福岛的建筑设计均考虑到了抵御地震及其引发的海啸的因素。福岛核电厂的 6 个反应堆均高于海平面 30 英尺，前面还设有 33 英尺高的防波堤。下午 3 点零 2 分，日本政府海啸警报中心预测将有逾 10 英尺的大浪袭击该区域。

下午 3 点 25 分，海啸飞行观察员报告第一波大浪正在靠近福岛。共有 7 波大浪冲向福岛，第一波猛地冲向防波堤，650 名工作人员发疯似的冲上核电厂后面的小山。有些浪高甚至是防波堤高度的两倍，有两名工作人员在短短几分钟内便被海浪吞噬。海水淹没了涡轮机、发电机和 6 个反应堆中 4 个反应堆的所有接线，稻垣和其他队员置身完全的黑暗中。第一次地震后，本来持续不断的警报声也消失了，控制室里一片寂静。没有电，燃料棒无法冷却，堆芯熔毁已不可避免。[1]

东京电力公司（TEPCO，简称东电）一直以来都坚信海啸浪高绝不可能超过 20 英尺。福岛并不是唯一一个因为这样的预测和计划遭受惨重损失的地区。本州（日本主岛）东北海岸都对这样的预测信以为真，还将其写入应急演习、避难所和物理阻隔的计划中。日本绝大多数防波堤、防洪堤和其他海啸防护设施都是在 1960 年智利瓦尔迪维亚大地震（这是地震观测史上记录的最大规模地震，矩震级为 9.5 级）后开始建造的。瓦尔迪维亚地震引发的海啸在 22 小时内横扫了太平洋海域，袭击了日本。据报道，当时的海浪高达 14 英尺，死亡人数超过 150 人。

这些预防措施遵循了一种不容置疑的工业时代逻辑。地震引发如此强烈的海啸实属罕见，我们有可能为所谓的“黑天鹅事件”（指事件非常罕见，误使人们认为他们的家人永远不会罹患绝症，市场会永远欣欣向荣，政权永远不会被颠覆）制订计划吗？[2]事实上，如果你转变观察视角就会发现，日本为应对海啸所做的准备将他们的观念局限在了近代历史上。过去 400 年间，这一地区从来没有遭遇过震级大于 8.5 级的地震。2010 年日本地震频发地图中，甚至都没有突出标注该区域。

然而，一名地质学家从公用事业管理角度出发提出了一套不同的参考标准。2009 年，日本活动断层和地震中心主任冈村幸信（Yukinobu Okamura）曾告诉东电，福岛沿岸的俯冲带正是 869 年贞观大地震的发生地，贞观大地震是一次灾难性的地质构造事件。[3]从日本皇室官方记载来看，科学家在附近地区采集核心样本时发现，贞观大地震引发的海啸浪高远高于东电的预测，而且这样的大地震每 500—800 年就会发生一次。[4]冈村告诉东电，由于贞观大地震已过去 1 100 多年，福岛附近的海岸线早就该遭遇大海啸了。

官员们无视这种警告。海啸发生后的几周内，稻垣和他的团队在核电站现场付出了巨大努力。尽管如此，到3月12日，还是有3个机组发生了堆芯熔毁，大量放射性物质进入空气和海洋，造成了自切尔诺贝利核事故以来最严重的核灾难。至于到底有多少放射性物质泄漏，不得而知。余震来袭时，日本政府紧急撤离了核电站周围20公里内的13.4万名民众。然而，美国政府则要求这种情况下国民应撤离到核电站80公里以外。[5]日本政府已尽其所能，但似乎已对局势失去控制。接下来的几天，日本政府也没能告知大众确切的辐射水平，因为从某种程度上来说，几乎没人能在一开始准确测量辐射水平。

但就像东电没能就科学家们认为迟早要来的地震做好预防工作一样，政府如果仅凭自己的经验和想法处理危机，恐怕也将以失败告终。和很多互联网之前时代的机构一样，日本核安全委员会采取指挥与控制的管理方式。前线的信息，如来自福岛核电厂的信息必须自下而上经过多个管理层才能抵达上级，上级的决定也将遵循一样的路径返回前线。

福岛事件的管理方式以及由此造成的灾难性后果，恰好为我们提供了两种不同决策方式的案例研究。采取指挥与控制方式的结果就是决策制定者将资源（测量方面的经验和放射物污染方面的分析）“推”到他们认为最有用的地方。即使在最好的时机，指挥与控制的管理方式也存在效率低下的弊端，这样的管理方式在核危机关头更会导致致命的后果。在过去的几百年中，这是我们能想出的最好的方式。然而，在网络时代，情况并非如此。人力资源的最佳利用方式是在最需要他们的时候将其“拉”进一个项目。时机是关键，“涌现”战略是投入大量的人力物力解决问题，而“拉力”战略则是在最需要的紧急关头投入最需要的人力物力，此战略进一步优化了“涌现”战略。这对于东电的高管来说是完全陌生的。“拉力”战略需要透明度和进出机构的双向信息流，而东电的公司文化则强调高度的封闭性。一个由世界各地公民组成的关怀组织将就“拉力”的力量给他们上一堂示范课。

地震来袭时，伊藤穰一正在波士顿一家酒店的床上努力克服时差进入梦乡。他白天全天都在面试媒体实验室主任一职。伊藤穰一没有学士学位，他有机会面试这个有威望的学术机构的主任一职确实不同寻常。当然，这一定是其自身能力让他获得了这次机会。

2000 年，尼古拉斯·尼葛洛庞帝离开后，麻省理工学院临时任命沃尔特·本德（Walter Bender）为实验室主任。尼葛洛庞帝在任时，本德任职于建筑机械组。本德与尼葛洛庞帝有着同样的理念，在他的管理下，实验室稳步发展。2006 年，本德离任，麻省理工学院聘请了企业家弗兰克·莫斯（Frank Moss）管理实验室，莫斯既是一名成功的企业家，也是麻省理工学院的博士生。自此，实验室进入了一个较为尴尬的转型期。20 周年之际，实验室已不再是当初那个依靠创始人和全体教师卓越智慧的革新机构了。莫斯在管理复杂、富有野心的企业方面有着丰富的实战经验，并获得了成功，但在管理媒体实验室方面，他面临着一系列特殊的挑战。

记者们感到，互联网以及随之而来的技术创新大潮使得实验室陷入了困境。没有尼葛洛庞帝的带领和真知灼见，实验室一味迎合赞助商的兴趣喜好推进研究，[6]就像经营企业一样去经营实验室，莫斯没能像过去的管理者一样点燃媒体实验室的热情，没能鼓舞全体教师、投资人以及大众。到 2011 年，实验室已丧失了曾一度带给它声望的核心和优势。当莫斯决定在任期结束后离开实验室时，全体教师和工作人员决定聘请一位新的管理者，回归其创办初衷，在竞争年代带领它继续前进。

遴选委员会在和伊藤穰一进行初步谈话，了解其对该职位的兴趣后，考虑到他缺乏学术资质和背景，建议他放弃申请该职位。然而，遴选委员会看了一长列面试者名单后，请出尼葛洛庞帝，请他询问伊藤穰一对该职位是否还有兴趣。一连串电话沟通后，伊藤穰一在几天后登上了前往波士顿的航班。

凌晨 2 点左右，伊藤穰一因为时差无法入睡，于是打开了笔记本电脑。那天他非常疲惫，连续 9 场面试，面试官均是美国顶级的科学家、艺术家和设计师。他头脑发昏、异常紧张却又高度清醒。一打开邮箱他便发现，可怕的事情发生了。邮箱里充斥着关于地震和海啸的邮件，看起来异常焦急。最让他困惑的是核电站爆炸。伊藤穰一打开电视，很快了解了此次地震灾难的规模。

在接下来的几个小时，伊藤穰一处于一片混乱中。日本大部分地区的互联网似乎还在正常运行，但手机服务已经中断。伊藤穰一想到的第一件事便是联系他的妻子。所幸，他家住在东京郊外，那片地区受地震和海啸的波及较小，只有极少的财产损失和人员伤亡。然而，伊藤穰一的其他家庭成员则生活在离福岛核电厂不远的沿海地区。

当晚狂风呼啸，次日清晨大雨滂沱，伊藤穰一还是没能联系上他的妻子，而媒体实验室还有 13 场面试在等着他。面试的闲暇时刻，他试图通过邮件、在线聊天和 Skype 网络电话联系朋友和家人。所幸，那天结束时，两件大事让他放下心来：一是他的所有亲人都安然无恙；二是此趟波士顿之行很顺利。他当时是实验室主任的主要候选人。然而，他并没有太多时间思考自己的职业前景。

所有身处异乡有幸避开了这场大地震的日本人，都怀有一种幸存者的内疚感。伊藤穰一那些经常满世界飞的朋友们最关心的问题是，如果回日本是否能提供更多帮助，日本现在余震不断且交通中断，一团混乱，无论他们身在何地，能否提供一些力所能及的援助。伊藤穰一的朋友们非常聪明，大家立马将问题集中在两个方面：辐射物到底泄漏了多少，这些辐射物会影响哪些地区。东电和日本政府还在继续按他们过时的“剧本”（最终将自食其果）行事，没有向公众公开任何信息。伊藤穰一和他的朋友们开始着手筹备他们自己的计划。

几天内，在线聊天平台的那些志愿者和顾问组成了一个团队，这个团队最终成为 Safecast① 的核心成员。[7] 他们的当

① Safecast，一个呼吁全民环保的国际志愿者组织。——编者注

务之急就是购买尽可能多的盖革计数器①（Geiger counter）。丹·西泽（Dan Sythe）的国际医疗公司生产该类仪器，他为 Safecast 提供了一些。彼得·弗兰肯（Pieter Franken）是 Monex 证券公司的执行理事，他想多买一些盖革计数器，伊藤穰一和肖恩·邦纳（Sean Bonner）也有此想法。肖恩是洛杉矶一名企业家，他曾与伊藤穰一一起共同促成与东京数字车库②（Digital Garage）的会谈。海啸发生 24 小时后，盖革计数器销售一空——某种程度上是因为加利福尼亚和华盛顿的美国人担心放射物会扩散至美国西海岸。[8]

如果想要获得足够的盖革计数器，以便准确读取受影响区域的辐射水平，只能自己制造。邦纳协助联系了东京创客空间（Tokyo Hacker Space）和克里斯·王（Chris Wang），克里斯以“秋叶原”的名字为人所熟知，她是日本应庆大学网络研究实验室研究员，同时也是怪人实验室（Freaklabs）的创始人。伊藤穰一的老朋友安德鲁·黄（Andrew Huang，昵称邦尼[9]）也加入了该团队。他毕业于麻省理工学院，是一名硬件专家，也是中国硬件行业的敏锐见证者，侵入 Xbox 让他名声大噪，[10]他还创立了一个公共资源网络硬件应用 Chumby，协助全球网民自己设计硬件、固件和软件。

团队成员于 2011 年 4 月中旬到达福岛，一周后便开始测量放射物。他们很快意识到，从街道的这一侧到另一侧，计数

① 盖革计数器，一种专门探测电离辐射（α 粒子、β 粒子、γ 射线和 X 射线）强度的计数器。——编者注

② 数字车库，一家投资机构，其业务集中于创业孵化、市场营销与推广、线上支付三个领域。——编者注

器上的读数可能会发生显著变化，但大范围区域内的读数平均下来便可得到有效数据。大约6个月后，该团队得知疏散的民众被送到的地方比他们撤离的地方污染更为严重。政府的数据大多由直升机采集，但似乎志愿者采集到的数据更为准确。

团队已经开始着手搜集信息，他们需要用某种方式向大众传达这些信息。阿龙·胡斯拉奇（Aaron Huslage）是北卡罗来纳州的一名工程师，他把伊藤穰一介绍给了马尔切利诺·阿尔瓦雷斯（Marcelino Alvarez），马尔切利诺在俄勒冈州波特兰市有一家网络和手机公司，该公司已建成一个汇总辐射物数据的地图网站。莲花便签（Lotus Notes）的创始人、微软前首席软件设计师雷·奥齐（Ray Ozzie）自愿利用专业知识协助团队进行数据分析。他反复斟酌Safecast这个名字以及该项目的统一资源定位器（URL）。此外，奥齐还建议将盖革计数器与汽车绑定，和手动采集数据相比，这样更快速有效。邦纳、弗兰肯和东京创客空间组织的团队开始着手设计、制作一种新型盖革计数器“bGeigie”，这种盖革计数器有便当盒般大小，内置GPS接收器。

所有关键人物都已到位。Kickstarter网站赞助了近3.7万美元，里德·霍夫曼（Reid Hoffman）、数字车库、“约翰·S.和詹姆斯·L.奈特基金会”（John S. and James L. Knight）也提供了资金援助，Safecast就这样开始部署盖革计数器的工作，并开始从日本的“公民科学家”手中搜集数据。截至2016年3月，该项目共搜集了超过5 000万个数据点，用户可在知识共享（Creative Commons CCo）公共领域平台上获取所有数据，该团队将所有数据与大众分享。这个数据库不仅帮助世界各地的研究者了解福岛放射物的扩散情况，还可帮助他们了解不同区域正常的辐射水平。倘若此类核事故再次发生，这些信息将给科学家和大众提供切实有效的参考。[11]

●●●

Safecast 为更有效地组织知识资本和物质资本指明了方向。“拉力”战略是通过网络将需要的资源吸引过来，而不是将材料和信息集中存储起来。对公司的总经理来说，“拉力”战略意味着减少成本，增强应对多变环境的灵活性。最重要的是，这能鼓励他重新思考以前所做的工作，以促进创新。

我们通常很轻率地使用“企业家”一词，泛指所有有好的想法并能用满腔激情为该想法找到市场的人，对企业家来说，“拉力”战略意味着成功与失败之间的差异。正如“涌现优于权威”一样，“拉力”战略利用创新带来的低成本，使得沟通交流、原型设计、资金筹集和新的学习方法成为可能。

应该说，所谓的“推力 – 拉力”战略源自物流和供应链管理领域。2005 年，管理顾问约翰 · 哈格尔（John Hagel）和施乐公司前首席科学家约翰 · 西利 · 布朗（John Seely Brown）撰写了一系列文章，将此概念应用于更广泛的领域。此概念在硬件领域潜力巨大，因为“拉力”战略可以从表面上改变整个行业的供应链。该战略背后的逻辑是，在“需求”出现之前，根本就不应该存在“供给”。[12]

互联网使得世界变得无序且无比疯狂。从灵活的角度来看，资产负债表上的资产——从印刷机到代码——已变成负债。相反，我们应该尝试及时使用可利用的资源，在最需要的时候利用该资源，过后作罢。亚马逊允许客户租用它的 9 个庞大“服务器农场”的小角落，使用多少空间则严格取决于需求。亚马逊云端的网站流量可能会迅速达到峰值，然后以同样快的速度下降，系统会自动调整。[13]

用技术专家戴维·温伯格（David Weinberger）的话说，互联网从最早期开始，便“一直由松散小碎片组合而成”。[14] 虽然这与传统的企业模式正相反，但大量利基组织通过提供满足具体需求的产品和服务在互联网上繁荣发展。它们一同构成了一个复杂的生态系统，该系统依赖开放的标准和交互性，而不是集中的、自上而下的控制。

正如丹尼尔·平克（Daniel Pink）在 TED Global（技术、娱乐、设计大会的子会议）《动机之谜》这一演讲中提到的，这便是失败的微软百科全书与成功的维基百科之间的关键差别。前者为专业团队设计、价格不菲、以“推力”战略为基础的系列知识产品，后者为业余团队设计、以“拉力”战略为基础的平台。很显然，维基百科比微软百科全书更成功。[15] 在维基百科的环境下，没有一个个人或组织能控制网络。相反，它是建立在“粗略共识和运行代码”的平台上，“粗略共识和运行代码”是互联网工程任务组（IETF）的箴言，该任务组本身就是一个松散的组织，旨在解决互联网出现的工程问题。[16] 美国在线起初用传统模式经营，却令公司不断衰退，而推特这样的公司则蓬勃发展。

美国在线早期的模式侧重“推力”战略。它试图为用户提供全方位服务，但同时控制他们访问网络的渠道。由于其产品通常和互联网标准不兼容，因此有效地将用户封锁在一个“密闭花园”里。尽管不如股东们希望得那么早、那么快速，但美国在线后来总算意识到，“推力”战略与网络本身固有的属性是对立的，当然你也可以把这些固有属性说成是网络的 DNA。像暴雪娱乐（Blizzard Entertainment）这样的在线游戏公司早就采用了“拉力”战略，而且很快把它变成了自己的优势。暴雪娱乐将游戏玩家和游戏迷社区视为其组织的一部分。事实上，许多游戏玩家已成为暴雪娱乐的正式员工。玩家的想法已被纳入游戏的开发和设计中。游戏开发人员还经常与玩家分享游戏研发的内部运作，甚至允许玩家使用受版权保护的内容来创建视频或其他衍生商品。在这些系统中，我们很难看到公司和客户之间存在明显的界限。

由此可以看出，“拉力”战略不仅适用于各组成部分和人力，对金融资本也同样有效。Kickstarter 允许人们以一种比传统筹资更灵活、更迅速的方式筹得他们所想要的。众筹表明，亚马逊网络服务背后的成功逻辑同样适用于资金筹集。通常人们会把众筹与研发新产品等不太可靠的想法联系起来，但 Experiment.com（一个在线众筹、融资平台）表明，同样的系统也可以用来为严肃的科研项目筹资。[17]

除众筹外，众包也为独立创作者提供了经济实惠的方案，让他们可以拓展资源。初创公司和个人可以不雇用工程师、设计师、程序员团队，而是借助全球自由职业者和志愿者社群所提供的专业知识填补空缺。这当然也与“涌现”系统有关，因为没有任何规则存在于真空中，它们相互补充、相互沟通。

Safecast 项目表明，在软件和硬件开放的环境下，有奉献精神的志愿者团队能在快速变化的环境中构建比政府提供的官方工具更准确、更有用的工具。这些工具能为受灾地区的民众提供准确的数据，使他们能够照顾自己和邻居，同时也能鼓励他们为帮助自己和全世界人民创建数据。

Safecast 项目之所以能快速启动，其中一个原因就是大众能自由访问社交媒体和其他在线工具，这使得志同道合的人们能够快速创建社区，分享信息，鼓励彼此，也能提供其他的无形资源。这些拓展后的网络还可以为定位工具、工作空间和制造设施提供帮助，进一步降低创新成本，让新想法和新项目摆脱中心权威的指令而自由发展。

很多类似的项目也受益于推动硬件领域实现快速、低成本创新的现代样机技术和供应链。同样的创新模式已在软件领域出现。这使得独立创作者开发复杂的消费产品成为现实，而这些产品在几年前还无法想象。随着这种趋势的加剧，我们可以期待小型初创企业和个人发明家生产出更多的新型硬件产品。

随着创新成本持续下降，那些受掌权者排挤、被迫退出的社区可以重新组织起来，成为社会事务和政府管理的积极参与者。“涌现”这一创新文化使得每个人对彼此、对世界都有些许责任感，与制定政策、法律的当局相比，他们可以创造出更持久的变化。

●●●

当大多数人说不擅长数学时，他们想要表达的意思和杰里米 · 鲁宾（Jeremy Rubin）的可能有点儿不同，杰里米毕业于麻省理工学院，他的爱好是玩滑板和改造通常被我们称作货币的交换媒介。“我觉得我对数字没有天赋，所以我担心会落后。”鲁宾说。他解释了自己为什么要在一个周末浏览高中一个学期数学课程的所有问题，“我在这里学到的最重要的经验教训之一便是勤奋和努力，如果你想学习，无论学习什么，你只需强迫自己坐下来，然后全力以赴”。[18]

2013 年秋季鲁宾读大二，除了选修 5 门课程之外，他还和一些朋友创立了 Tidbit，这是一家与数字货币——比特币相关的公司。该项目吸引了风险投资人的注意，这些投资人永远围着麻省理工学院这样的大学转，总是希望能参与下一个大事件。鲁宾回忆说，获得投资人的关注是很好，却也令他筋疲力尽、憔悴不堪。

更糟糕的还在后头。12 月 9 日上午，鲁宾在他的信箱里发现一个厚厚的淡褐色信封。信封里装着新泽西州总检察长发出的传票和书面质询，要求鲁宾提供 Tidbit 的源代码和与之有关的比特币账户，还有关于 Tidbit 组织架构的所有信息，包括“鲁宾所有与违反安全和（或）未经授权的计算机访问有关的文件和通信往来”。[19] 鲁宾心想，这样的开端对期末考试周而言可不是好事。

和许多其他数字概念一样，Tidbit 始创于黑客马拉松竞赛。那是一群年轻人在高压下借助大量温和兴奋剂（比如红牛），在截止日期前研发出新产品的竞赛。这个一年一度的特殊的黑客马拉松竞赛叫作 Node Knockout，唯一要求是使用流行的 Javascript（基于对象和事件驱动的客户端脚本语言）服务器 Node.js 编程，并在 48 个小时内提交产品。

鲁宾和他的朋友们在两天里创造的产品很大程度上解释了为什么“拉力”战略优于“推力”战略，这两大战略之间存在的文化冲突，以及为什么学生不会预想他们的想法会惹怒当局，就像当局会预想一个软件程序应允许人们就他们电脑处理能力的空闲周期进行交易，这些处理能力可使人们享受典型的现代奢华体验——不被烦人的、讨厌的网页广告打扰。

像本书中的其他原则一样，“拉力优于推力”更多的是一种直觉而非一种想法。Tidbit 很聪明地利用了比特币的最基本属性：货币本身就是货币使用者创造的。这些比特币“矿工”将计算机设置为能够记录发生在中心总账或数据区块链中的每一笔比特币交易。这就是这项工作的数学复杂性，它需要极其强大的计算能力。

鲁宾平时拿着滑板，穿着褪色的旧 T 恤和卡其色短裤，看起来和其他有抱负的程序员、科学家和企业家形象差不多，这些人大多都毕业于麻省理工学院。鲁宾在工作时才智过人，有时候性格急躁，这会让有些人感觉不大舒服。和所有优秀的黑客马拉松选手一样，鲁宾和他的朋友们先找出问题所在，再通过技术解决这个问题，这一技术让他们兴奋不已。他们发现的问题是新闻媒体的主要商业模式——广告——不能在网络上奏效。如果用户不看海量的、烦人的广告，而是捐献一些空闲的中央处理器，那会怎样？不管用户在线多久，他们的电脑都会运行繁杂的数学运算，每一个比特币都必须通过这些数学运算创造。黑客马拉松结束后，鲁宾和他的团队不仅阐释了该想法背后的基本商业逻辑，还开发了一个美观的小应用程序，可下载这个程序运行该产品。用户一旦选择运行该程序，他们的电脑就已经开始挖矿了，而用户自己却全然不知。

黑客马拉松竞赛授予他们“创新一等奖”。虽然鲁宾和他的朋友们并没有解决新闻媒体史上的最大危机，但他们富有创造性的解决方案吸引了风险投资人的注意，他们正在做调查，想要设立一个有限责任公司。为什么不呢？Tidbit 又不是从黑客马拉松中冒出来的第一个创新型初创公司。

新泽西州检察院来电，总检察长没有指控鲁宾或 Tidbit 公司犯有何种特定罪行，但传票上的陈述会让他们因计算机欺诈行为而受到严厉处罚。在此前一年，美国主营视频游戏竞技赛的电子体育娱乐公司（E-Sports Entertainment）被国家指控在其反作弊软件中植入恶意病毒代码。新泽西州检察院称，有大约 1.4 万名用户的电脑被劫持，用户在不知情的情况下成了比特币“矿工”。（电子体育娱乐公司负责人承认参与此次计划，此案最终被成功破获。）

2014 年 1 月，数字权益倡导团体——电子前线基金会（Eletronic Fronfier Foundation）接手了鲁宾的案件。一方面，

Tidbit 理论上确实是由可开采比特币的软件组成；另一方面，鲁宾很快指出，用户得选择运行该程序才能开采比特币。此外，Tidbit 代码从来没有运行过。这是对“该想法的验证”，解释了它只能在人为控制的环境下运行。新泽西方面声称，发现该代码曾偷偷地在电脑上开采过比特币，而且电脑分属三个不同的新泽西人。鲁宾大二、大三学年大部分时间都在担忧自己会不会因为这个项目被起诉，关键是该项目既不存在欺诈，也不具有任何实质作用。

科学家和发明家通常以重大发现为自己邀功。比特币注定是我们这个时代一大令人不解的谜团，是继自动取款机之后金融领域最大的创新成果，然而该发明家很固执，始终不愿透露真实姓名，我们也无从得知其性别，是一个人还是一个团队。2008 年 11 月 1 日，一个自称中本聪（Satoshi Nakamoto）的人在密码学讨论组上发布了比特币——一种点对点电子现金系统。比特币就此问世！[20]

他在介绍中写道：“我一直在研究一种新型的点对点电子现金系统，没有可靠的第三方……主要属性：完全点对点的环境下杜绝了双重支付的可能性。没有造币厂或其他信得过的权威机构。参与者都是匿名的。新的货币都由哈希现金（Hashcash）的工作量证明机制产生。新货币产生的工作量证明机制也能解决网络双重支付的问题。”除非你是密码学家，否则这对你来说根本就是天书。我们还是把它解释得通俗一些吧。

首先，比特币与其他科技发明不同，它值得好好宣传一番。比特币可以让成千上万的人脱贫致富，可以把现代的银行系统变成“古董”，并能像变魔法般不用钱却创造出钱。然而，比特币这种货币本身也完全可能暴跌、崩溃，成为常识问答游戏的一个答案而已。我们之所以要关注比特币的第二个原因，也是更重要的一个原因，那就是数据区块链具有远超过货币和金融服务的未来的影响力，它是让比特币出现的技术。我们预测，区块链可能改变个体与机构之间的关系，是一场对权威本质属性的挑战。

比特币和区块链的重要性在于其架构，简单来说，该架构记录了每一笔发生在公共总账中的比特币交易。该构架基于一种认知，即网络会将所需的资源“拉”进组织，整合和维护，而无须中心进行协调，中心会把这些资源集中“推”给组织。

中本聪的文章向我们描述了一个无第三方介入的电子支付系统，这是一种去中心化的方式。这里的无第三方介入是指没有中央银行发行货币，没有金融中介保证每一笔交易。相反，网络自身会提供货币本该有的保证，这是人类一直期待的。为确保每一个比特币都独一无二，用户不能通过利用比特币多次购买以达到双重支付的目的，每一笔交易细节都会在网络上公布，这些交易都会进入公共总账，也就是区块链。

如果中本聪只是试图创建一个系统，要求每个人记录这些交易，那么比特币就只是密码学领域一篇晦涩难懂的学术论文而已。然而，中本聪利用了人对财富的占有欲为其工作。

为创造一种切实可用的货币，中本聪不得不人为制造该货币的稀缺性。这就需要控制比特币的数量，否则它们就将比20世纪20年代的德国马克还要不值钱。黄金是天然的稀缺金属；美国财政部严格控制货币发行，因此美元也很稀缺。用户得投入相当的精力才能制造出一个比特币，中本聪认为这就是比特币的稀缺性所在。现实中，每一个比特币都是一长串数字签名链，创造新的数字签名需要记录区块中的每一笔交易，这些区块再以大约每小时6个的速度被纳入区块链。这些工作量证明机制的构造非常容易验证每一笔比特币交易，但几乎不可能伪造。这是因为每一笔比特币交易都包含“哈希”或者数字标识符。

因为比特币的总量有限，就目前的代码来看，能制造的比特币不多于2 100万枚，而且每个区块的创建速度相对稳定，每个区块的比特币数量必须随时间的推进而递减。因此，中本聪设计了这个系统，用于验证比特币交易的工作量证明机制变得日益困难，自然“开采”新的比特币也就变得更加困难。由区块链创建的比特币数量每4年减半。结果，最早的比特币“矿工”可使用自己的私人电脑使区块链有效，而现在的“矿工”必须使用专门的高端“服务器农场”。2014年年底，中国境内共有6个网站从事比特币开采，开采速度约每秒8 000“哈希”，一个月就开采了4 050枚比特币。由此可见，比特币市场发展迅速，况且这些只占全球比特币开采量的3%。[21]

实际上，在本书写作过程中，比特币已经历了第二次数量减半，这意味着每秒比特币的数量减半。在第一次数量减半前，1比特币估值约为12美元。短短几个月内，比特币价格涨了一个数量级。在数量减半出现前，有许多关于比特币未来走向的猜测：投机者预测比特币数量的减少会加速其增值；游戏理论家则担心“矿工”会为了最后更高回报的区块奋起一战，或者彻底关闭他们的机器；而很多用户依旧无忧无虑，全然不知比特币的经济政策，对此没有任何预期。当数量减半真的出现时，一切又似乎显得相对平静。考虑到比特币的复杂性，我们不会试图预测未来，但我们要注意到在“福利”彻底消失之前，一共会经历 64 个数量减半，且好几年才出现一次。或者说，我们有 64 个时机来考虑数量减半会对比特币系统造成什么影响。

比特币去中心化设计依赖于计算机的中央处理器和加密算法，而不是中央银行和政府的权威机构，中本聪不信任传统金融交易，比特币的设计显然受此启发。在描述该系统的一篇论文中，中本聪指出传统货币的根本问题是使其运转的信用。中央银行必须值得信赖，不会使货币贬值，但法定货币的历史又充满了各种对此信用造成破坏的情形。银行必须值得信赖，才能持有我们的资金并以电子方式将其转移，然而它们在信贷泡沫浪潮中将钱借贷出去，储备金所剩无几。中本聪在将加密货币写入创世区块时，或许已经给出了一个有关其动机的解释，其中一个参数中写道：“2009 年 1 月 3 日，《时代周刊》，财政大臣即将第二次宣布银行将申请紧急财政救助。”[22]

就在中本聪创建创世区块并开采 50 枚比特币几天后，他发布了比特币软件平台开放资源的第一个版本。网络安全大师丹·卡明斯基（Dan Kaminsky）说，该资源用 C++ 语言编写且无法破解。2011 年接受《纽约客》记者采访时，卡明斯基曾说："第一次看到这个密码时，我确信我可以破解它。整个设计都极其愚蠢。只有世界上最偏执、最细心的编码员能避免犯错。"然而，每当他认为在代码中找到了漏洞时，他发现中本聪已修补了该漏洞。"我曾发现过'漂亮'的漏洞，可每当我查看代码就会发现中本聪已设置了一道防线，解决了这个问题。"[23]

中本聪为人类社会发展树立了新的里程碑，他给予网络（一个字面上点对点的解决方案）信任和权威，而不是给予一家银行或者一个政府。通过改变如此复杂但又简洁的系统，他几乎创造了一件艺术品。

杰里米·鲁宾按相似的思路创建了 Tidbit 系统，帮用户摆脱烦人的广告，并使"第四权力"重获稳固的经济基础。两者都预设，最好的组织和分配资源的方法就是提出一个吸引人的主张——"自己赚钱！无广告页面！"。同时，让用户融入这个既复杂又高度互联的网络。然而，这个想法违背了数百年的组织思维。因此，新泽西州检察院总检察长办公室没有完全理解 Tidbit 的运行模式情有可原。

2015 年 5 月，新泽西方面同意放弃起诉鲁宾，只要他承诺继续遵守他一直坚持的那套法律。"不管开采比特币的网页是否是广告赞助内容的可行替代品，新泽西方面表示，他们会打压所有试图征用用户电脑从事比特币'开采'的技术，即使用户同意这么做。"长期从事公民媒体研究的学者、媒体实验室的指导教授伊桑·祖克曼（Ethan Zuckerman）如此说道。[24]

与此同时，鲁宾发现自己陷入新的争议中心。面对数字货币时，中本聪可能解决了很多技术障碍，但仍然会有让他束手无策的人性方面的问题。鲁宾的处境也一样。比特币社区里的两个派别出现了分裂，表面上出现在区块链中的每一个区块，然而实际已触及去中心化和管理的核心问题，凸显了无领导组织的一大缺陷。鲁宾已违约。“双方都指控对方试图‘占有’比特币，”他说道，“问题是他们都有理。任何一方胜利了，都会是加密货币发生的最糟糕的事情。因为比特币应该属于每一个人，而不是一小群圈内人。”

●●●

日本“311 大地震”后近一个月，日本政府还没有公布福岛核泄漏的辐射数据。4 月 25 日，伊藤穰一和一群设计师、企业家，当然还有软件和硬件黑客组成的核心小组在东京汇合，开始头脑风暴。那天结束时，他们基本上创建了一个原始框架，该框架后来就演变成 Safecast。

正如 Safecast 利用“拉力”战略吸引项目所需的知识资本一样，创始者也需要吸引金融资本。Safecast 在众筹网站 Kickstarter 上线，筹资购买和分发盖革计数器，筹集到的钱已超过 3.3 万美元这一筹资目标。

还记得美国在线那个例子吗？与美国在线不同，推特这样的公司允许用户搜集信息并在全网构建有助于他们的关系网络。这些关系源自不同的网络，使得参与者与广泛的人和知识资源接触。这些网络提供的自然高效率吸引了约翰·西利·布朗的注意，他在 2010 年《拉动力》①（*The Power of Pull*）一书中推广了该战略，认为只要公司愿意从不同方面考虑问题，就能体会拉力的能量。[25]

一个强大的关系网包括弱连接和强连接。1973 年，马克·格兰诺维特（Mark Granovetter）博士发表了论文《弱连接的力量》（*The Strength of Weak Ties*），该论文影响深远。他在文中指出，弱连接——连接点头之交和朋友的朋友——在连接社区和创造陌生人之间的信任和联系方面有巨大的潜力。[26] 因此，具有广泛弱连接的人有更多机会从他们的人际关系网络中获取资源。正如马尔康姆·格拉德维尔（Malcolm Gladwell）指出的，我们的点头之交是我们获取新想法和资讯的最大来源。[27]

虽然我们从弱连接中获取灵感，但我们的强连接会对我们的表现产生很大的影响。以伊夫－亚历山大（Yves-Alexandre de Montjoye）为首的来自媒体实验室和丹麦技术大学的一组研究人员发现，在竞争激烈的环境中解决复杂问题的团队，队员的连接强度是他们能否成功的重要预测指标。[28]

强连接对于危险或革命性的社会运动参与者来说也至关重要。1964 年"自由夏日"（Freedom Summer）计划期间，斯坦福大学社会学家道格·麦克亚当（Doug McAdam）发现，在"密西西比自由夏日"计划中，有较强个人连接的志愿者更有可能留在南部，尽管他们的身心会遭受重创。[29] 研究人员指出，在其他如

① 《拉动力》一书中文版已由中信出版社于 2017 年 4 月出版。——编者注

突尼斯骚乱的社会运动中也有类似的规律。参与者可能会通过他们的弱连接加入政治运动，但他们的强连接会让他们继续从事社会运动。

尽管格兰德维尔和其他研究人员一直对“推特和脸谱网这样的在线社交平台能促进强连接”这一观点持怀疑态度，但格兰诺维特博士引用了加州大学洛杉矶分校的拉梅什·斯里尼瓦桑和亚当·菲什的论文并指出，在线社交网络可能有助于维持由地理或政治因素导致分离的人们之间的强连接。[30] 2007 年，斯里尼瓦桑和菲什发现，吉尔吉斯斯坦的活动家利用社交媒体平台与全世界志同道合的人们进行沟通，创建了跨越国界的强连接。[31] 麻省理工学院公民媒体中心负责人伊桑·祖克曼也指出，不像格兰诺维特博士研究的本地网络，这些国际网络可能包括了可连接不同人际关系的强连接。确保随着人际网络的扩张，你会拥有更多可任你支配的资源。[32]

Safecast 的故事说明了这种思维创新。正如著名的人类学家所宣称的那样，也许在玛格丽特·米德（Margaret Mead）那个年代，改变世界只需要“一小群有思想、有责任心的公民”。[33] 然而，Safecast 并不是那群有责任心的公民的产物，而是那个团队的广泛而松散的人际关系网络的产物。Safecast 迅速发展成为一个重大的公民科学倡议。伊藤穰一和他的两个好朋友之间的那些邮件并不是一场运动的创始，就像点燃一根火柴那么简单。然而很多参与者都是各自领域的专家，他们的工作没有额外的奖励，只有为公众的健康和安全奉献的满足感。正如丹尼尔·平克所说的，内在奖励比外在奖励更能激励人们取得更好的表现。[34]

这就是“拉力优于推力”的所在，它利用现代通信技术和日益下降的创新成本将权力从核心向边缘转移，使得一些意外的发明成为现实，为创新者激发自己的热情和潜能创造机会。在最好的情况下，它不仅能帮助人们发现他们需要的东西，而且能帮助人们发现他们自己不知道自己需要的东西。

附言：偶然的幸运并非侥幸

我还是小男孩的时候，大家都告诉我要专注。专注，专注，专注！我很擅长高度专注，但并不擅长持续专注。我对一切都很好奇、很兴奋，结果就是我对周围的一切都很关注。我的周边视觉过度发达。

约翰·西利·布朗第一次和我谈论“拉力”时，我重新审视了我的思维。正如我们在本章中提到的，世界在不断变化，我们不能再储存资源和信息，不能再掌控一切，计划一切，将信息和指令从权力中心推向边缘，因为现在边缘区域才是创新蓬勃发展的地方。资源将被“拉”到需要的地方：世界将从“资源储存”向“资源流动”转变。

我试图设定一个前进的大致轨迹，同时也试图拥抱偶然性，允许我的人际网络提供必要的资源，将任何偶然事件转变成有价值的事。我很赞同社会学家马克·格兰诺维特关于“弱连接力量”的论述：那些正常圈子之外的连接往往能带来最大的价值。

然而，偶然的幸运并非侥幸，而是一些条件的综合产物。首先，必须创建一个人际网络并拥有广泛弱连接的环境；其次，善于觉察；再次，吸引和鼓励互动。

寻找“蘑菇”的人或其他从事需要高度敏锐的觉察力的人，必须变得极度警觉，善于发现我们通常容易过滤掉的模式和活动。只有这样，蘑菇或任何其他难以想象的机会才能触手可及。

在我们的生活中，觉察模式和专注–执行模式之间自由切换的能力是拥有偶然幸运的关键技能，但关键是将那些“幸运”的事转化为切实的机会。

其中一个问题是，传统的教育体系以及大部分商务培训都鼓励专注和执行，限制成为“觉察者”的机会。很多培训都集中在对已知问题的解决而不是预想和探索未知问题。

在“拉力优于推力”上，你必须充分警觉，关注当下，通过探索和好奇开拓广泛的人际网络。你需要将兴趣和能力有效组合起来，能够在机会和危险出现时快速反应。过分关注过去或未来，会让你的视野变得局限，使你无法应对变化、机会和威胁。在许多方面，拉力就像禅或武术训练，需要有奉献和开放的心态。

——伊藤穰一

Com
p
Map

3 指南针优于地图

3 指南针优于地图

家住纽约市郊的男孩扎克将数学算法看成类似指南针一样的东西。几年前，他发现自己有一种天赋，可以洞察到支配世界运行的潜在模式：生活中的大量事物，无论超凡的还是平凡的，都遵循一套精确的指令行动。这种洞察力已经成为21世纪的组织原则之一。就像按一下手电筒开关，灯会亮；再按一下，亮度会增加；如果不继续触碰开关，5秒钟后手电筒会熄灭。当一个孩子发现人可以用逻辑来解释意图，并且发现这个逻辑无论多么复杂都可以被分析、验证和理解，那么他要么认为魔法幻灭，要么认为他发现了魔法。

“这太不同寻常了，”扎克的父亲戴维·西格尔（David Siegel）说道，“他只要看到某个东西，就想理解其背后的运算规则。”[1] 当扎克开始使用Scratch（一款可以让孩子制作动画和电子游戏的软件）编程后不久，他就成了班里名副其实的电脑“专家”，开始帮老师解决电脑故障。

实际上，西格尔自己也能发现事物背后的运算规则。和扎克一样，西格尔一直在找寻支配人类行为的潜在规则。他将这方面的研究成果应用于复杂、特殊的国际金融市场，也因此过得不错，甚至可以说是相当不错。和儿子不同的是，他可以用数十亿美元来验证自己的理论。

从普林斯顿大学毕业后，西格尔在麻省理工学院学习计算机科学。1991年取得博士学位后，他进入一家新成立的金融服务公司德劭（D. E. Shaw）。该公司的创始人是哥伦比亚大学计算机科学家戴维·肖（David Shaw）。他能在混乱的股市中运用定量分析方面的知识在其中捕捉到投资信号。他和另一位对冲基金界的传奇人物詹姆斯·西蒙斯（James Simons）一起开启了运用复杂数学模型快速分析和进行交易的量化投资时代。他们的公司招聘的是物理学家、计算机工程师和数学家，而不是商学院毕业生。金融工程师们高度神秘甚至有些偏执，他们毫不留情地保护自己的数学公式。[2]与华尔街的金融公司相比，这家公司的风格和硅谷的科技公司更相似。事实上，它也自称科技公司。杰夫·贝佐斯（Jeff Bezos）和拥有斯坦福大学统计学博士学位的数学天才约翰·欧文德克（John Overdeck）都曾在德劭公司工作。[3]后来，欧文德克加入了贝佐斯新成立的公司亚马逊（Amazon）。亚马逊的一些复杂但非常赚钱的功能——可以实时通知买家“如果你喜欢那件商品，也可能会喜欢这件”，据传就是欧文德克主导开发的。

2001年，欧文德克和西格尔创立了自己的量化投资公司——双西投资（Two Sigma）。虽然公司没有披露收益情况，但当华尔街的众多银行裁员和缩紧业务时，双西投资的规模却在壮大。公司的办公室文化迎合了金融工程师的气质，与传统金融服务公司相比，双西投资更像旧金山的一些初创企业。周五上午，一群穿着帽衫或牛津布开衫的年轻人，在公司极简主义风格的大厅边吃贝果饼和熏鲑鱼边走来走去。“这是周五上午的惯例。”一个年轻员工在排队等候卡布其诺咖啡时和我说道。2013年，双西投资雇用的软件和数据专家的人数超过了分析师、交易员和投资组合经理人数之和。[4]

西格尔认为技术不只是赚钱的工具。他对计算机科学热情不减。白天的大部分时间里，他都在分析数据和编写代码，下班后才会回到纽约州韦斯特切斯特县的家中。然而，一天中的最后几个小时，他又沉浸在自己最喜欢的爱好中，他分析数据，编写更多的代码。扎克 6 岁时说自己也想学编程，西格尔记得自己当时感到非常欣慰，任何一个父亲在这种时刻都会这样吧。

他笑着说："好，让我们看看该怎么做。"

爱丽丝："请你告诉我，我应该走哪条路？"

柴郡猫："那要看你自己想去哪儿。"

爱丽丝："去哪儿都无所谓。"

柴郡猫："那选择哪条路对你来说也就无所谓了。"

爱丽丝补充说："只要能去一个地方就行。"

柴郡猫："只要你走得够远，就一定能到达那里。"

——刘易斯·卡罗尔（Lewis Carroll），

《爱丽丝梦游仙境》

本书提到的 9 个原则中，"指南针优于地图"最容易引起误解。事实上非常好理解：地图意味着掌握详细的地形信息以及最佳路径；相比而言，指南针是更加灵活的工具，需要使用者发挥创造性和自主性找到自己的道路。一个人决定放弃地图而选择指南针，是因为他认识到在日新月异的世界中，一份详细的地图可能会将你引入密林深处，带来不必要的高成本；而好用的指南针却总能带你去你想去的地方。

然而，这并不是说你在起程时完全不知道要去哪里，而是指，尽管通向目标的道路是曲折的，但比起在既定的线路上前进，你会更快地抵达终点。选择指南针而不是地图，可以让你探索其他线路，更加充分、有效地利用绕道的机会，发现意想不到的宝藏。

这些因素使得媒体实验室一直将“指南针优于地图”视为其指导原则之一。实验室把重点放在“无定向研究”，即在不同学科间的空白处着力。比如，内里·奥克斯曼的“丝绸亭”项目，即用6 000多只蚕的吐丝包裹成的复杂圆顶结构，最初是为了探索数字制造和生物制造之间的边界。[5]随着项目不断推进，奥克斯曼和她的团队研发了一个叫作CNSilk的系统，使用计算机数控机器人布置好丝网来引导蚕的运动。[6]这样做模仿并拓展了蚕用蚕丝细线生成三维蚕茧的能力。圆顶结构的整体形状是事先安排好的，但蚕茧上面的纹路是蚕在吐丝的过程中自然形成的。严密的计算机数控下的框架和覆盖其上的丝滑的有机蚕丝之间经常发生意想不到的，有时甚至是混乱的相互作用，创造出一个混合结构。在《大都会》(*Metropolis*)杂志的一篇特稿中，纽约艺术与设计博物馆馆长把该项目称作2013年最重要的艺术项目之一。[7]

奥克斯曼的“丝绸亭”项目展示了“指南针”在指导“反学科”研究中的作用。针对这个项目，详细的“地图”很可能无法应对蚕的复杂行为，因为蚕对诸如光线变化和拥挤程度等环境条件有特殊的要求，这样才能维持它的生命周期。如果没有像指南针一样提供“正确的方向”，项目最后可能只剩下一团蚕丝和细线，而不会成为享誉世界的艺术设计作品。

“指南针优于地图”战略不仅可以让创新者在探索新理念的同时不偏离目标，帮助学习者从全局角度出发理解遇到的难题，也可以让个人和企业快速应对不断变化的设想和环境。面对障碍时，携带指南针的创新者可以借此导航绕过障碍，而不需要回到原点重新规划路线。这样他们不仅可以快速改变方向，还可以省下时间和成本，不用为了应对众多无法预见的突发情况而制订若干计划。

各项指导原则不会引导你去一个特定的目的地。它们像指南针一样发挥作用，在创新的过程中为你指明方向，不管你选择哪片区域。

●●●

像美国这样一个充满智慧的国度，在某些方面也可能会变得非常愚蠢。美国的科技持续进步，创造了数百万个新工作机会，但从最新的教育统计数据来看很是糟糕，是否有足够多的人有能力胜任这些工作是值得怀疑的。

经济合作与发展组织每三年组织一次阅读、科学和数学测试，测试对象为全球 65 个最富裕国家的 15 岁学生。2009 年，有 23 个国家的学生在基础数学能力测试中的得分高于美国学生。包括西班牙、爱尔兰和俄罗斯在内的 35 个国家的学生在 2012 年的测试中的得分高于美国学生。[8]

斯坦福大学经济学家埃里克·哈努谢克（Eric Hanushek）说："提高我们的成绩对经济有重大影响。"作为2011年发表的论文《面对全球挑战：美国学生准备好竞争了吗？》的作者之一，他认为美国学生的数学成绩达不到，举例来说，中国的水平，已经使美国年度经济增长率下降了1个百分点，或者说大约让美国每年损失了1万亿美元。[9]而且，从未来预期来看，发展趋势更糟。

多年来，富有才华的教育改革家一直致力于改变教育状况，他们的努力鼓舞人心，但进展缓慢。遗憾的是，这些可能是错误的尝试。"知识就是力量"（Knowledge Is Power Program，KIPP）项目创办于1994年，如今在全美最落后的社区中运营183所公立特许学校。它们在公立学校纷纷失败的社区中取得了令人瞩目的成果。公立特许学校重视纪律，延长每日教学时间，让学生循序渐进学习数学、阅读和写作，并且强调布置作业。美国数学政策研究所在2013年的一份研究报告中发现，KIPP学校学生的数学科目学习进度平均领先其他学校学生11个月，科学科目领先14个月。[10]

教育改革家还推出了一项最新的全美教育创新计划——"共同核心标准"（Common Core Standards）。45个州开始实施美国全国州长协会制定的新教育目标。[11]这些州也推出了一系列标准化考试衡量学生的学习程度。然而，不同领域越来越多的专家呼吁，当我们修好自己老旧的道奇车里的发动机时，世界上其他国家已经在新式陆行艇上应用冷聚变引擎技术了。比如，芬兰不举行任何标准化考试，几乎不设置核心课程，让每个老师拥有近乎完全的自主权。[12]

“问题是我们正在解决错误的危机，”KIPP 项目的前首席执行官斯科特·汉密尔顿（Scott Hamilton）说道，“过去几年，我做的事卓有成效，KIPP 项目发展壮大，‘美丽美国’（Teach for America）项目规模扩大了 4 倍。我在其中发挥了作用，对此我感到十分欣慰。可是对比来看，过去几十年中我们花在每个孩子教育上面的钱翻番了，但成效甚微。”[13]

汉密尔顿认为美国学校即便按照更严格的“共同核心标准”，教育状况也不会变好，因为这些学校错失了良机。他目前运营一个名叫“环行”（Circumventure）的项目，通过焦点小组、现场测试和采访来确定家长和学生真正想从学校获得什么。去年大部分时间里，他在全美各地和 2 000 位家长以及他们的孩子进行了沟通。“我了解到的是，人们对学习本身有很浓厚的兴趣，但对学校的大部分课程不感兴趣。换句话说，学习和学校之间的关联性很低。”

“一个女孩问我，‘我想成为一名服装设计师，为什么要学代数’。我不知道怎么回答。”汉密尔顿打电话给研究教育的认知科学家丹·威林厄姆（Dan Willingham），询问为什么高中生要学习在他们生活中应用极少的代数。威林厄姆回答：“首先，代数是大脑的体操。”他接着说了更重要的原因，“代数教大脑如何将抽象的理论应用于实际”。换句话说，代数是座桥梁，连接柏拉图的理念世界和我们居住的纷乱世界。学生，包括所有人，都需要这座桥梁。

汉密尔顿有了答案。代数并不重要，重要的是那座桥梁——抽象思维。它是我们导航用的指南针。“那么我们的教授方法是最好的吗？”汉密尔顿问道，“因为如果有其他有趣且由学生驱动的方法，我可以把这些方法整理出来。”

幸运的是，现在有一款应用实现了这个目标。

●●●

和那一代的很多程序员一样，戴维·西格尔对童年时使用Logo语言编程有着美好的回忆。作为爷爷辈用于教育的编程语言，Logo简单但功能强大，用已故发明者西摩·派珀特（Seymour Papert）的话说，Logo语言的特色是“低门槛”（易于学习）和米奇·雷斯尼克所称的“宽围墙”（不束缚儿童的想象）。但这已经是几十年前的发明了。西格尔想，30年的剧烈变革当然会带来巨大的进步，影响孩子们如何与当代最伟大的技术进行交互。

或者并没有进步。

“我们找了一个有点儿像Logo变体的简单小程序。”西格尔说，“但我能看得出，它还不够好。我又继续找了一阵子，最后发现了软件Scratch。”

Scratch的用户群定位在8—14岁的孩子，它看上去和Logo一点儿也不像，但有着和Logo相同的基因。它的编程指令用简单英语就可以实现，比如“移动10步”，而且指令要在颜色鲜艳的单元格中输入，组合起来像乐高积木一样。软件使用方便，色彩鲜明，设计有趣、有吸引力，而不会让人恐惧。

尽管Scratch背后的运算规则，如变量和条件，都来自电脑编程，但并没有出现一行类似扎克父亲习惯使用的程序代码。“要记住，他当时还是一年级。他从没想过一个程序是什么东西。我向他展示了一些小技巧，他不久就开始编写小游戏。”

2012 年春天，扎克即将读完三年级。两年过去了，他对 Scratch 的兴趣并没有减退。西格尔会说：“为什么不用 Scratch 编一个‘上吊小人’（Hangman，一种英语猜词游戏）？”扎克第二天就能编好这个游戏。与此同时，扎克发现了这个软件大受欢迎背后的真正原因：一个全球范围的孩子社区，他们在其中分享建议、评论，同时支持 Scratch 的一项特殊功能——合成（Remix），即他们作品背后的源代码。

扎克从这个社区中得知其他 Scratch 用户要去麻省理工学院庆祝“Scratch 日”，他也让父亲开车带他去参加活动。西格尔工作非常繁忙，但他一口答应。（“我能做什么，难道告诉他不行？”）

2012 年 5 月一个暖和的周六上午，父子俩来到麻省理工学院媒体实验室 6 层，发现 Scratch 软件的几百位小用户在不同的工作坊和展示区之间跑来跑去。这是第五个“Scratch 日”，热闹得像欢乐嘉年华。有整整一面墙供 Scratch 的用户涂鸦。还有寻宝游戏、负责各种采访的“记者团”、进行机器人制造和编程的工作坊，以及活动结束前的“展示与说明”环节。所有这些活动中最吸引人的还是孩子们在其中找到了一股凝聚力。“这次活动激动人心，”西格尔回忆道，“它让扎克意识到他并不是唯一一个喜欢编程的孩子。”

活动开始前不久，一个身材修长、一头灰色卷发的男子登台发言欢迎大家参加这次活动。令西格尔大吃一惊的是，讲话的人是 20 世纪 80 年代末他在麻省理工学院时的同事米奇·雷斯尼克。当天晚些时候，当各种活动接近尾声时，西格尔走向雷斯尼克，和他打招呼。

“我只想感谢你为我所做的，”西格尔告诉他，“你真的用想象不到的伟大方法启发了我的孩子。”

雷斯尼克微笑着点头，他并没有和西格尔叙旧，而是俯身和扎克交谈。他询问扎克喜欢 Scratch 的哪些功能，他是如何加入社区的，他最喜欢编程的哪个优点，以及希望 Scratch 在哪些方面有所改进。

“我的注意力更多地放在扎克身上。”雷斯尼克回忆说，“软件程序充满了多样性，所以我一直关心各种表现方式以及如何更加吸引孩子们参与其中。”

在驾车回纽约的途中，西格尔决定向 Scratch 捐款。西格尔想：“它是非营利性的，会需要这笔钱。”随后他又想到，比起一张支票，或许自己可以做更多的事。

●●●

1864 年，一个有进取心的机械师威廉·塞勒斯（William Sellers）在费城的富兰克林研究所做报告。他建议所有螺丝顶端都应设计成扁平的，螺纹牙型应为精确的 60 度角。美国政府采用了这项“塞勒斯螺纹”标准，铁路系统也随之采用。这项简单的提议，即将最简单的工业零件标准化，启发了通用件的发展。[14]“他帮助点燃了第二次工业革命的火种，”麻省理工学院合成生物学家汤姆·奈特评价道，“你再怎么高估标准化对于创新过程的重要性也不为过。一个发明者需要的是创造，而不是为螺丝的螺纹发愁。”

汤姆·奈特、德鲁·恩迪和罗恩·韦斯曾经陷入一个困境。截至2004年，麻省理工学院以及一些其他机构的科学家已经具备了合成简单基因序列的能力。韦斯更是制造了生物计算机的基础部分，令奈特“DNA取代硅”的最初设想焕发了生机。和奈特进行相同研究的人士都在试图完成从孟德尔（Mendel）到沃森（Watson）和克里克（Crick）再到当代遗传学这一脉相承的工作。

但主流科学界质疑“合成生物学”这一说法，或者说他们丝毫不关注。奈特、韦斯和恩迪提议的远不只是对细胞DNA进行微小改造的基因工程。合成生物学同它的名字一样，是从无到有建构DNA序列的学科。生物学家认为他们几个不入流，工程师则认为他们是疯子。那是一段孤独的时光，这几个程序员只能靠卖电路板得来的钱来购买孵化器和离心机。

奈特认为，问题应归结为缺少组件。他在前一年撰写的论文中提出了一个“生物砖”系统——可用于合成生物学的像乐高玩具一样的组件。[15]他和恩迪仍在完善这项标准，而“当时几乎不被接受”。他说：“这很令人失望。你想营造有活力的学术氛围，激发他们朝一个方向努力。我们要做的是打造一个引领标准制定和技术发明的先锋团队。”

有些生物砖被用作合成蛋白质，这些分子富有活力，为维持生命的大部分功能提供支持。有些被用作合成启动子基因，启动剩余 DNA 序列的生成。将一块生物砖嵌入另一块，就像搭建纳米级的乐高玩具一样，很快就会创造一种对于地球来说全新的生命生成形式。这是将生物学模块化，如果这听起来好像是一些计算机迷控制了细胞培养器和台式实验室，你离真相就不远了。事实上，合成生物学并不是源自生物学家。如奈特所说："一个领域闯入另一个领域，有趣的事情就发生了。"

在纳特推进工作的同时，一项受开源软件运动启发，旨在"开放生物学"的运动慢慢初具雏形。在一次计算机科学家大会上，拥有计算机和语言学学位的梅雷迪思·佩特森（Meredith Patterson）[16] 在众目睽睽之下提纯了一个 DNA 片段。"他让人大吃一惊。"开放生物学坚定的倡导者马克·考威尔（Mac Cowell）评价道，"那是一场软件和硬件极客的聚会，没有人想过在生物学领域做些尝试。" [17]

到 2008 年，"社区生物实验室"已经在纽约、伦敦和旧金山兴起。参与者很大程度上都彼此认识，形成了一种目标一致的氛围，考威尔将宗旨定义为"不做伤害的事，为公共利益努力"。通过读取指令而非记录指令进行基因测序的费用的下降速度是摩尔定律的 6 倍。或者用绝对值表示，克雷格·文特尔（Craig Venter）私人投资版的"人类基因组计划"预计需花费 25 万美元 [18]（而联邦财政支持的计划需花费 27 亿美元，[19] 包含行政和其他项目开销）。也就是说，任何人都可以仅花费 1 000 美元就完成自己的基因组测序。这些进展为科学家进行实验奠定了良好的基础，这就像我们给孩子们玩具，看他们造出房子、恐龙或香蕉一样。

然而，缺少统一标准让这个新兴学科进展缓慢。每个涉足合成生物学的研究者从某种意义上来说都在遵循不同的标准。哈佛大学分子生物学家乔治·丘奇解释说："一个学术领域只有达成某种共识才能有所建树。"

由于无法吸引更多学校的科学家探索生物学和工程学的交叉地带，奈特、恩迪和兰迪·雷特贝格招募了另一群人：大学本科生。麻省理工学院的冬季学期每年2月开学，学校的传统是在1月让老师、学生或者校外的人组织各种各样好玩儿的课程，作为独立活动期的一部分。[20] 所以，2003年1月，奈特和同事们开设了一门合成生物学课程。"我们讲授如何设计生物系统。我们当时的想法是要研究创造有'摇摆行为'（oscillatory behavior）的系统，就像交通信号灯一样可以控制开关的细菌。"奈特停了停，冷静地说，"可以这么说，我们当时那么做有点儿幼稚。"只有最基本的设备和奈特做出的少量生物砖，当时学生们连基因回路都做不出来。

这一切并没有影响他们的老师。"我们不知道怎么打造生物系统，"恩迪后来说，"你无法教授自己都不会的东西，所以学生们与我们一起解决。"他们最后确实解决了问题，为现今被恩迪和奈特称为"标准生物组件登记册"的项目添加了新的元素。受此鼓舞，奈特在当年夏天又开了这门课。该课程不仅吸引了麻省理工学院的学生，也引起了学术圈的关注。2003年秋天，美国国家科学基金会的一位项目主任联系了奈特，问道："我们今年还有剩余资金，我们喜欢你做的研究，想帮助你深入研究下去，你考虑过同其他大学一起举办一场竞赛吗？”

2004年夏天，麻省理工学院举办了首届国际遗传工程机器大赛，邀请了波士顿大学、加州理工学院、普林斯顿大学和得克萨斯大学奥斯汀分校的代表队。[21] 每队学生被分配了一包冻干的DNA样本，即生物砖的早期版本。他们可以要额外的“元素”，但奈特笑着承认列表里的东西数量是有限的。

尽管如此，当年的机器人大赛还是涌现出了令人惊叹的作品。得克萨斯大学奥斯汀分校的团队做出了首张“细菌照片”，他们将很小的细菌王国中的一些基因连接起来注入大肠杆菌，开始复制并生成大肠杆菌培养基，一旦它突然暴露在光线下，还可以记录下图像。知名的《自然》杂志刊发了这一作品，这对本科生而言简直是前所未有的“逆袭”。[22] 这项年度赛事被称为“欢乐大会”，雷特贝格说：“我们不想说成是比赛。”“欢乐大会”还取得了另一项漂亮的成绩。许多团队最后出于简单的需要合成了新的基因序列。这些基因序列被标准生物组件登记册记录下来。现在已经有一万个不同的基因序列，每个序列都有独特的功能。[23]

“贝当古小组”赢得了2013年国际遗传工程机器大赛的评审团大奖，并开始和印度非营利性组织“开源药物发现计划”一起研究肺结核的治疗方法。[24] 获得2013年比赛其他奖项的团队也不是等闲之辈。他们的成果包括：创造出一种新细菌，它可以避免让蜜蜂感染一种真菌，这种真菌曾肆虐全球，可以杀死蜂群[25]；一种新大肠杆菌，它可以携带药物到达体内任何一个部位（被称为

“出租车杆菌”）[26]。

国际遗传工程机器大赛的报名面向在校高中生、大学生和那些已经取得本科学位的毕业生。2014 年，大赛开始允许兴起的“社区实验室”之类的组织报名，一些来自基因空间（Genspace）、生物迷（BioCurious）的民间实验室的“生物黑客”组队参赛，与学校里的学生同场竞技。

2012 年，麻省理工学院斯隆商学院有一个小组的学生想写一篇关于媒体实验室组织模式的论文。他们采访了很多人，既有老师也有学生。过了一阵子，伊藤穰一得知他们放弃了这个念头，因为在采访后，每个人对媒体实验室的工作内容和工作模式都有自己的理解，以至他们无法精确地进行描述。

尝试从组织结构的角度来理解媒体实验室的运营是徒劳的。就像和随便一群人去大自然中漫步一样，有的人会关注地质如何形成的，有的人会注意到不同植物，有的人会关注微生物菌落，有的人会关注当地居民丰富的文化。

打个比方说，媒体实验室中的每个人都有自己的运算规则。他们彼此互动，与内部和外部的系统互动。一些运算规则取得了较好的成效，但每个人、每个小团队看待实验室的角度会稍有不同。虽然媒体实验室有“实验室文化”，但每个研究团队和每个小组也都有各自的文化。每个团队认可全部或一部分“实验室文化”，并用自己的方式诠释这种文化。这就形成了一个极其复杂却活力十足，最终又能自我适应的系统，让整个实验室不断“向前”推进，而其中任何一部分都无法完全理解整体，也无法完全控制整体。这个系统无法用“地图”引导前行，而其中每个人通常都靠着同一个“指南针”的指向前进。如果这个系统能用“地图”来涵盖，它将不会拥有现在的适应性和敏锐性。

媒体实验室曾举行过多次会议，讨论实验室的目标，即指南针的指向。伊藤穰一入职以来，也是在他担任主任第一年的一次会议上，真正达成了唯一的共识——实验室需要“独特性、影响力和神奇性”。独特性是指实验室研究的领域是未曾有人涉足的。如果有人已经在研究，实验室就会另寻目标。如乔治·丘奇所说，和别人去竞争是没有意思的。影响力是指许多在纯粹科学领域工作的人“为科学”发现新知，而对于媒体实验室的工作来说，重要的是带来更大的影响力。影响力的定义在过去几年间不断变化。尼古拉斯·尼葛洛庞帝据此提出了一个说法，“展示或放弃”（Demo or Die）。[27] 这一点指出了实验室的初衷：是以创新为导向的，也是以影响力为导向的。在一次教师会上，伊藤穰一尝试推动超越“展示”，因为越来越多的实验室作品可以通过互联网向真实世界展示，这样不仅可以减少制作成本，还能强化初创公司在其中扮演的角色。分子机器团队的负责人乔·雅各布森（Joe Jacobson）提出了“部署或放弃”（Deploy or Die），被媒体实验室视为新的目标。后来，时任总统奥巴马向伊藤穰一建议调整这一表述，由此缩短为“部署”。[28]

这些“指南针”的指向为我们思考工作提供了参考

框架，同时也留出了灵活性和可拓展的空间，使得每个团队和个人在拥有身份认同感和工作目标的同时，不会忽略其背后的多样性。“相比固态，我们更倾向于研究液态或者气态。”

1978 年，米奇·雷斯尼克只是一个在找工作的本科毕业生。他就读于普林斯顿大学物理系，也为校报写稿。为校报写稿的经历让他获得了在《商业周刊》（*Business Week*）的实习机会。实习期满后，他留了下来，因为编辑们发现他可以用清晰简洁的文字报道那些令人头疼的计算机新领域的新闻。他说：“那是一份不错的工作。我可以抓起电话打给史蒂夫·乔布斯和比尔·盖茨（Bill Gates）。他们也都愿意和我聊行业的进展。每周我都能学到新东西。”

但几年后，他变得焦躁不安。作为记者的他面对的是当今最伟大的一些技术挑战，却无法参与其中，他开始渴望能成为其中的一员，展现自己的价值。1982 年春天，一个偶然的机会，他聆听了计算机科学家、教育专家、Logo 编程语言发明者西摩·派珀特的一次主题演讲。这次演讲完全改变了他对计算机的认知。

“我们在《商业周刊》报道计算机新闻以及大部分人谈论计算机的方式都是将计算机当成工具，一种完成任务的方法，”雷斯尼克说，“而派珀特理解的计算机能帮助我们用全新的方式认识世界，它将成为儿童表达想法的媒介。”第二年，雷斯尼克获得了麻省理工学院一年期的奖学金。他报名参加了派珀特的研讨班，并被深深吸引。麻省理工学院成了他的新家。30 多年过去了，他还在那里。

西摩 · 派珀特早期关于儿童教育的很多观点来源于瑞士哲学家、心理学家让 · 皮亚杰（Jean Piaget）。1958—1963 年，他曾和皮亚杰在日内瓦大学共事。[29] 皮亚杰将 84 年人生中的大部分时间和精力都花在了研究儿童或者进一步说成年人是如何形成对世界的认识上面。他认为，人类从幼年开始构建不同的心智模式（mental model）解释自己周围的现象，比如加速的汽车、猫粗糙的舌头。随着逐渐长大，我们的经验和这些模式产生碰撞，迫使我们调整模式以适应不断变化的现实。如此说来，儿童玩耍就是不断创建和再创建自己心智模式的行为，以此更好地认识世界。[30]

对于派珀特来说，计算机可以对照这些模式和经验，是兼顾玩耍和学习的完美载体。派珀特将这些理念编入 Logo 语言：比如，孩子认识到通过几行简单的代码可以让屏幕上的光标画出一个正方形，甚至是一朵花。如果这样做，就会出现那样的画面。最有价值的是，他们也会认识到，有时这样做可能不会出现那样的画面，这时需要寻求身旁的程序员的帮助。这个过程就是提出一种假设，然后去验证，再去修正得到新的假设。通过 Logo 语言，每个孩子都可以变成经验主义者。

到 1984 年，全美课堂中的第一代个人电脑都在使用 Logo 语言。整整一代计算机科学家人生第一次写下代码使用的都是 Logo 语言。更重要的是，整整一代艺术家、会计和保险推销员的第一次（很可能也是最后一次）写代码也是用 Logo 语言。

“计算机可以成为强力观点和文化创新种子的载体。”派珀特在他影响深远的作品《头脑风暴》（*Mindstorms*）[31] 中写道：“计算机帮助人们构建与知识的全新关系，一方面是冲破人文和科学界限的知识，另一方面则是以上两个领域对于自我认识的知识。”在几年的黄金期里，计算机的用途似乎是不言而喻的。计算机就是为创造提供便利。编程不是容易的事，即便使用 Logo 语言，对派珀特来说也是一种“挑战”，但不是“障碍”。[32] 挑战为学习带来乐趣。

但当 Logo 语言达到受欢迎的巅峰时，现实颠覆了派珀特关于“计算机是创造工具”的说法。第 18 届超级碗第三节结束的休息时间，苹果公司向千万美国观众播放了标志性的电视广告——“1 月 24 日，你会发现 1984 年不会出现《1984》中的场景”。[33] 两天之后，苹果推出麦金塔（Macintosh）128K 个人电脑，它使用了图形用户界面，从此彻底改变了人和技术之间的关系。计算机可以变得可爱。它们用起来方便，操作简单，不再充满挑战。儿童使用电脑时，从过去要成为小小程序员，变成只是被动的使用者。同时，如后来派珀特所哀叹的，学校里的计算机都被搬到计算机实验室，编程变成了一项专业化的活动，只面向特定的少数人，比如性格孤僻的人或疯狂痴迷的人（很久之后，是面向有钱人）。

与此同时，米奇 · 雷斯尼克已经开始在麻省理工学院攻读计算机博士学位。他和导师派珀特密切合作研发了乐高机器人，利用一系列编程机器人使乐高公司这个传统玩具制造商跨入了数字时代（雷斯尼克和乐高公司合作至今）。

雷斯尼克和其他团队成员都有决心证明儿童是可以编出游戏和软件的。雷斯尼克读完博士并在 1992 年成为麻省理工学院媒体实验室的教师后，他启动了现在被称为“终身幼儿园”的研究组，进一步实现派珀特的主张，即儿童可以运用科技拓展知识和表达能力。1993 年，他作为发起人之一，成立了“计算机俱乐部”，这是一个由英特尔公司资助、面向中心城区儿童的课外项目。在英特尔公司的支持下，该项目很快发展为拥有 100 个网点的全球网络。

2003 年，在之前近 20 年间，雷斯尼克致力于研究玩具机器人及其电脑编码，和编写这些代码的儿童之间进行富有成效的互动。当初他试图解决难题，如今他解决了，但他再一次变得焦躁不安。他说：“网络已经进入社会应用的第一阶段，但人们还是无法真正共享一个机器人。”

要想实现，除非像媒体实验室研究员、雷斯尼克长期合作者之一的纳塔莉·鲁斯克（Natalie Rusk）所讲的一样，你要“把机器人放进电脑”。鲁斯克和雷斯尼克开始编写一套程序语言，在某种程度上是从 Logo 语言止步的地方继续前进。这种编程语言将激励儿童通过设计和创造来学习，同时也将发掘社群在儿童学习过程中的巨大推动力量。人工智能的开拓者马文·明斯基（Marvin Minsky）曾说：“Logo 语言的问题是它只有语法而没有文本。”他的意思是，Logo 语言缺少被认可、推崇和复制的可能性。[34] 而 Scratch

软件将 Logo 语言带入了未来。

雷斯尼克回忆道："我曾请研究团队的人吃饭，相比其他方式，这种方式能让我了解到更多的人。"雷斯尼克和同事花了 4 年时间编写、设计原型并进行测试，于 2007 年 5 月发布了 Scratch 软件。在这 4 年里，波士顿众多计算机俱乐部的孩子们经常在他们的办公室穿梭，带给他们很多灵感，Scratch 是很多人共同努力的结晶，它秉承了派珀特的初心：让所有人坐在电脑前就可以立即编出作品，不论他是否有编程经验，不论他年龄大小。更重要的是，Scratch 将社群功能融入了软件的核心。

雷斯尼克和他的学生将 Scratch 设计成一个智商正常的 8 岁儿童借助网上教程就可以开始编程的软件。一个孩子，一只橘黄色的猫（软件标识），还有编程的代码，这就是强调驱动力的数字化学习理念的核心。儿童应该或者说自觉地想学习，而设计好课程则是我们这些不断犯错、固执己见的成年人的责任。

●●●

自 2007 年推出后，Scratch 缓慢而持续地发展，如今规模越来越庞大。戴维·西格尔接触它时，该软件网站的流量比麻省理工学院任何一个站点的流量都多，在线项目增加到成千上万。每隔两三秒，软件的论坛区都会有新的评论和留言。雷斯尼克团队正在进行一次彻底的软件修补和更新，但工作量让雷斯尼克和整个团队精疲力竭。"我明白，若要让 Scratch 完全释放它的潜力，我们的工作团队需要一个新的架构。"他回忆说，"单单凭借媒体实验室本身是无法完成的。”

探访媒体实验室之后，西格尔在星期二给雷斯尼克发了一封简短的邮件，说自己将于月底回波士顿。“我很高兴顺便拜访，同时将为 Scratch 项目投一些钱。我想商量一下怎么参与其中，以推进项目发展。”

那年夏天，投身于计算机领域的两个人开始了邮件往来，尽管各自的目标不同。他们分享了共同的目标：不仅让小学生能够编程，而且还能从中找到乐趣。西格尔意识到自己在家中辅导儿子扎克编程也十分困难。“我只能想象，没有我这样专业背景的父母持续鼓励孩子编程，孩子会遇到怎样的困难。”但他若有所思地说，Scratch 能够成为最好的工具。“软件在小学和中学将非常有用，因为大多数小学、中学并没有多少合格的编程指导人员。”

同年 8 月，西格尔再次来到媒体实验室考察项目进展。他选择了实验自行车（experimental bicycles）、电焊套件，当然还有“终身幼儿园”实验室里的乐高积木。坐在雷斯尼克的办公室里，两人构思了一项远比研发新的编程语言更远大的计划：彻底转变人们对学习以及教育的认识。

雷斯尼克和西格尔都认为学习编程并不只是为了培养未来的计算机工程师，学习编程是一种学习如何学习的极其有效的方法。雷斯尼克说：“学习编程能帮你组织、表达和分享你的想法，就像学习写作一样。这对于所有人来说都很重要。”

西格尔认同这个理念，“这不是学习为了编程，而是编程为了学习”。这个理念打动了西格尔，他回到纽约后就成立了一个新的非营利性组织——编程为学习基金会（Code to Learn Foundation），现在被称为“Scratch 基金会”。[35]

附言：
思考神话而非任务

2011年，尼古拉斯·尼葛洛庞帝给我发邮件说："我时不时会给你发一些小建议，当然你完全可以忽视，但这些都是只有父母才会给孩子提的……比如，我提起学院老师时从不说'我的老师'，总是说某某和我一起工作，而不是为我工作。这些小事体现的都是企业界和你的新工作之间的差别，你现在从事的工作更接近公务员。"

我不同意尼古拉斯的一点是，我认为即便在企业界，互联网时代之前的传统、自上而下的领导方式也不再适应公司的发展。

我们在本章讨论了方向的重要性，即拥有一个"指南针"，以及在不断变化的复杂世界中尝试用"地图"进行描述和规划存在的陷阱。用一个详细的计划来领导一个像媒体实验室一样复杂和有创造力的机构几乎是不可能的。事实上，"管理"这个词在很大程度上给人错误的印象，因为我们经常将领导当成拥有巨大掌控权的人。但媒体实验室的领导更像是园丁而非首席执行官，他需要浇水施肥、修剪树篱，激发创意，让园中的一切都枝繁叶茂。

媒体实验室以及所有类似的组织都可以用"指南针"去"领导"，将其凝聚在同一个目标下。搞明白所有细节或预见几百个聪明、好奇、独立的同事的所有想法和遇到的挑战，这是不可能的。必须坦然认识到自己无法控制一切，我们无法预见甚至知道发生的所有情况，但我们还能做到充满自信和勇气。这一点让我们可以在思维、方法和时间上拥有多样的选择，而不是要求所有东西都要合拍。

相比规则甚至战略，成功的关键在于文化。不管我们谈论道德标准、世界观还是情商和品位，我们设定这些指南针都是通过我们创造的文化，以及我们如何用事实、邮件、会议、博客文章、规则甚至是音乐来交流这种文化。这更像是一个神秘的系统，而非某种使命宣言或口号。

——伊藤穰一

Risk

Safe

4 风险优于安全

4 风险优于安全

朱莉娅·胡（Julia Hu）本不该与苹果商店有任何瓜葛，但她忽然发现 361 家苹果商店中都有自己的身影[1]，其中的原因凸显了公司、政府、大学等大型机构难以在复杂时代竞争的现状。这个时代更有利于小型机构及个人的发展，如恐怖主义小组、黑客以及任何能将聪明点子和发展迅速的互联网连接起来的个体。

几年前，刚从斯坦福大学毕业的胡女士想到了一个点子——创建一个苹果应用程序，利用手环来监测用户的睡眠，并在清晨轻轻唤醒他们。几周之后，该应用程序通过分析搜集来的生物学特征信息，变身为一个虚拟睡眠教练，为众多工作过度和睡眠不足者提供建议。

这个创意很好，她的朋友喜欢，她的家人喜欢，风险投资人也喜欢。如果手环无须硬件设备便能运行，我们要讲的故事将终止于此。与其他成千上万名软件企业家一样，胡可能只需雇用一两名程序员就可以启动。然而，苹果商店与普通的应用商店有很大的不同。即使是手环这样的产品，也需要近 500 万美元使其进入足够多的零售终端，才能实现赢利。到 2009 年年底，胡筹集到了不足 100 万美元种子基金，仅能制造出样品而非产品。她不得不寄希望于更多的风险投资人，希望他们支持她进入这个高风险、低利润的智能手机附件市场。

然后，她遇到了 PCH 国际公司创始人、首席执行官利亚姆·凯西（Liam Casey）。凯西所在的公司手头有很多资金。那一年，他这家私人公司的收入即将达到 4.1 亿美元。然而，凯西并没有为胡提供资金，因为从他的角度来看，胡并不需要资金。他为胡提供了更好的东西，即使用他公司的供应链。[2]

事实证明，供应链是大型机构和小型机构间竞争的关键。正如我们将看到的，小型机构正逐步取胜。凯西就像是一个指挥大师，只不过他的交响乐团是由全球成千上万个每周 7 天、每天 24 小时机器不停运转的工厂组成的，这些工厂生产从台式机内的电路板到包装纸箱等一切东西。和胡一样，凯西也是一个个体创业者。

1996 年，凯西来到了深圳，这是一个蓬勃发展的中国制造业重镇。他在这里开设了一家贸易公司。他说，多年来自己所做的便是将西方公司与中国工厂对接。到 2003 年，这门生意做不下去了。“西方已经遇到了东方”，需要彼此合作。凯西必须要提供更多的东西，而不是仅仅介绍和联络。“当我来到这里时，中国是一个制造廉价产品的好地方。很快，这里就成了制造好产品的廉价地方。然后，又变成了这些产品的唯一产地。”

凯西不断积累知识并创建了一个数据库，如什么样的工厂能够制造什么样的芯片，需要多长时间，从哪个机场运输原材料等。这些数据在他的总部基地巨大的屏幕上显示出来。由此，他能够选择一种产品，比如耳机，数据能显示制造耳机中最常用部件的全球供应链中的每一个节点。如果进一步深入，凯西还可以看到管理、工人，甚至是产品配置等信息。

这个数据库使得他能够为客户（包括一些全球规模最大的公司）提供任何产品的外包生产服务。当然，也包括设计、包装、仓储、物流派送等。在这个过程中，凯西摆脱了传统商业中较大的风险因素之一——库存。随着销量的增长，他可以增加生产。如果销售缓慢，他便相应地调整全球网络。那些位于纳什维尔和华盛顿东部的大仓库呢？它们就像宾夕法尼亚州的炼铁厂一样，过时了。

通过他的数据库以及应对全球经济的战略，凯西为我们诠释了外包产业背后的逻辑。他说："你不需要拥有任何东西，工厂、仓库，甚至连一间办公室都不需要。"换句话说，凯西把一家公司的组成迁到海外。还剩下什么呢？"你需要一个创意，而且能够把它市场化，仅此而已。"这已经与范德比尔特（Vanderbilt）、福特（Ford），甚至是乔布斯打造的企业类型完全不同了。

这是没有资本的资本主义，它对《财富》500强公司的影响不容忽视。原因在于，当你需要的只是一个创意时，任何人都能参与其中，像朱莉娅·胡一样。凯西说："我们拿到了她的设计，对大规模生产进行了修改，找到原材料，确保产品的尺寸能够以最经济、最高效的方式运输，然后再帮助她设计包装。"当日本的地震会影响到产品上市日期时，该怎么办？凯西的供应链会自我修复，就像肥沃的湿地苔藓一样。"我们找到另外一些供应商，在两天之内供应零件，一点儿都没有耽搁。"最后，胡和凯西甚至在品牌推广和市场营销方面也进行了合作。他们把这个智能手机手环称为"云雀"（Lark）。[3]凯西仅用6个月时间，便把它从一个原始的创意变成了最终成品，这实在是让人大吃一惊。

消费类电子产业每年的产值大约在1万亿美元。[4]在这个世界中，大型组织就像霸王龙一样大跨步前进，挤垮（如起诉）或吃掉（如收购）小型组织。凯西和所谓的实时供应链所做的便是让这一产业更像软件业，由个人和小公司提供源源不断的创新想法。

那么，当硬件业变得更像软件业时，会发生什么呢？规则将会发生改变。当把一款产品推向市场的成本，或者把一个创意推向大众的成本有可能让一家机构陷入破产时，优先考虑安全而非风险是合情合理的选择。然而，非常戏剧性的是现在的情况已经不是这样了。互联网将之完全颠倒过来。与让其以碎片化的方式在世界中游荡相比，确保创意甚至是一个产品的草图的安全变得更加昂贵。

新的规则应该是拥抱风险。本章将让你清醒地认识到，我们的集体思维已经严重落后于科技发展的现状。

我们并不是说，每个人都应该参与极限运动让自己的人寿保险变得无效，而是说我们都应该理解已经发生而且每天都在以更快速度发生的巨大改变。一名有雄心的高中生能够设计出新的生命形态，这不仅有趣，而且将影响资本主义的整个结构和运行模式。要知道，资本主义是建立在过去 30 年已经不再成立的假设的基础之上的。一个精神错乱的人能够设计出精巧的武器并在网上发布，通过 3D 打印机进行装配，然后将其带到飞机上，这不仅仅让人感到害怕，还要求我们重新彻底思考应该如何看待“风险”这一概念。

抓住这个有时令人困惑、令人害怕的新世界所提供的机会，需要决策者快速行动，摆脱传统的命令–控制型管理模式。一家公司曾就是否向伊藤穰一的一个项目投资60万美元进行可行性研究。即使这项可行性研究需要耗资300万美元，也没有让这家公司眨一下眼睛。这家公司僵化的程序以及未能拥抱风险的做法，导致其用价值300万美元的“理论”换回了价值60万美元的“事实”。事实是，即使投资该项目不能成功，这家公司也只不过损失其可行性研究费用的1/5而已。

就像重实践而轻理论一样，“风险优于安全”的原则或许听起来不太负责任，但这是发掘低成本创新潜力的必要因素。一直以来，这都是软件和互联网产业不可分割的一部分，并推动形成了风险投资的现状。它也越来越成为制造、投资、艺术和研究领域重要的创新工具。

实施“风险优于安全”的战略，并不意味着要让你看不到风险所在，而是要让你明白，随着创新成本的下降，风险的性质也在改变。正如下一章中所讲的那样，互联网解放了软件公司，在某种情况下强迫它们放弃前辈们官僚化的审批程序，转而对创新采取一种灵活、无须审批的态度。当然，这些公司中有许多都失败了，但那些成功的公司的确在竞争对手向市场推出产品之前便这么做了。

随着早期那些互联网公司改变商业行为的模式日益反映其所处行业的现状，曾出资帮助它们的投资者和风险投资人也需要掌握新的方法。他们不再阅读商业计划书、与西装革履的工商管理硕士对话、进行费用高昂的可行性研究，而是开始学习押注伟大的人和伟大的创意。每一个赌注相对很小，也很少有能够成功的，但正是由于它们规模小，而且那些取得成功的人和创意都极其成功，结果便向那些愿意且能够支持高风险投资的人倾斜。

遵循“风险优于安全”战略的投资者也必须改变其对失败投资的看法。当你的风险投资多于安全投资时，你必须愿意从那些不成功的投资中抽身。让“风险优于安全”成为可能的因素，也会让投资垂死的项目变得不可能，这便是创新的低成本所在。

如果你花 20 万美元试图挽救你的投资，而非抽身离去，你就和上述那家花费 300 万美元用来决定不投资 60 万美元的公司没什么两样。与此同时，你必须愿意舍弃最初的投资，而非尝试从创新者手中收回投资。而对于创新者来说，无论是否得到你的投资，他们都应该放开手脚想出更多的新创意。

即使是脸谱网和谷歌这样成熟的公司也都曾利用风险让自己保持灵活性和弹性，并随着环境的改变而改变战略和主打产品。正如谷歌公司创始人拉里 · 佩奇（Larry Page）对《连线》（*Wired*）杂志所说：“随着时间的推移，（大多数）公司逐渐衰败，原因在于它们总是倾向于沿用与此前大致相同的做法，只做出很微小的改变。人们总是想做自己知道不会失败的事情，这很正常。但渐进的改良一定会随着时间的推移而过时，尤其是在科技领域，这个行业的改变绝不会是渐进的。”[5]

佩奇口中所说的改变既推动了创新的出现，同时也是创新所带来的结果，而且会随着时间的推移不断加速。若要利用这一曲线，创新者就必须要拥抱风险，投资者也要寻找并识别出机遇，要鼓励创新，而不能要求所押宝的对象的创新行为必须获得投资者的首肯。

关注风险而非安全所带来的潜在益处不仅仅局限于资金收益。随着创新成本的下降，将会有更多人能够承担风险，创造新产品和新产业，创新的中心便会移向边缘。对于那些被传统的、层级分明的投资和产品开发模式隔离在外的人们来说，这会带来诸多新机遇。

那些允许自己的员工追求风险的机构同样会鼓励更大胆的创新。内里·奥克斯曼的获奖项目“丝绸亭”让她在业界声名鹊起，并引起了外界对媒体实验室“反学科”研究的广泛兴趣，它的出现要求奥克斯曼和媒体实验室都必须拥抱风险而非安全。对于奥克斯曼而言，风险在于蚕的不可预测性有可能会破坏整个项目。此外，还有这个项目不受欢迎的风险，以及非传统形式的艺术科学结合有可能危及她的学术生涯；对于媒体实验室而言，风险在于，让6 000多只蚕在这个公共建筑的大厅内用尽短暂的生命吐丝结茧。当奥克斯曼介绍她的这项提议时，安全的做法是拒绝。但结果证明，正确的做法应该是同意。“丝绸亭”是一个值得冒风险的项目。

“关注风险而非安全”这一理念已经融入媒体实验室的DNA，正如它也是互联网的一部分一样。它启发了尼古拉斯·尼葛洛庞帝的告诫“展示或放弃”，也启发了伊藤穰一对“部署”的呼吁。这并不是要我们盲目地支持每一个冒险的提议，但的确要求创新者和投资者权衡现在就做某事的成本与考虑此后做某事的成本。随着创新的速度不断加快，那些能够最深刻地理解这个等式的人将会获胜。

●●●

有着长期创新历程的美国应该已经站在了创新之巅，这是真的吗？难道硅谷不在美国吗？利亚姆·凯西首先指出，在品牌、市场营销以及提出每个人都想放在口袋中的小玩意儿的创意方面，西方拥有优势。但在带着这种优越感沾沾自喜之前，请考虑到一点：几乎所有大型电子制造商都在深圳生产产品，而且这些中国工厂也越来越具备生产精巧、高端的本土产品的能力。

当制造一部极好的新款照相手机的难度不再大于为安卓（Android）手机系统创造一款全新应用程序时，我们无须水晶球便可以看清楚现状，因为事实已经发生了，那便是“山寨”，而且正在深圳上演。“山寨”字面上的意思是“游击堡垒”，但现在已经成为制造廉价仿制品牌的代名词。在纽约或洛杉矶的街头，你都可以看到它们：North Faith 夹克、Nckia 手机、Guuci 钱包。

大约 5 年前，改变便已经出现。首先是山寨产品的质量不断提高。Nckia 和 Samsing 的产品质量和耐用性很快便赶上了诺基亚（Nokia）和三星（Samsung）。然后，更令人惊讶的事情发生了，那就是山寨产品开始对原版产品进行改良，它们开始创新。由于不受专利和严格的法规限制，山寨产品制造商开始生产具有稀奇古怪功能的产品，如带有高清投影功能的手机。为什么不这样运作呢？利用凯西的超级快速、灵活的供应链，聪明的企业家可以小规模生产出不同种类产品的试用品，然后评估需求，再大规模生产销路好的产品。

安德鲁·黄对《连线》杂志的记者说："它们对硬件所做的事情就跟网络所做的复制、混成和刻录一样。"[6]措手不及的大型消费类电子产品公司慌乱应战，争相追赶：带有双SIM卡（用户身份识别卡）卡槽的LG手机？内置假钞识别器的三星手机？这两种功能实际上都是山寨产品的创新。当然，当三星推出这一功能时，山寨厂商已开始转而开发更多其他功能和创新。大公司往往需要数月的时间才能对市场需求做出响应，它们赶不上山寨厂商的速度。与山寨厂商不同，大公司在发布每项产品之前，必须就复杂的国际专利事项进行谈判。

2009年，山寨手机占据了全球手机市场20%的份额，[7]而且正在快速将触角扩散至其他消费类电子产品领域。这是大到不可思议的蛋糕中的一大块：如果把全球黑市产品市场比作一个国家，其国内生产总值将达到10万亿美元，排在全球第二位。[8]从这个角度考虑，承担风险是值得的。

7 000万年前，做一只恐龙是最好的，体形庞大、皮厚、牙尖、冷血，而且长寿。在很长一段时间里，做恐龙都是最好的。然后，突然间，一些古生物学者认为可能就是几个小时的工夫，这一切就改变了。[9]庞大的身躯需要消耗大量的卡路里，需要庞大的空间。因此，恐龙灭绝了。你知道哪个物种存在得更久吗？答案是青蛙。[10]

美国面临的现状同样令人感到担忧：中国正在崛起，美国逐渐丧失统治地位。青蛙开始超越恐龙。然而，这样的表达暴露出了人们对新时代的一个根本性误解。美国公司和中国公司实际上同在一条船上。恐龙无须担心其他恐龙。它们都需要开始像青蛙那样思考、行动。

对待风险的这种态度有助于解释比特币的产生。2010 年，在把比特币开源项目的关键部分交给加文·安德烈森（Gavin Andresen）之前，中本聪凭借一己之力完成了几乎所有对于该软件的修正。作为比特币基金会前首席科学家的安德烈森说，截至 2015 年年底，中本聪最初编写的代码仍然占到了比特币核心的 30%。[11] 他还表示，那些有权力接受比特币核心更改的核心开发者很古怪，而且惧怕风险，相比他们，中本聪有过之无不及。事实上，安德烈森认为，中本聪于 2011 年 4 月离开这一项目的原因之一便是，他控制代码的想法与建设其所需的开发者社区背道而驰。过去 5 年中，一些开发者对源代码做出了巨大的贡献。（值得注意的是，安德烈森本人于 2016 年 5 月取消了自己的提交权限，即对比特币核心源代码做出改变的权限。）[12]

虽然中本聪的影响力开始逐渐消失，但比特币社区的其他成员围绕这个数字加密货币构建了基础框架。“新自由标准”（New Liberty Standard）于 2009 年 10 月创建了一个汇率（1 美元兑换 1 309.03 比特币，这是基于当时挖比特币所需的电费得出的）。[13] 2010 年 2 月，“比特币市场”成为首个比特币兑换市场，人们可以用法定货币购买比特币，或者将比特币折合成传统形式的货币。2010 年 5 月，全球第一笔比特币真实交易产生，来自美国佛罗里达州杰克逊维尔市的拉斯洛·豪涅茨（Laszlo Hanyecz）花 1 万枚比特币买了两块比萨。尽管这个价格在当时看上去较为合理，约合 25 美元，但在 2015 年年初，同样的 1 万枚比特币的价值已经超过了 200 万美元。[14]

也是在 2010 年，最知名或许也是最为声名狼藉的比特币交易平台 Mt. Gox 开始崛起。该平台创办于 2007 年，当时名叫“万智牌在线交易”，是一家交易万智牌的平台。默默无闻几年之后，其创始人杰德·马卡莱布（Jed McCaleb）在科技资讯网站 Slashdot 上读到了一篇有关比特币的帖子，他重写了自己的网站，将其改造为一个比特币交易平台。马卡莱布继续运营该平台直至 2011 年，后来将 Mt. Gox 转给了一个生活在日本的法国开发者马克·卡佩莱斯（Mark Karpelès）。[15] 接下来两年内，随着比特币变得越来越受欢迎，Mt. Gox 也逐渐成长，最终控制了全球 70% 以上的比特币交易量。[16]

尽管在这个过程中 Mt. Gox 的业务遭到了一系列安全漏洞和软件漏洞的侵扰（包括有一次大量比特币被转入一名黑客的账户，他随即在交易平台倾销比特币，造成比特币价格在几分钟之内逼近零）[17]，但让人印象最深的崩溃发生在 2013 年，一系列法律和监管问题使其启动破产程序。[18]

事情的起因是，美国国土安全部查封了 Mt. Gox 在美国的一家分支机构的 500 万美元资金，并称该公司是一家未经注册的资金兑换机构。尽管 Mt. Gox 很快便拿到了美国财政部金融犯罪执法网络发放的在美国境内从事资金服务的执照，但其在美国境内向客户转移资金的能力被严格限制了。[19]

同年 2 月底，卡佩莱斯从比特币基金会董事会辞职，Mt. Gox 网站下线，该公司分别在美国和日本申请破产保护。[20] 在递交的法律文书中，该公司声称本属于客户的近 75 万枚比特币以及自有的 10 万枚比特币失窃。尽管后来在“2011 年 6 月前使用的旧格式钱包”中找回了大约 20 万枚比特币，但仍有约占当时比特币总量 5% 的比特币消失不见了。[21] 比特币市场对此的反应与传统金融市场遭遇运载黄金的轮船消失后的反应如出一辙，比特币价格下跌，一系列法律诉讼和批判文章如雨后春笋般出现。

Mt. Gox 发表了一份声明，指责这一切是黑客所为。然而，2014 年 12 月，日本《读卖新闻》报道称，日本警方认为丢失的比特币中只有 1% 左右流入了黑客，[22] 至于其他的，报道称警方发现客户账户中的比特币与未知方搜集的比特币数量大有出入。言下之意，大多数丢失的比特币系欺诈交易所为。[23] 卡佩莱斯因此被逮捕，并于 2015 年以挪用公款罪名被起诉。[24]

Mt. Gox 的崩塌还牵扯到了 2013 年爆发的另一则与比特币相关的丑闻——“丝绸之路”（Silk Road）网站被查封，这个隐秘市场的业务无所不包，从销售毒品到雇凶杀人，各种业务都可以在这里进行交易。由于其运营者“恐怖海盗罗伯茨”出人意料地愿意接受采访，高客网（Gawker）的陈安德于 2011 年首次对其进行了报道。此后，这个网站被外界广泛报道。[25] 2012 年，美国国土安全部开始对其进行调查。一年之后，国土安全部特工贾里德·德尔－耶吉亚扬担任“丝绸之路”网站的主持人一职。[26] 他所做的工作导致罗斯·威廉·乌布里希于 2013 年 10 月被捕，后者在笔记本电脑中详细讲述了他作为“恐怖海盗罗伯茨”的历险过程。也正是在同一台电脑上，他通过“丝绸之路”网站的交易获得了据称 144 342 枚比特币。[27]

美国法警署已经拍卖了调查期间查封的近 3 万枚比特币，作为买家的风险投资人蒂姆·德雷珀（Tim Draper）将它们贷给了比特币初创交易平台 Vaurum，该平台旨在开发新的服务，为那些因疲软货币而陷入瘫痪的市场注入流动性和信心。[28] 在乌布里希的笔记本电脑中发现的剩余比特币则被分批卖出，最后一批比特币在 2015 年 11 月拍卖。[29]

调查“丝绸之路”和乌布里希的受审凸显了比特币的一个矛盾，即数字加密货币的匿名特征会引起犯罪分子和恐怖主义分子的关注，而其专门设置的透明架构则使其在面对外界检查时完全无法应对。这并非一个缺陷，它本身就是平台的一部分。正如 Bitcoin.org 所说：“比特币设计之初便是想让用户像使用其他任何形式的货币一样，以可接受的隐私程度进行交易。然而，比特币并不是匿名的，无法提供像现金一样的隐私性。使用比特币会留下大量的公开记录。”[30]

这与最初的《密码朋克宣言》（Cypherpunk's

Manifesto）是一致的："隐私并不是秘密。隐私是人们不希望外界知道的事情，但秘密则是人们不希望任何人知道的事情。隐私是选择性地向世界展示个体的权力。"[31] 比特币需要从用户那里获取一些信息，用户来决定想向谁透露、透露多少。

●●●

2015 年，媒体实验室的一组学生跟随黄去深圳考察。黄有意控制这个小组的人数，因为他们要去的地方并不大，而且要能随机应变。里德·霍夫曼也参加了此次考察，他是领英（LinkedIn）的创始人，伊藤穰一的朋友，同时也是麻省理工学院教务长马蒂·施密特（Marty Schmidt）的朋友。

他们到访的第一站是一家由 AQS 运营的小工厂，AQS 在加利福尼亚的弗里蒙特和深圳都设有工厂。它的主营业务是将芯片置入电路板，工厂内有大量表面贴装技术设备，利用电脑控制的气动装置挑选芯片和其他部件，并把它们安装到电路板上。除了一排排的表面贴装技术设备，还有排成几行的多名工人，为设备编程，利用 X 射线、电脑、眼睛测试结果，以及处理那些机器设备还无法胜任的流程。

AQS 与初创公司和其他项目保持着密切的合作关系，否则后者很难在中国找到生产伙伴，原因是它们的产品量小、风险大，而且通常会向共事企业家提出密切相关的但不寻常的要求。

然而，AQS 这样的工厂让人印象深刻的原因并非科技，而是人。从工厂老板到项目经理再到工程师，他们工作努力、富有经验、值得信赖，并且喜欢与黄和他的朋友们合作。此外，他们也愿意并且有能力设计和测试新的流程，以创造此前从未生产过的产品。正如伊藤穰一在考察不久后所写的："他们的职业道德和能力让我想起了日本的许多创业家和工程师，他们很像战后日本制造业的奠基人。"[32]

在结束对AQS的考察后，该小组还参观了深圳市明晶达电路科技有限公司，这是一家生产印制电路板的公司。印制电路板的生产流程十分困难，而且非常复杂，制造商要在增加电路板的同时蚀刻并印制焊料、黄金和其他各种化学材料，需要许多步骤和复杂的控制措施。明晶达电路科技有限公司当时正在研发包括陶瓷层和柔性层的混合印制电路板，这是世界上其他任何地方从未听说过的技术，由于媒体实验室与该工厂有着良好的合作关系，该小组能够直接进入参观。

他们考察的下一站是一家注塑厂，黄一直在帮助伊藤穰一开发一个项目，该项目需要一些相对复杂的注塑工艺。从手机到儿童汽车安全座椅，所有东西的大多数塑料部件都涉及注塑过程，塑料会被注入巨大的钢模具。这个流程很困难，如果你需要一个镜面，模具就必须有一个镜面。如果在生产过程中需要1‰英寸的差别，你就必须按照这一精度切割钢模。此外，你还必须了解塑料是如何在模具中通过各个孔流动的，并要确保注入均匀，冷却适当，不能变形或断裂。

小组当天考察的工厂有一个精密机械车间，同时也具备设计和加工伊藤穰一所需注塑工具的工程学专业技能，但伊藤穰一需要的数量太少，工厂并不感兴趣。他们想要量产达数百万的订单，但伊藤穰一只需要几千个产品。

有趣的是，工厂老板提出，伊藤穰一可以在中国进行精密注塑工具的开发，然后再送到美国的车间进行生产。由于需要在无尘车间加工，工厂老板认为，在美国生产会更加便宜，但美国的工人却不具备制作注塑工具的专业技能。即便有，也无法与他提供这一附加值服务所出的价格相竞争。

这种角色互换表明，科技、贸易和注塑技艺已经转移到了深圳。即便美国有制造能力，整个知识的生态系统的关键部分只存在于深圳。深圳对于实验、失败、风险的容忍度也远远高于美国。

之后，黄带领小组来到市场。他们在这里停留了半天时间，却只看到了庞大的建筑、密集的货摊和拥挤的集市的冰山一角。整个市场有几个大型城市街区那么大，充斥着多层建筑，每一层都挤满了商铺。每一座建筑物都有一个主题，包括发光二极管（LED）、手机窃听与维修等。整体来说，有一种“刀锋战士”的感觉。

他们从拆解坏手机和废弃手机的店铺开始逛。所有有用的手机部件都会被拆下来，放在大塑料袋中打包出售。部件的另一个来源是整修后的工厂生产线上淘汰的部件，或者只有一个零件未能通过检测的印制电路板。苹果手机的主屏幕按钮、无线芯片、三星屏幕、诺基亚母板等，这里无所不包。黄指着一袋芯片说，这些在美国街头能卖到 5 万美元，而在这里仅售 500 美元。这些芯片不是单个售卖，而是论斤卖。

谁会成斤地购买芯片？那些生产“新”手机的小工厂。当它们缺少零部件时，就会成袋购买，以维持生产线运转。你在美国电话电报公司（AT&T）购买的“新”手机的零部件就很有可能是在深圳“循环”后的零配件。

这些零配件的其他客户群是那些修手机的人。手机维修包括更换屏幕等简单的修理，也包括完全组装。你甚至可以买到全部由废弃零件组装的整部手机。

在参观完这个市场之后，该小组还参观了笔记本电脑、电视等产品的市场，然后又去了另一个类型的市场。这里有“SVMSMUG”牌子的手机以及其他外形与知名品牌相似的手机。然而，更让人感兴趣的却是那些与市面上的手机完全不同的产品。钥匙链、手提式录音机、小型汽车，发光款、闪光款等，这里充满了你可以想象到的每一款手机产品的迭代形态。它们中的许多都是由所谓的“山寨”工厂设计的。“山寨”工厂最初主要是制造市面上的手机的仿制品，但因为地理上邻近制造业生态系统，后来成为创新工厂。它们能够获得工厂资源，但更加重要的是，它们能够获知所有大型手机制造商的商业技巧（和商业机密），车间里便有人出售这些大牌手机的电路图。

另外一项令人惊讶的是成本。最便宜的智能手机的零售价仅为 9 美元。是的，9 美元。这在美国甚至都设计不出来，能做这些的只能是那些指缝中带有模具润滑脂、精通制造设备、了解最先进和高端手机的工程师们。

在深圳，在家人、朋友和可信赖的同事组成的复杂网络中，可以有选择地共享经营理念和商业机密。这很像是开源，但其实并不是。从盗版向独享知识产权的转移并不是新鲜事物。19 世纪，美国出版商明目张胆地侵犯版权，直至美国本土出版业发展壮大起来。日本复制美国汽车公司的产品，直至其发现自己已经居于领先地位。看上去，深圳也类似一个生态系统从追随者向领导者转变的关键节点。

当小组访问大疆创新科技有限公司时，他们看到了一家已经居于领先地位的公司。[33] 该公司生产了幻影系列四旋翼无人机。大疆创新是一家初创公司，以每年 5 倍的速度不断增长。它研制的无人机是有史以来最畅销的，其拥有的专利数量也排在中国前 10 名。该公司明显受益于那些工厂的经营理念，但同时也明白知识产权的重要性。大疆创新集合了硅谷初创公司的创新思维和小组参观过的那些工厂的经营理念。

小组还参观了一个生产数百万部高端手机的工厂。这里所有的零部件都是由机器人在一个完全自动化的仓库中运送。整个流程和设备都是顶级的，其精密程度可以媲美全球任何一家工厂。

还有一家规模很小的车间，可以组装十分精密的电路板，产量只有个位数，价格却相当于每个月的有线电视账单的费用，原因在于他们完全是手工制作。他们用手工的方式将肉眼依稀可见的芯片置入电路板，无须显微镜，也无须放大镜。在美国人眼里，他们掌握的点焊技术，只有价值高达5万美元的机器才能做到。黄推测，他们主要靠感觉和肌肉记忆完成这项工作。他们制作的过程非常流畅，令人惊叹。

伊藤穰一和他的朋友们接着参观了PCH国际公司，这里的供货源源不断，工人及时组装、打包、贴标签然后发货。以往，商品从工厂到商店需要三个月，现在只需要三天商品便可抵达世界各地。

他们还参观了哈克斯硬件创业加速器（HAX Accelerator），这是一家位于园区中心位置的硬件孵化器，老板是两名法国企业家。[34]

该小组在这些公司所看到的是一个完整的生态系统。从订制50枚闪闪发光的由计算机控制的“火人节”徽章的小车间，到吃着巨无霸重新组装手机的工人们；从机器人运送零部件的整洁房间，再到一排排的表面贴装生产线，廉价的劳动力成本是全球大多数精密制造企业云集于此的原因。然而，正是整个生态系统催生了众多工厂。同时，也正是这些工厂的经营理念使得这个地方能够生产任何产品，无论工厂规模大小。

正如不可能在其他地方再造一个硅谷一样，在访问深圳4天后，伊藤穰一相信其他地方也不可能再打造出这里的环境。深圳和硅谷都有一种“魅力”，能够吸引越来越多的人、资源和知识，两地都是活跃的、充满多样性的生态系统，也是一个职业道德和经验的基地，其他任何地区都难以复制。其他地区也有它们的优势，波士顿或许能够在硬件和生物工程学领域与硅谷一较高下；拉丁美洲和非洲或许能够在某些资源和市场方面与深圳相媲美。然而，伊藤穰一认为，就像硅谷一样，深圳已经成为一个如此“完整”的生态体系。相比与深圳竞争，我们与深圳建立联系更有可能取得成功。

只有接受推动深圳发展的理念，我们才能够与深圳相竞争，甚至是拥抱风险，愿意承受失败并从头再来。对于美国这样的国家以及在美国成长起来的公司而言，这像是倒退，又回到了我们曾经历过的摸索阶段。或许是这样的。然而，在这个时代，存活并繁荣发展同样重要，创新中的安全已经不再是优势，敢于冒险对于公司和经济的发展而言变得至关重要。

附言：低买高卖

你是怎样投资赚钱的？低买高卖。我曾经询问一名投资股票的基金经理，如何挑选投资对象。他说：“我投资大公司，没有风险的大公司。”实际上，任何事都有风险，人们需要明白的是风险在何处以及风险爆发的可能性，这样才能评估一只股票的价值。

例如，如果我知道杰夫是一名成功的企业家，他的工作领域也是我熟知的，我可以比其他人更准确地评估这笔投资的机遇与风险。我可以比那些不了解杰夫或该领域的人花更多钱买股票，因为看上去他们面临的风险比我大。当杰夫的公司取得巨大成功并上市，登上了《纽约时报》的头版，或许就是我该卖出股票的时候了。包括日本那名基金经理在内的所有人都会说：“看！多有前景的一家公司！怎么会有风险呢？价格还会上涨。”公司的情况或许比我最初投资时要好，但人们可能会低估风险，高估机会。这只股票价格可能被高估。

换句话说，你必须了解风险，承担风险，但同时也要低买高卖。了解风险能够使你更准确地评估风险，因为风险一直都在。

那些想要在项目运营良好的时候接管并在项目已经走下坡路的时候依然坚持的人是“高买低卖者”。那些大学时就读热门专业的学生通常会在毕业时面临激烈的就业竞争，该行业通常也会开始走下坡路。人们经常会取笑日本一些顶尖大学的录取情况，认为这是追踪某个行业未来走向的参考。

高等教育中的“低买高卖”，是指要努力找到一个新兴领域，你在其中拥有一定的优势和热情。这或许会有风险，但你会有更大的可能性跻身这一新兴领域的顶端，面临较少的竞争。在最糟糕的情况下，你至少依然在做你喜欢的事情。

除了“低买高卖”之外，风险投资的另一个重要经验是，当创新成本变得很低时，努力提高成功率要比减少损失更为重要。在本章中，我们讨论了要花费更多用于投资价值而非尽职调查，不要为了挽回一项投资而投入更多的资金。除此之外，还要保持乐观，培育你的投资组合中的赢家。

随着创新成本的不断降低，让公司运转起来的初期投资额通常会很少。当资金短缺、初创成本增加时，拥有资金的人会有更大的权力。但现在，拥有好产品和好团队的连续创业者通常会在硅谷获得投资者的青睐。

——伊藤穰一

Dis-
obe

Com

5 违抗优于服从

5 违抗优于服从

1926 年，美国杜邦公司化学部主管查尔斯 · M. A. 斯泰恩说服该公司执行委员会资助“纯粹科学或基础研究工作”。这在现在看来十分合理，但在企业研发时代之前却并非如此。事实上，这个想法非常激进。

他有 4 个很好的理由解释杜邦为什么应该雇用科学家从事基础科学研究：

1.
科学的威望会带来“广告效应”。
2.
从事开创性研究能提升士气，
并能创造机会招募拥有博士学位的化学家。
3.
能够用新的科学知识交换其他机构的研究成果。
4.
最后，也是最重要的，
纯粹的研究有可能会应用于现实。[1]

最早在杜邦研究实验室工作的科学家之一是哈佛大学的华莱士 · 休姆 · 卡罗瑟斯，他是一名年轻的有机化学家。卡罗瑟斯在杜邦专注于研究聚合物，这是一种由大量较小单元组成的大型复杂分子。斯泰恩知道，聚合物有着巨大的工业应用潜力，但其背后的化学原理却鲜为人知，尤其是将分子结合在一起的力量。卡罗瑟斯的研究很快让人们对于这些神秘“大分子”有了常识性了解。[2]他的实验室最终成功合成了氯丁橡胶和第一个真正的合成纤维，我们暂且称之为“纤维 66”。[3]

对于杜邦研究实验室的科学家们来说，不幸的是，斯泰恩于 1930 年 6 月升职，而后哈佛大学毕业的有机化学家埃尔默·博尔顿接管了化学部。与斯泰恩不同，博尔顿认为，只有产出商业结果的研究才有价值。早在 1920 年，他曾撰写过一篇论文《研究的效率》(*Research Efficiency*)，并在文中坚称，要妥善管理研究工作，以免导致“与预期回报不成比例的时间损失和金钱支出”。[4]

尽管博尔顿强调应用研究，但卡罗瑟斯仍继续专注于自己的兴趣。20 世纪 30 年代初，博尔顿坚持让卡罗瑟斯将研究重点转移到合成纤维，卡罗瑟斯开始利用之前在斯泰恩自由管理下积累的大量有关聚合物的知识进行研究。1935 年，在历经多年对聚酰胺、酰胺和酯的不同组合试验并多次受挫后，他终于能够交出答卷：“这就是你们想要的合成纺织纤维。”[5]此后，纤维技术迅速发展，并于 1937 年提交了专利申请。可悲的是，卡罗瑟斯几周后自杀身亡，杜邦研究实验室的实验也很快宣告结束。[6]

然而，他的发明，即杜邦公司所称的尼龙，却保持了快速发展的势头。尼龙连裤袜首次面向公众销售那天，销量达到了约 80 万条。到 1941 年 12 月，尼龙袜已占据 30% 的美国市场，是有史以来最成功的消费品之一。[7]

“违抗”通常要比“服从”获益更多，尤其在解决问题等关键领域。创新需要创造力，而创造力需要摆脱束缚，这让那些出于善意的（和不那么善意的）管理者备感挫折。事实上，我们可以更进一步延伸。正如托马斯·库恩在其具有里程碑意义的著作《科学革命的结构》中所提到的那样，新范式总会不断出现，因为总有一些科学家不信奉主流思想。[8] 换句话说，科学进步的规则便是打破规则。没有人是靠别人告诉他怎么做或沿着别人的足迹而赢得诺贝尔奖的。

20 世纪 20 年代初，3M[①] 公司研究员迪克·德鲁（Dick Drew）将其研究重心从砂纸转移到新型胶带。此前，砂纸一直是公司的主打产品。他受到一群汽车工人的启发，这些工人总是抱怨遮盖部分车身的胶带经常会粘上金属上的油漆。他的新研究方向和他的日常工作——寻找将研磨剂粘到纸上的更好方法——没有太大区别。但对于公司总裁威廉·麦克奈特（William McKnight）来说，这已偏离太多。他要求德鲁立刻中止现在的研究，回到原来的工作岗位。

德鲁答应了，但仍坚持研发一种更好的遮蔽胶带。当麦克奈特走进实验室时，恰好碰到德鲁在研发这种胶带，他没说一句话，但之后拒绝出资购买德鲁用来批量生产这种新型胶带的造纸机器。德鲁并没有气馁，他利用可不经许可购买 100 美元以内物品的权限，下了很多 99 美元的订单以购买新机器。他最终向麦克奈特承认了自己的“诡计”，麦克奈特深受触动，由此制定了新的企业政策：“如果有人在研究对的项目，而且他们竭尽所能地致力

① 3M，即 Minnesota Mining and Manufacturing，明尼苏达矿务及制造业公司，是世界著名的产品多元化的跨国企业。——译者注

于找到解决方案，那就不要干涉他们，包容他们的主动精神并相信他们。”[9]

1925年，德鲁研制出了首款带有压敏黏合剂的胶带。不久之后，他发明了透明胶带（人们所熟知的苏格兰胶带），从此彻底改变了3M公司的经营轨迹，从一家生产砂纸和金刚砂的美国本地制造商转变成为多元化经营企业，而且仍在继续从事一些令人意想不到的研究，例如意外发明了便利贴（研发一种超强黏合剂失败后，却意外地发明了一种可重复使用的、有黏性的便签本）。[10]

卡罗瑟斯和德鲁的共同特点是，不管老板要他们做什么，他们都对没有特定目标、自由的研究充满热情。在20世纪二三十年代，这种情况很罕见，现在可能更少见。我们的公司，封闭的工作环境，都没有这种自由精神，甚至连教育体系都不鼓励以兴趣为出发点的学习和探索，而是教育学生要遵守规则，不提问题。这也是很多人越长大越感觉自己缺乏创新能力的原因之一。伊藤穰一经常问听众，他们中有多少人在上幼儿园时觉得自己是伟大的画家，又有多少人现在仍然这么认为。不出意料，他们的答案都很令人沮丧。

探索、质疑、违抗，这种对待工作和学习的方法帮助推动了互联网的诞生和发展，也改变了从制造业到安全产业等各行各业的发展轨迹。互联网的先驱们最初创业时都没有商业计划书，也没有获得别人的认同，他们只是做他们要做的和想做的。伊藤穰一帮助创立日本第一家互联网服务供应商时，电信行业的律师们写信告诉他不能这么做，但他还是这样做了。创建硅谷的创新者亦是如此。直到现在，硅谷依然占据特殊地位，是灵敏、充满生机、无限制创新的中心。

吸引创新者涌向硅谷和媒体实验室的有创造力的违抗文化，在很大程度上威胁着管理者和许多传统机构。然而，如果这些管理者和机构想要支持最有创造力的员工，并在即将到来的颠覆性时代中生存，那么他们需要接受这种文化。显现出违抗多于服从一面的创新者不仅会提高自身的创新能力，同时也会激励他人追求卓越。自 20 世纪 70 年代以来，社会科学家已经意识到"正向偏差者"的积极影响，他们颠覆传统的行为改善了自己的生活，如果能更广泛地应用这种方法，还有可能会提高社区的生活质量。[11]

过去 25 年间，"正向偏差"已被广泛用于防止营养不良、医院感染、女性割礼和全球范围内的其他健康和社会问题。[12]同时，它也被公司视为变革计划，吸引公司内的"正向偏差"人才，而不是试图自上而下强加一个新的规则，这事实上是接受"正向偏差"的同事的违抗，而不是要求他们遵守"外人"的规则，激励他们在这一过程中有更大的创造力和更多的创新。[13]

在 19 世纪和 20 世纪大规模工业化生产的社会，只有小部分人被寄予了创新的期望，其他人要做的就是循规蹈矩。然而，自动化、3D 打印和其他科技正在迅速创造一个新的工作图景，它需要每个人都更具创造力。在这种环境中最成功的人便是敢于提问，相信直觉，并在受阻时拒绝遵守规则的人。

和很多陷入计算机安全及数字货币的重叠世界中不可自拔的人一样，奥斯汀·希尔（Austin Hill）有时会通过变通商业道德标准以获得公司的发展。希尔于1973年6月18日出生在卡尔加里，[14]在家中7个孩子中排行老二。希尔从小就沉迷于电脑和创业。[15]11岁时，他运营了一个互联网电子公告板，16岁时创立了自己的第一家公司。他现在承认，这家公司只是个骗局而已。他和一群朋友自称"纳尔逊通信公司"，在加拿大各地报纸上刊登招聘广告称"每周支付400—600加元请人看电视"。每个应聘的人当然都被选中去"评论"他们最喜欢的节目，但前提是必须完成一个49加元的培训项目。纳尔逊通信公司通过销售该培训项目，三个月赚了10万加元，如果不是另一个朋友及时阻止希尔的话，他们可能会赚得更多。据他回忆，这位朋友说："你是我这辈子见过的最聪明的人之一，我真的非常难过，这就是你的所有。"他意识到朋友说的是对的。他说："自此之后，在每个待过的公司里，我都犯过成千上万次错误，但我有美好的愿景，就是让世界变得更美好……自那天起，我已没有必要道歉。"[16]

希尔在上十年级时因"顶撞"老师被停课，之后便辍学了。这真是有点儿"家族传统"。他的哥哥哈姆奈特（Hamnett）辍学更早，是在九年级。后来，哈姆奈特被蒙大拿大学录取（跟随"感恩而死"乐队巡演），希尔则在一家销售电脑的店找了份工作。1994年，希尔去看望暂时被借调到蒙特利尔的父亲哈米（Hammie），希尔说服哈姆奈特和他一起留在蒙特利尔。不久后，两兄弟从父亲哈米和希尔前老板那里获得了5万美元的投资，成立了Infobahn在线服务公司——蒙特利尔最早的网络服务提供商之一。1996年1月，该公司与Total.net合并。1997年，希尔兄弟以每股约180加元的价格卖出了他们的股份，而最初的价格仅为2.85加元。[17]

希尔兄弟用卖股票的钱创立了“零知识系统”（Zero-Knowledge Systems），这是一家在线隐私保护公司，它的理念远远领先于那个时代。公司的第一个产品“自由”（Freedom）是利用公共密钥加密技术为用户创建安全的假名（而不是匿名）数字身份。这一产品让公司备受争议。虽然很多记者认为“自由”的吸引力在于保护了用户，但也有一些记者认为，它为网络犯罪分子利用假名隐匿犯罪事实提供了便利。1999年12月，美联社的戴维·E.卡利什（David E. Kalish）将“零知识系统”公司描述为“网络空间伪装的不法商贩”。他说：“虽然该服务旨在保护网络用户在线交流或购物时的隐私，但批评者担心这同时也会允许不道德的人士肆意发送侮辱性邮件、传播儿童色情和盗版软件等非法内容。”[18]

希尔承认确实存在一些“自由”用户滥用该系统的现象，如对美国总统的威胁已司空见惯，但他表示技术“利大于弊”。实际上，“自由”是从根本上防止滥用的系统，包括服务的货币成本、实现假名（而非匿名）身份的落实等。正如希尔所说：“对话、社区、关系以及强烈的情感纽带是通过重复‘囚徒困境’的社会形式形成的。[19]当重复‘囚徒困境’的参与者没有身份或感受到不用对其社会互动中的行为负责时，该社区会很快堕落为恶性竞争。”[20]

●●●

如果不了解密码学这一神秘领域，我们很难或者根本不可能理解这个诞生了比特币、极为隐私的（偏执的）、挑剔的（愤世嫉俗的）世界。在西亚和欧洲，读写甚至是大部分数学知识在形成之初便与密码学有着密不可分的联系。

20 世纪 60 年代末，法国一名研究新石器时代黏土使用的考古学家丹尼斯·施曼特–巴塞瑞特（Denise Schmandt-Besserat）开始研究分布在土耳其到巴基斯坦等地数千个微小黏土文物的起源和意义。尽管它们之前被认定为玩具、护身符或游戏物品，但施曼特–巴塞瑞特认识到它们是“通信计数”的标记物，通过计算这些微小黏土物品为面包、油、布匹和羊等货物计数。

在利用黏土制作出第一批标记物大约 5 000 年之后，苏美尔一群富有创新精神的寺庙书吏通过将标记物按压在黏土堆或信封上，发展成为文字的前身。在将容器密封之前，他们记录了每个标记物的形状和表面装饰。不久，有人意识到用芦苇或骨头也可做相同的标记，因此，先前的标记物就此淘汰。[21]

由于不需要物理计算标记物，苏美尔书吏也可以自由发明代表数字的新字符，他们可以写“三条面包”而不用再写“面包面包面包”。正如菲利克斯·马丁（Felix Martin）在《钱：未经授权的传记》（*Money: The Unauthorized Biography*）中写道：“当人们在一块木板上写下 14 万升谷物的收据时，其现实优势是十分明显的。”[22] 然而，与现代密码学的关系更为紧密的是，这种新的记账方法要求记录者理解抽象数字，这催生了苏美尔人的另一项技能——会计。

苏美尔人的写作和数学大约经过 3 000 年的时间才传至希腊，或许是通过和腓尼基人的贸易才得以传播的。之后，它们便成为现代世界文学和科学创新的源泉。希腊诗人和剧作家创作了影响至今的作品；希腊哲学家开创了唯物主义、理性的世界观，为两千年后的启蒙运动奠定了基础；希腊商人将苏美尔人的抽象数字概念合成为一个全新的、改变世界的概念——经济价值。[23]

随着书面通信在古代爱琴海地区的普及，保密的需求也随之出现。现在主要有两种方法可用。一是隐写术，将消息放置于另一容器内。如果你用柠檬汁写过密文，或者看过带数字水印的电影，都算曾接触过隐写术。公元前 5 世纪的历史学家希罗多德（Herodotus）认为，现代隐写术方法包括在奴隶的头皮上文一条信息，信息会被长长的头发遮住；或写在一块木板上，然后涂上蜡。[24]

顾名思义，隐写术的优势在于其本身不会引起注意。然而，如果是原定接收人以外的其他人发现了隐藏的信息，比如文了信息的奴隶在传递消息的途中生病了，好心的医生为了让他更好地散热，剃去了他的头发，该信息就会被医生看见。

二是密码术，即为信息加密，因此只有接收人（或是特别聪明的人，或是坚持不懈的对手）才能破解密码。密码术的问题在于，别人一看就知道信息被加密了，除非用隐写术进一步隐藏该信息。

最早的加密方法之一是斯巴达的密码棒，它是一根缠绕着羊皮纸的圆木棍。可明文书写信息，一旦揭开羊皮纸，这些字母就会变成一堆乱码，除非有类似尺寸的木棍。[25] 古希腊历史学家波力比奥斯（Polybius）发明了一种网格，可以将书面消息编码成数字，通过举高或举低火把使得远距离通信成为可能，这就是电报的雏形。[26] 尤利乌斯·恺撒（Julius Caesar）也依靠简单的密码代替系统，每个字母与字母表中特定距离的另一字母对换。很多学生都熟悉该系统，A 可能变成 C，C 会变成 E，E 会变成 G。[27]

这些密码都相对简单、粗浅，解密的方式亦是如此。公元前 9 世纪，密码学开始发生变化，阿拉伯哲学家肯迪（Abu Yūsuf Ya‘qūb ibn’Ishāq as-Sabbāh al-Kindī）出版了《解密密码学信息手稿》（*A Manuscript on Deciphering Cryptographic Messages*）一书。他曾在巴格达工作和生活，巴格达的数学、语言学和统计学在当时都非常先进，他利用这一优势发明了一种频率分析方法。他写道："如果我们知道密文的语言，解密密文的方法之一就是找到相同语言的另一明文，然后记下每个字母出现的频率。将最常见的字母称为'第一'字母，第二常见的为'第二'字母，第三常见的为'第三'字母，以此类推，直到数完明文中的所有字母。然后观察待解密的密文，将其中的符号进行归类。找到出现频率最高的符号，用明文中最常出现的'第一'字母替换，第二常见的符号用'第二'字母对换，以此类推，直到密文中的所有符号替换完毕。"[28]

欧洲第一个多码加密法由莱昂 · B. 阿尔伯蒂（Leon B. Alberti）发明，他于 15 世纪出版了频率分析领域的第一本专著。阿尔伯蒂不是唯一一个对密码学感兴趣的文艺复兴学者。对大自然隐藏规律的探索，或许有助于揭示宗教之谜或知识奥秘；印刷技术前所未有地使得信息传播成为可能；外加文艺复兴时期欧洲复杂的外交环境，这些都为密码学和密码分析方法的成长提供了沃土。16 世纪，约翰尼斯 · 特里特米乌斯（Johannes Trithemius）和焦万 · 巴蒂斯塔 · 贝拉索（Giovan Battista Bellasso）创建了他们独有的多码加密法，吉罗拉莫 · 卡尔达诺（Gerolamo Cardano）和布莱斯 · 德 · 维吉尼亚（Blaise de Vigenère）发明了自动密钥密码，该加密法的信息本身已包含在密钥中。[29]

在创新加密法的同时，密码分析也在不断创新。它们在文艺复兴时期的共同发展推动了今天网络安全与网络攻击的发展。早期密码学相对原始的机械设备，如阿尔伯蒂用于追踪其移动字母的密码盘，逐渐变得复杂，最终发展成为类似于“二战”时期德国英格玛机（Enigma Machine）的先进密码机器，英格玛机理论上是无法被破解的，但一个简单的设计缺陷“背叛”了它——由英格玛机加密过的字母永远不会是该字母本身。艾伦 · 图灵（Alan Turing）和戈登 · 韦尔什曼（Gordon Welchman）领导英国布莱切利园的团队发明了一个电动机器设备，协助破解英格玛码对应的密钥。该机器名为“Bombe”，可以消除数千种可能的组合，留下尽可能少的可能密码组合供布莱切利园的密码学家尝试。[30]

纳粹用洛仑兹密码机（Lorenz）取代英格玛机时，

英国工程师汤米·弗劳尔斯（Tommy Flowers）用第一个可编程的电子数字计算机 Colossus 进行还击。洛仑兹密码机是一种为无线电传输的电子打印信息编码的安全手段，英国人称之为“Tunny”。尽管该项目直到 20 世纪 70 年代才解密，而且所有与之有关的记录均被销毁，但参与该项目的几个人继而创建了数字计算机。[31] 我们可以通过两篇论文了解他们的许多工作，一篇是克劳德·香农（Claude Shannon）于 20 世纪 40 年代末发表的《通信的数学理论》（*A Mathematical Theory of Communication*），[32] 另一篇是《保密系统通信理论》（*Communication Theory of Secrecy Systems*），[33] 这两篇论文是信息理论领域的奠基之作，证明了任何理论上不可破解的密码都具有“一次性密钥”这一特征。

一次性密钥最早开发于 19 世纪末，并于“一战”结束前后被重新加以关注，该密钥需要发送者和接收者都有一串随机数字构成的密钥，且至少是密文的长度。每个数字都表明所需的位置移动，即字母表中字母应向上或向下移动的位置数。这使得密码破译者无法使用频率分布进行解密。然而，该加密法要求密钥必须是完全随机的。英国政府通信总部采用了 Colossus 项目中的电路系统在随机“噪音”中生成一次性加密密钥，从而避免了英格玛机和“Tunny”等机械密钥生成器的缺陷，同时也消除了人工操作重复使用一次性密钥的可能性。[34] 其他一次性密钥生成器曾使用放射性衰变或在熔岩灯内被搅动的蜡块。[35] 不管采用什么方式生成密钥，一次性密钥在现实中都异常昂贵，因此只用于最特殊的通信，比如世界各国领导人之间的通信。

如果说君主们的诡计帮助推动了文艺复兴时期密码学的创新，那么计算机和冷战也同样催生了一批密码学家的出现，这些密码学家在“二战”期间和“二战”后技艺日渐精湛。20世纪70年代之前，密码学一直是军队和情报机关的禁地，这些机构不断加大加密和密码分析等方面的投资。

20世纪70年代的三大创新为好奇的民众打开了现代密码学的大门。第一个创新是1976年发表的数据加密标准（Data Encryption Standard, DES），一种由IBM（美国国际商用机器公司）、国家标准局和国家安全局设计的对称密钥运算法则。他们坚持认为该运算包含不超过56位或100 000 000 000 000 000个密钥，他们认为民用计算机不可能破解如此大量的密钥，但他们自己的计算机则可以相对容易地解码。[36] 根据安全技术专家布鲁斯·施奈尔（Bruce Schneier）的说法：“数据加密标准比其他任何东西都能激发密码分析领域。现在，我们有一个算法要研究。”[37]

同年，惠特菲尔德·迪菲（Whitfield Diffie）和马丁·赫尔曼（Martin Hellman）发表了《新密码技术指南》（*New Directions in Cryptography*），[38] 其中引入了非对称公开密钥加密法，这是第一项可与政府系统相媲美的可公开访问的加密技术。他们批评国家安全局阻碍了数据加密标准算法，理由是即使是当代计算机也不能破解它，然而这将在几年内改变。正如1994年斯蒂芬·利维在《纽约时报》上提到的：“自从1976年迪菲和赫尔曼发表其研究成果以来，国家安全局的加密垄断就被终止了。”[39]

虽然《新密码技术指南》提出了“公共密钥密码

系统”，但并没有具体说明其实现方法。一年后，麻省理工学院数学家罗纳德·L. 李维斯特（Ronald L. Rivest）、阿迪·沙米尔（Adi Shamir）和伦纳德·M. 阿德尔曼（Leonard M. Adleman）开发了RSA 非对称加密算法实现这一点。[40] 所有这些组成部分都已到位，静待 20 世纪 80 年代“密码朋克运动”的兴起。

●●●

不出所料，随着 2001 年 9 月 11 日恐怖袭击的发生，人们对奥斯汀·希尔“自由”系统的担忧进一步加剧了。其实，该系统的批评者无须担心。“零知识系统”公司已决定从“自由”系统中删除其假名功能，并将重点转移至企业安全领域。希尔当时解释说，“自由”系统“扩大了隐私科学的边界和尺度，但在这一点上，由于市场接受度的问题，该系统太过先进”。或者，正如 Junkbusters 公司执行总裁所说：“他们的网络设计堪比汽车中的劳斯莱斯，没那么多人愿意出高价购买。”[41]

尽管遭受旗舰项目损失和科技泡沫的冲击，但“零知识系统”公司还是幸存了下来。2005 年，它改名为“Radialpoint”，哈姆奈特成为“年度最佳安永企业家”奖的最终入围者。这次，哥哥追随了弟弟的足迹——奥斯汀于 2000 年荣获“魁北克地区安永新兴企业家”奖。[42]

2006 年，希尔转向风险投资，进入一家早期天使投资公司 Brudder Ventures，该公司是当时蒙特利尔仅有的几家关注新兴企业的投资公司之一。希尔开始研发一款名为 *Akoha* 的游戏，该游戏充分融合了他在技术方面的兴趣、创业精神、慈善和社会变革。每个游戏玩家都会收到一套任务卡，上面印有让某人一天或人生变得更美好的建议。完成任务后，玩家会把任务卡给接受建议的人，并鼓励他或她继续玩下去。最成功的任务就是玩家玩得最多的，玩家的在线日志为选择最有效的任务和方法提供了宝贵资源。[43] 尽管 *Akoha* 发展出了一个强大的玩家社区，但最终没能实现收益目标。该游戏于 2011 年终止，而希尔于前一年离开了公司。[44]

2013 年年底，希尔重新联系上亚当·巴克（Adam Back），他是“零知识系统”原始团队成员之一。里德·霍夫曼将巴克博士描述为“比特币领域仅次于中本聪的专家”，巴克博士将希尔招募进其新创的区块流（Blockstream）公司。[45] 通过在比特币核心区块上构建侧链和其他创新项目，区块流公司承诺将比特币技术转化为一个股票交易平台、自动生效智能合约和比特币 2.0 应用程序，这些通常需要一个可信赖的中间人来调解各方。同时，它还能让有创新想法的开发者将应用程序直接构建到比特币上，无须触及比特币核心代码或放弃自己的加密货币。

区块流的潜力吸引了谷歌公司董事长埃里克·施密特（Eric Schmidt）旗下风投基金 Innovation Endeavors、雅虎共同创始人杨致远的风投基金 AME Cloud Ventures、里德·霍夫曼以及其他科技巨头的兴趣和投资。同时，区块流也引发了争议，由于有几位比特币核心开发人员也将与区块流共事，有比特币爱好者担心比特币核心钱包（Bitcoin Core）将遭受损失，理由是开发者时间有限或者他们会面临二者之间的利益冲突。区块流的赢利状况尤其受到关注，正如社交媒体用户 historian1111 所说："我过去和奥斯汀·希尔聊过，和他相处感觉并不是很好，对他的赢利模式和创建一个比特币开发方面的垄断企业的最终目标持怀疑态度。我觉得他是一条蛇，只是在欺骗开发者。"[46]

希尔似乎没有公开回应过质疑，他也没有理由要这么做。在公开社区，类似的争议很常见，这样的质疑似乎对比特币和区块流的未来发展都没有什么影响。

●●●

绝大多数系统在遭受攻击或承压时会崩溃。一些系统（如免疫系统或互联网）在受到攻击时，尽管会有痛苦，但会适应并且会变得更强大。管理媒体实验室内思维活跃的人士的唯一方法便是创建一个自适应系统。事实上，实验室里的师生在试图寻找甚至不可能存在的事物。

为使实验室每个人的创新产出最大化，人们通常要"遗忘"以前被灌输的思想，比如必须知道什么是"正确"答案，被要求做什么，以及为求"通过"必须要遵守什么。当然，这一切会有指导方针，作为大型机构的一员，人们必须要遵循一些规则。但关键并不在于这些规则，而在于是否需要获得许可的情况下才能采取行动。正如蒂莫西·利里（Timothy Leary）所说的"独立思考，质疑权威"，这样才能带来重大突破。[47]

作为每年需要通过影响力和重大突破来衡量成功与否的机构，尤其需要这样一种文化和系统，接受并鼓励违抗，要把差异和批评视为生态系统必不可少的一部分。

麻省理工学院150周年校庆之际出版了《夜工》（*Nightwork*）一书，该书记录并歌颂了麻省理工学院的“黑客们”。[48] 麻省理工学院赞扬学生们能够想方设法把一辆校园警车弄到学校主楼的圆屋顶上。在媒体实验室，最受欢迎的故事开场白是“事实证明……”，这基本上意味着“我们用这么酷的方法是错的”。

另外需要注意的是，违抗并不等于批判。例如，有个非常重要的设计活动叫作批判性设计，在活动中，人们可以批判现代技术的乌托邦主义，而技术专家通常是技术乌托邦主义的拥趸。我们的作品是人们的批判对象，而我们的工作则是违抗。

计算机安全得不到改善，如果没有计算机网络黑客；我们无法生存，如果没有肠道微生物——有益的微生物和有害的微生物，尽管大多数显然处于两者之间。[49]

附言：有良知的违抗

我经常会在媒体实验室主会议室的屏幕上播放这9条原则。有一天，我与麻省理工学院总顾问马克·迪文森佐（Mark Divincenzo）会面，他看到屏幕上写着“违抗优于服从”时一脸质疑。在一所大学内，“违抗”听起来显然不是你要大肆宣扬的内容，特别是以“服从”为代价时。我很快意识到我需要向他解释一下。

我用本章中我最最喜欢的一句话开始解释：“没有人是靠别人告诉他怎么做而赢得诺贝尔奖的。”我接着解释，没有公民的不服从，就不会有美国民权运动；没有甘地及其追随者的“非暴力不合作”，印度就不会实现独立；新英格兰地区所称赞的波士顿茶党也是违抗的产物。

有益于社会的抗争和无益于社会的抗争之间有一条模糊的界限，有时只有在回顾事情时才会变得清晰。我不是鼓励人们违法或仅仅是为了抗争而抗争，但我们有时应当对照第一原则，思考法条和规则是否公平，我们是否该质疑它们。

社会和学术机构一般倾向于遵守规则，远离混乱。这个过程扼杀了“叛逆精神”，同时也扼杀了创造力、灵活性和富有成效的改变，长此以往就会影响社会的健康和可持续性。这是放之四海而皆准的真理，从学术界到企业、政府，再到我们的社区，都是如此。

我喜欢把媒体实验室想成是“强有力的叛逆”。媒体实验室模式的强大在某种程度上源于违抗和异议的存在，并在媒体实验室中以一种健康、创新、受人尊重的方式体现出来。我相信“强有力的叛逆”是任何健康的民主、任何持续自我纠错和创新的开放社会必不可少的因素。

2016 年 7 月，我们在媒体实验室组织了一场名为“禁止的研究”的会议。我们开展了有关政府无法破解的端到端加密的学术对话，以及研究机器人性别对个人和社会影响的重要性的对话。我们还谈到释放带有基因驱动技术的基因修饰生物到野生和极端地质工程中，例如将金刚石粉尘抛入平流层，以反射太阳光线为地球降温。我们首次（我相信是首次）公开谈论一起校园黑客行为（麻省理工学院称之为特殊种类的恶作剧）——学生们于午夜将一辆消防车放到了校园主楼的圆屋顶上。我们和爱德华·斯诺登举行视频会议，谈论保护战区记者安全的技术。我们请了 Sci-Hub 颇具争议的创始人亚历山德拉·艾尔巴克彦（Alexandra Elbakyan），Sci-Hub 非法免费发布了几乎所有在线学术论文，令学术出版商十分沮丧和气愤。

在此次会议中，我们还宣布成立一个由里德·霍夫曼资助的总额为 25 万美元的“抗争奖”，该奖项将授予那些为社会利益而抗争的个人或团体。

麻省理工学院一些资深的教师告诉我，此次会议让他们感到有些别扭，但他们高兴的是会议中表达的观点都很严谨。和我一样，他们觉得麻省理工学院是世界上少数几个可以用学术方式严肃认真地讨论以上议题的地方之一，并且认为像麻省理工学院这样有“强大叛逆精神”的学术机构有责任为类似的讨论和研究提供空间。

——伊藤穰一

Prac
ov
T

6 实践优于理论

6　实践优于理论

从理论上讲，理论和实践没有差别。
而在实践中，却有差别。

——约吉·贝拉（Yogi Berra）[1]

贝雅德·鲁斯廷教育大楼看上去就像是一座有年头的工厂，从某种意义上来说，它的确如此。这所公立学校始建于1931年，最初是一所纺织高中。它的地下室里有一个真正的纺织厂，毕业生年刊名为《纺织机》。[2] 从那时起，这座建筑多次被规划为他用。目前，这座巨大的建筑内共有6所公立学校，但只有一所学校将电子游戏当作每门课程的核心。

这所编号为PS 422的公立学校名为“追求学习”（Quest to Learn）[3]，占据老纺织高中的两层楼。该校学生不上科学课，而是上“事物运行规律”课。学校通过“代码世界”（Codeworlds）和“存在、空间和地点”（Being, Space, and Place）两门课来教授英语，或者用教育术语说是“英语语境”课。体育课呢？你不会在学生的课表中发现这门课，而会看到“健康”（Wellness）课。老师们也不会按学习“单元”来授课，比如地理课不是讲解岩石和地形，而是通过“探索”和“任务”最后达到“终极大反派”等级，这是所有游戏玩家都熟悉的词汇。该校管理者强调，这么做的目的不是培养一代游戏设计师。该校联合校长阿拉纳·夏皮罗（Arana Shapiro）说道：“我们传授的是21世纪所需的能力。”

这对于11岁的多米尼克（Dominic）来说或许是

新闻，他坐立不安，正在经历一场“批评”，这是即将成为艺术家和诗人的人通常都要忍受的一场教育仪式。他的同学们——其他23位选修“大脑运动”课的6年级孩子，正在反馈多米尼克设计的电子游戏。“我是说，除了终极反派犀牛以外的所有敌人每次受到攻击都会造成伤害，且仅为一次伤害。然而，如果被霸王龙撞倒，你的血就全没了。”

“好的，赛勒斯。这几点很好。”富有活力的课程引导老师迈克尔·德米尼克说。多米尼克并不确定，他用怀疑的目光看着赛勒斯，在座位上扭着身子，举起手。他开始发言，但当德米尼克抬起手示意时，他停了下来。“会轮到你发言的，多米尼克”。

德米尼克转向一个端坐在课堂前排的金发女孩莫利，再次声明了开始上课时定下的基本规则。“真正重要的是，有人正在同我们分享他们的游戏，你们要帮助他们把游戏做得更好。所以，要坦诚，但态度要友好。要把展示游戏的同学想象成自己。”

又过了5分钟，孩子们的展示中出现了或许会出现在公司董事会会议上的所有微妙言语和手势信号。最后，多米尼克回应了对他的批评，态度从防御变成和解。这一幕有点像观看孩子们表演成人话剧。夏皮罗说：“我们认真听取了高校和企业的意见，发现毕业生最缺乏的就是合作能力。”

“追求学习”是一所公立学校，因此不仅仅要教学生设计电子游戏和建造鲁布·戈德堡机械[1]。在全国对于标准化考试

① 一种设计精密而复杂的机械，以迂回曲折的方法完成一些实际简单的工作。——译者注

的极度追捧热潮中，纽约市未能幸免。据夏皮罗介绍，到目前为止，该校学生在这些考试中的表现刚刚到平均水平。对于这样一项非传统教育方法而言，这样的表现有些不那么令人满意。的确，当我询问一位正在学校办公室等候的家长对这个学校有什么看法时，她耸了耸肩说："还可以，毕竟我儿子确实喜欢玩电子游戏。"

但若用另一种方法评估，"追求学习"学校可能正在实现其目标。夏皮罗注意到，学校连续在 4 年的数学奥林匹克竞赛中都大获全胜。"这是一项需要学生们合作解决数学难题的竞赛。他们平时在课堂上就开展了很多合作。这样的竞赛，他们应对起来游刃有余。"

●●●

"实践"优于"理论"意味着，人们要意识到，在节奏快变成新常态的未来，等待和计划的成本要比先实践后随机应对更高。在过去的慢节奏时代，在做所有事情时，尤其是需要投资的事情，规划是避免失败带来经济灾难和社会不良影响的关键一步。然而，在互联网时代，有的公司却欢迎甚至鼓励失败。现在，从制鞋业到咨询业，发布任何新品的价格都已大幅缩水。商界一般都把新尝试带来的"失败"看作一次廉价的学习机会。

尽管听上去让人觉得恐慌，但这确实是很强大的工具。当你更加强调实践而非理论时，你就不用等待获批，或者在开始之前先解释自己的做法。一旦开始，如果环境改变或事情进展出现了意想不到的转折，你不用停下来找出问题所在然后继续。在何种情况运用“实践”优于“理论”这条原则取决于你所在的行业。基础设施和其他资金密集型项目很少会让你重复尝试或冒较大的风险。这与诸如软件、市场营销等相对更高端更精细的领域形成鲜明对比，后者的成本结构有根本性的新变化，需要有相应的应对方法。

比如，敏捷软件开发公司的崛起就得益于创新成本的不断下降。该公司强调适应性计划（想想这个过程：射击、准备、瞄准、再射击），及早向客户交付产品，以及随机应对意外挑战的能力，因此很快形成文化融合。

这与传统的产品开发方式不同，传统的方式是在开始生产前制订详细的计划。但要推出新产品，需要在新机器的研发和现有工厂的改造上投入大量资金，失败的代价会很高。

举另一个例子，当杜邦公司的工程师在华盛顿州的汉福德区设计世界第一个全尺寸钚生产反应堆——B反应堆时，一同工作的物理学家不明白他们为什么坚持设计那么多规划图，或者说为什么要预留那么多余地以免设计失误。恩里科·费米（Enrico Fermi）对杜邦公司的化学工程师格里纳沃特说：“你们应该尽可能快地搭建好设施，走捷径，让其运转。一旦发现它不能运转，在找到原因后，再建一个可以运转的。”[4]

涉及核反应堆建设时，没人想走捷径。费米的建议实际上就是应用“实践”优于“理论”原则，即便涉及的项目非常关键又非常危险。然而，在上面这个例子中，工程师们的设计没有与迅速到位的资金和材料同步。你可以把它与媒体实验室的大部分研究成果进行比较，后者的原型通常是受实验室同学闲聊的启发而建造的。在很多案例中，一个新发明从想法到成型可能数个小时就可以实现，样品的第一次更迭可能就发生在一天之内。学生们能这样做是因为，先进的制造工艺和开源软件等技术已经降低了创新成本，以至于做比说的成本更低。即便如此，有些机构仍然选择花更多时间研究计划书，最终放弃投资，却花费了相比完成项目所需费用更多的费用。

当一名经理或领导将“实践”置于“理论”之上（这种战略并不限于数字时代），本书列出的其他原则所倡导的目标就会更容易实现。跨学科实验和合作越来越不再是激进的想法，也越来越接近最好的实践方法。这反过来使得一群人（无论是公司员工、承包商还是学校某个项目中参与合作的学生）都有机会通过工作来学习，用一种不需要长期投入精力的方式来探索新的领域。这同样也降低了创新成本，因为这使得有才能的人得以在自己的专业领域外贡献才能。谷歌公司众所周知的做法是，让员工将 20% 的时间投入到他们自己选择的项目中。在“指挥 – 控制”管理学看来，这种做法最多只能算是一种昂贵的提高员工士气的方法。而在谷歌公司看来，这却是产生新产品点子的廉价方法。事实上，谷歌的众多创新都源自这一做法的实施，它为公司贡献了数以亿计的利润。[5]

这种方法并不局限于制造业或软件开发行业。合成生物学将“实践”优于“理论”原则应用到活细胞工程中。教育行业也应用了此项策略，让学生投入到积极学习中，使用像 Scratch 一样的编程语言，并借此学习计算机编程原理。“追求学习”学校里的老师们很快证明了实践优于理论的益处。事实上，这所学校最基本的理念可以被总结为“儿童动手学习”，这个理念可以追溯至教育先驱如玛丽亚·蒙特梭利（Maria Montessori），甚至更早。然而，在这个考试越来越多的时代，就像在不同产业的众多机构中一样，“实践”在学校中的地位也越来越靠后。

传统的方法根深蒂固。比如，许多非营利组织都十分关注各项指标。当你知道自己在做什么时，指标对于衡量你的进度而言是很重要，但它们也会阻碍创新。一些依靠资金的组织可能会被渐进主义所束缚。如果申请资金的每项提议不仅要详细阐述计划，还要说明为何如此计划，它们就无法探索意料之外的道路或踏上一条错误却有意思的岔路。

●●●

2013 年 12 月的一天，一群儿童聚集在双西投资公司的一间会议室里。双西投资是戴维·西格尔拥有的一家对冲基金公司，他也与米奇·雷斯尼克致力于推动儿童编程语言 Scratch。如果你看一眼地图，会发现会议室里的青少年们大多住在双西投资公司附近步行可到的范围内。[6] 但从其他角度看，他们则生活在另一个世界中。他们是内城贫民区的孩子，大部分是非洲裔和拉美裔，属于科学和技术水平严重落后的群体。这些孩子每周在双西投资公司上一次课，这是西格尔几年前创立的一个项目的一部分，该项目鼓励公司最好的、最炙手可热的程序员抽出一部分工作时间来教孩子们写代码。

这个项目早于西格尔和米奇·雷斯尼克的合作以及Scratch基金会的成立，这足以证明西格尔推动Scratch发展的初衷由来已久。公司没有大张旗鼓地宣传该项目和当地学校的合作，也没有召开新闻发布会。杰夫偶然碰到了双西公司主持这项课程的员工——托兰·施赖伯，意外地得知了这个项目。

当天，这群孩子由三位穿着时尚的女士带领。这三位女士都在双西投资公司工作，当天在参加“代码挑战时刻”。这项新倡议和“计算机科学教育周”同时举行。这是名为Code.org的非营利组织筹办的项目，它的目标与Scratch基金会的一致。截至周末，组织者称已经收到2 000万人编写的6亿行代码。

Code.org拥有大量资金和一群令人瞩目的赞助者，包括马克·扎克伯格（Mark Zuckerberg）、比尔·盖茨和推特公司的杰克·多尔西（Jack Dorsey）。然而，并不是所有人都认可这个组织。2013年2月，这个组织开始运行不久，一位计算机行业爱挑刺儿的，“编写新闻”博主戴夫·维纳（Dave Winer）写道：“写代码是因为热爱，因为它很有趣，因为通过大脑创造事物很神奇。软件就是运动的数学，是思维的奇迹。如果你能写程序，而且写得很好，没有什么事情能比得过拥有这项能力。”他尤其不认同Code.org所看重的一点，即Code.org要让美国人做好“在国际市场竞争”的准备。他指出，如果他是一个孩子，并听到这些，“我会跑开，并且能跑多快就跑多快”。[7]

维纳的看法代表了大批程序员的观点，他们编程是出于热爱而非实用主义。他们本能地排斥将编程从一门艺术变为一门职业培训的做法。

不管出于什么动机，任何想要将编程整合进全国课程的努力都会面临巨大障碍。“我们不缺乏非常聪明的，让学生知道如何写代码，让学生们获得这些 21 世纪需要的技能的员工。”雷斯尼克说，“但这些人正在与一些学校和地区角力，后者认为编程不是取得考试高分的关键，而高分才是他们想要的。”为了让编程成为优先选择，倡议者需要采取双重策略，既要劝说制定政策的州政府官员，也要说服身处美国教育第一线的老师们。

说易行难。大量研究表明，像 Scratch 这样的可视化编程语言在教授孩子编程基础知识时很有效，学习这些编程语言的孩子们也很享受学习的体验，他们表示更愿意从事科学、技术、工程和数学（STEM）领域的工作。[8] 计算机思维尤其难通过大多数美国学校所使用的标准化考试衡量。

按常规来看，至少清楚因果关系的并不仅限于 Scratch 的设施和考数学得高分。一位名叫卢卡的学生说 Scratch 语言对他帮助最大的是在英语课上，因为“它能帮助我讲故事”。

雷斯尼克听到这一点笑了起来，但他并未显得太惊讶。他在玩一场大游戏，他将通过赢一个个学生和老师而获胜。他在为 Code.org 取得的成绩鼓掌时，也明确区分了两家机构的不同。“当前，人们学习编程的兴趣日益浓厚，但背后的原因是为了提供一条培养程序员和计算机科学家的道路。这是不错的追求，因为世界确实需要更多的程序员和计算机科学家。但我们认为，这不是最重要的目标。”

事实上，和 Code.org、“编程学院”以及其他正在争取让更多计算机科学课程进入美国学校的组织一样，雷斯尼克和西格尔也雄心勃勃，他们有一个更为大胆的目标。“我们让孩子学习写作不是因为想让他们成为记者或是作家，”雷斯尼克说，“学习写作是因为它可以帮助你学习。和通过写作表达想法一样，我们也用编程表达想法，编程能教会你如何思考。”在他们看来，计算机科学不是一个科目或一门学科。它应该处于每个基础科目或学科的位置。

极具讽刺的是，目前最理解 Scratch 基金会宗旨的学校恰恰是那些最不需要该基金会支持的学校。私立学校和富裕的社区已经开始热情满满地将机器人和编程融入其课程设置，这样的二元分化只会加剧美国教育系统业已存在的成绩差距。

“到最后，我们会有两套教学系统，一套属于富人，一套属于穷人。”语言学家、教育家、游戏设计师詹姆斯·吉说道。穷人的教学系统教学生如何应试，遵照标准课程，“保障你获得基本的知识，进而让你胜任服务工作”。而另一方面，富人的教学系统强调解决问题、创新以及探索新知的能力。“这些学校的学生最终将在全球舞台上大展宏图”。吉说，争取民权的最新战场不是选举权或平等就业机会，“而是代数”。[9]

在一台计算机上，特权意味着访问权。一些用户拥有管理员权限，他们有权决定哪些用户可以使用这台机器。一些人有创造的权限，一些却只有使用的权限。在该语境下，这是一个生动的比喻，也是社会必须要回答的隐性问题：在越来越复杂的未来，谁会获得特权？

这是很微妙的一点：编程教学生如何解决问题、如何创新。然而，如果学生们能够加入程序员和软件工程师的行列，那些最迫切需要 Scratch 这类软件以及电脑的一些学校将会喜出望外。西格尔说："仅仅在一些学校教授 Scratch 课程是不够的。我们需要将它推广到每一所学校。"

实现这一目标有些捷径。2013 年，每年一度的"Scratch 日"由哥伦比亚大学艺术教育专家肖恩·贾斯蒂斯（Sean Justice）组织，这一年的主题为"Scratch 棒在哪里"，是一场教育者参加的专场活动。活动开始前，7 位老师一起聚在会议桌前，热烈讨论这个主题，露出一丝对活动主题的怀疑。

贾斯蒂斯说："老师们询问数字化工具，我问，'你们听说过 Scratch 吗？'，'什么？没有，那是什么东西？'。这是适合孩子们使用的编程语言；它强调分享和社区。"老师们眉头紧锁，陷入困惑，而当他解释完 Scratch 是什么时，"这就好像，何必多此一举……仅仅是说服一个人尝试一下这个软件都很难，更不要说将软件引入到他们的课程里了。"

其他老师点头赞同他的说法。他们代表了最好的学校梯队：计算机老师凯莱迪·肯克尔，来自布鲁克林帕克中学学院——纽约市最精英的私立学校之一。四年级老师、学校"技术顾问"莫林·赖利来自蓝色学校——一所由蓝人乐团（Blue Man Group）成员创立的"独立"学校。这些老师都是来自全美最顶尖的学校、最懂技术的一批教育工作者。然而，他们将这种编程理念引入校园并不是很顺利。

2013 年“Scratch 日”结束后几周，一位和教育政策制定者联系密切的资深教育工作者注意到，Scratch 招致了广泛的批评。“硅谷的一些人认为 Scratch 不是真正的编程语言，学生必须忘掉之前学的那些不好的编程知识，然后才能教他们真正去编程。”但夏皮罗说，Scratch 基金会遇到的更艰难的挑战是，当前的重点被放在共同核心课程上。

卢卡和他两个同学反驳了这样的担忧，称 Scratch 帮助他们提高了成绩。使得让·皮亚杰重新认识到了玩耍概念的所有基本原因中最重要的一条。其中一个孩子皮特·梅说：“它教会了我很多，我从学习中找到了乐趣。”

所以，如果全美每个学生都学习编程，将会发生什么？这个问题的答案知道得越早越好。爱沙尼亚全国覆盖免费无线网络，从 2012 年起，小学一年级就开始学习编程。没人研究过编程这一新课程的影响，但它获得了爱沙尼亚总统托马斯·亨德里克·伊尔韦斯（Toomas Hendrik Ilves）强有力的政治支持。“在爱沙尼亚，外语教学从一二年级开始。如果你从七八岁开始学外语语法，那么，学习编程语言又有什么不同呢？事实上，编程语言比任何一门语言都更有逻辑。”[10]

这种理念正在不断扩散。2014 年 9 月，英国每所公立小学和初中的学生们都开始学习计算机编程。[11] 美国政府却拒绝实施类似的全覆盖教育政策。不过，这一点可能会发生改变。一位与教育业和华盛顿当局有联系的实力雄厚的风险投资人说，美国联邦教育部已经开始讨论在全美推行 Scratch。2014 年，受麻省教育商业联盟委托的一组教育专家向该州提出建议报告。[12] 建议者之一的培生集团（Pearson）执行副总裁萨阿德·里兹维（Saad Rizvi），他说："我们建议编程应成为每个年级的必修课程。我们也认为，Scratch 是儿童早期学习编程最好的方法。"[13]

雷斯尼克对此一直持乐观态度。在差不多 10 年前的一次会议上，他正在演讲，一位听众起身问了一个问题："西蒙·派珀特（Seymour Papert）20 年前不也在做同样的事情吗？"这句话不是恭维，而是暗示雷斯尼克的想法已经过时了。

"对，我做的正是西蒙·派珀特 20 年前做的事情。"他回答道，"我认为这是值得继续做的事。我们正在取得一些进展。如果我的余生一直做这些事，我会感到快乐和自豪，因为它们重要到我非做不可。"

●●●

当我们讨论学习时（与之相对的是教育），我们真正讨论的是取代传统、单向、自上而下的知识传递模式，代之以一个主动的互联系统，教人们如何去学习。教育是别人教授你知识的过程，而学习是你自己教授自己知识的过程。

一个学习型而非教育型的体系重视学生的兴趣，为学生提供探索和追求这些兴趣所需的工具。在常规教育机构中，各种教学体系仍然可以用以实证为基础的教育学方法来指导并进行排序，与此同时也给予学生空间，让他们构建自己的课程，寻找导师并和同学们一起分享自己的知识。

学习型体系的社会因素对于参与其中的学生而言尤其重要。约翰·杜威（John Dewey）在一个世纪前就已经认识到这一点，当时他呼吁应该将学生的生活和学习无缝融合，主张“教育即生活”。[14] 大量的研究表明，当一个人将学习和自己的兴趣、人际关系以及可能追求的机会联系起来时，他会学得最好。然而，美国和其他一些国家的传统教育系统采用的是分离的、指标驱动的方式。这种方式建立在一个已经过时的模式之上，该模式假定儿童接受 12 年足够严格的教育后，将会具备在快速变化的社会和环境中取得成功的能力。[15]

该模式仍然强调机械学习和与社会脱节的考试——相当于那种坐在山顶用 2 号铅笔答题、没有互联网的考试——尽管未来几十年中最成功的将是那些能利用网络学习，能及时应对挑战的人。这就是“学习”优于“教育”原则和“拉力”优于“推力”原则的共同点。授学生以鱼，不如授他们以渔。这也有助于他们习得必要的技巧来拓展、培养和驾驭能让他们终身学习的社会网络。

无论学生们的兴趣是什么，拥有广泛多元的联系都会为他们提供更多机会，从而使他们更深入地探索自己的兴趣，促成有意义的项目和讨论。社交媒体和其他通信科技使得年轻人更易于寻找有共同兴趣的人，但许多学生没有机会加入在线社区，因为他们的学校没有相应的资金，或他们所在的学区不允许其接触特定社会圈子以外的人际互动，又或者老师和家长认为互联网会分散他们学习的精力。

尽管美国教育政策近来发生了变化，试图将更多新技术引入课堂使课程现代化，但仅仅引入新技术是不够的。在很多学校，老师没有时间学习新技术或缺乏将技术完全融入课程的技术支持。解决这些问题的方法之一是，邀请热衷技术的教育专家与学生们分享知识，同时让教导人员监督考核并对课堂进行必要的指导。

当老师和教育专家需要同时出现在同一个课堂时，上述方法是行不通的。但社交媒体、流媒体和其他即时通信技术使得学生和老师能够联系到全世界鼓舞人心的导师。主持“麦克阿瑟基金会学习研究网络”的伊藤瑞子博士（恰巧是伊藤穰一的姐姐）将这一现象称为“解绑”（unbundling），“解绑”是将过去一人身兼的多种角色，比如学科知识、教学技能、评测能力等，变为一个人承担一种角色。“解绑”让老师们专注于自己某一项专长，比如教学技能、评测，而让其他专家负责点燃学生的学习热情并帮助他们发现自己的兴趣所在。

并不是每间教室里的所有学生都会对同一件事物感兴趣，所以让学生参与到兴趣驱动式的学习模式中，通常会帮助他们应对课程中比较枯燥但必要的部分（或是理论），引导他们获得更全面的学习体验。幼儿园和大学都有退学经历的伊藤穰一喜欢潜水和热带鱼。全面探索这些兴趣意味着，要教喜欢这些的学生波义耳定律背后的数学、水化学、海洋生态系统以及科学上的命名规则。他最近重温了线性代数，学习了马尔可夫模型，因为他想搞懂媒体实验室一名学生教给他的有关机器学习的内容，它是人工智能的基础。所有这些和伊藤穰一的学术工作都不直接相关，他起步于计算机科学，止于物理学，但这在他不断追求知识的过程中都很重要。[16]

这便引出另一个让我们重视“学习”而非“教育”的理由，即课程改革和学生专业选择通常是源于对当前和未来市场需求的预期。随着技术和社会的持续发展，如果学生仅接受现成的教育，而不培养兴趣驱动式、自主式和终身式学习的能力，他们将永远处于劣势。有学习热情的学生总能在接受正规教育后，通过自主学习了解自己需要的知识。

通过设定新的选择标准，强调创新精神和技巧，而不是侧重某些学位、大学和专业，有前瞻性的创新企业可以帮助学校将关注点从“教育”转向“学习”。解决这个问题的灵活方法或许是，结合技术和社会资源编织一张尽可能大的网。例如，一家招聘程序员的公司可以邀请应聘者参加一个公开竞赛，然后从算法上分析应聘者的资质。在此基础上，公司可以询问最佳候选人，他们还推荐公司联系谁，这样可以将招聘范围扩大到更多的地方，给那些原本可能错过的非传统的求职者提供应聘机会。

媒体实验室通过实践聚焦兴趣驱动式、热情驱动式的学习。实验室也试图理解这种创新学习模式，并将之推广到社会中。社会需要越来越多的创新型学习者，而不需要那些能被机器人和计算机取代的人。

杰罗姆·威斯纳（Jerome Wiesner）在 1971—1980

年任麻省理工学院校长。他才华横溢，有远见卓识，兼具人文和科学的知识背景。当时的尼古拉斯·尼葛洛庞帝是建筑学院一位年轻的教授，威斯纳每天都会经过他的办公室，因为司机在不远处等他，两人因此而熟识。

威斯纳准备退休时，并没有打算真的退居二线。有一天，他问尼葛洛庞帝：如果让你负责一个大胆的实验室或院系，你会怎么做？尼葛洛庞帝抓住机会回答道："我恰有此意。"

有麻省理工学院校友的背景，以及媒体实验室咨询委员会成员亚历克斯·德雷福斯的有力支持，尼葛洛庞帝想出一个点子——筹划建立一个文理兼顾的新学院，一个可以挑选麻省理工最优秀教授的学院，如麻省理工学院出版社艺术总监穆里尔·库珀（Muriel Cooper），人工智能先驱马文·明斯基（Marvin Minsky），计算机科学家和精通 logo 语言的教育理论家西摩·佩珀特。

他们能否创立一个既是学院又是实验室的机构，研究核心就是"学习"？它能否被称为"文科与理科"？

尼葛洛庞帝经常回忆这段时期就像开车时旁边坐了一只大猩猩。每次因为违反校规被学校叫停时，威斯纳都支持他，让管理者不要阻拦。有远见的学校前院长和激进天才尼古拉斯·尼葛洛庞帝这个神奇的组合，为媒体实验室的建立铺好了道路。

媒体实验室创立之初，尼葛洛庞帝和威斯纳为实验室争取到的专业，包括一个可以授予硕士学位的专业，一个建筑与规划学院的媒体艺术与科学专业下的博士项目。这是一项关键的创新。麻省理工学院非常重视动手实践，学院的院训是"既学会动脑，又学会动手”，而媒体实验室在实践中学习的道路上走得更远。实验室成立后，媒体艺术与科学专业几乎取消了所有课程，却建立了一个新体系，其中研究项目成为学生和教师学习的方式，即通过建构而不是教导来学习。

教育方法领域十多年的研究表明，脱离情境的学习十分困难，但实际中我们就是通过课本和设置抽象问题来教学生的。我们要求考试时不能“作弊”，面对抽象问题，学生要给出“正确”答案，尽管有证据表明让学生们在考试中合作可以提高学习的效果。[17] 我们教儿童（也包括成年人）要守时、顺从、不出格和守秩序。我们不鼓励玩耍，或将玩耍归入休息时才能做的事。我们将数学和科学视为“严肃的工作”，而当学生们不想从事科学、技术、工程和数学领域的工作时，我们只能集体紧握双拳、无能为力。而当雇主被问到招聘时最看重什么时，他们总是会列出这几项，比如创新能力、社交能力、创造力、热情和兴趣。

实际上，现如今，我们几乎一直能联网，我们的相互合作成了默认设置。随着机器人和人工智能越来越强大，重复性工作外包到海外，之后又移入数据中心，创新能力已成为我们生活中极其重要的一部分。

事实证明，物质奖励以及压力可以提高人们解决渐进式和线性问题的速度，但当需要找到创新解决方法、设想非线性的未来情景时，这些压力却使人们解决问题的速度放缓。[18] 对于这些问题，玩耍能起到更重要的作用。当问题不再是提供一个“答案”，而是设想一个全新的东西时，对于这些答案，玩耍能起到更重要的作用。[19]

未来，我们会和增强我们智能和体能的人工智能以及机器人一起发展并持续互联。为什么要让这样的教育系统继续运转？这样的系统努力把人类编程为为工厂取得成功的人肉机器人，而非在后工业前、人工智能时代取得成功。为什么不让人类充分释放懒散、感性和有创造力的本性，并结合未来的人工智能以及机器人，一起创造未来的劳动力？

附言：当理论失灵

相当多的理论存在致命性错误。1347 年的早秋时节，一艘不起眼的船溜进西西里岛上的墨西拿港。地中海沿岸每个港口都有热那亚商人，但这艘船上的水手携带了一种不受欢迎的货物——导致黑死病的病毒——鼠疫杆菌。一年内，这场瘟疫横扫欧洲，城市和乡村一半人口因此丧生。和现在一样，恐慌的人们向专家求助答案。在 14 世纪，和世界卫生组织（WHO）功能最相似的是巴黎大学医学院的老师们。1348 年整个糟糕的夏天，这些医学界杰出人物进行了研究和辩论，在随后的 10 月出版了《瘟疫的科学解释》(Scientific Account of the Plague)。[20]

这份报告的前半部分调查了当时被称为“这场巨大死亡”的致病源。“1345 年 3 月 20 日午后一个小时，宝瓶座发生三星连线”。火星和木星连线“引发空气中弥漫的致命腐败”，从西西里岛传播开来肆虐欧洲其他地区。作者指出，高危人群包括那些“身体……是湿热的”，以及“锻炼、性生活和洗澡过于频繁的人生活方式不佳。”

时隔 7 个世纪，再看这些严肃的声明，我们会诧异。但更令人吃惊的是，巴黎大学的报告是一部缜密的、经过深思熟虑的学术作品，是人类知识受限于某种理论教条的绝佳表现。1348—1350 年共出版了 24 本有关瘟疫的科学小册子，很多都是当时的主流知识分子所著。没有一本小册子的结论接近病菌感染是根本原因；第一台显微镜在 300 年后才出现。也没有小册子指出老鼠或跳蚤是疾病快速传播的原因。

然而，这些小册子认真地引用了之前的相关作品，作者包括亚里士多德（Aristotle）、希波克拉底（Hipporates）以及中世纪伟大的哲学家艾尔伯图斯·麦格努斯（Albertus Magnus）。那时的病理学理论很大程度上以一千多年前的理论为基础，结合星相学和“四种体液”观点，形成一套连贯的系统。在这个系统中，这些小册子的作者们是正确的。他们正确地使用了错误的方法。当时的学院并不鼓励直接观察，且仍然无法摆脱天主教严苛的教规影响。取代了任何经验主义的基础，很难分辨这些“空中楼阁”是否连着可证实的真理。

我们很容易得知，启蒙后的时代不会得出这样的愚蠢的结论，事实上很多证据指向相反方向。1996年，一位名叫艾伦·索卡尔（Alan Sokal）的物理学家向《社会文本》（*Social Text*）提交了一篇论文，《社会文本》是新兴文化研究领域倍受尊敬的学术期刊。这篇名为“超越界线：走向量子引力的超形式的解释学”的论文提出，量子力学实际是社会学和语言学的概念。很显然，索卡尔的论证给期刊编辑留下了深刻印象，他们在春夏季期刊上刊载了这篇论文。

问题是，据索克尔所言，这篇论文根本就没有得到论证。这只是一个实验，“一本文化研究领域的北美主流期刊是否会发表这样一篇充满胡言乱语但看上去内容不错、吹捧编辑意识形态认知的文章？”答案确实是肯定的。用他自己的话说，索克尔的论文不过是将后现代理论的“摇滚巨星”雅克·德里达（Jacques Derrida）和雅克·拉康（Jacques Lacan）的内容拼接在一起，“通过含糊地引用‘非线性’‘流动’和‘互联性’，将它们组合在一起”。索克尔在一篇文章中指出，上述这些没有一处“符合思维逻辑；只有对权威理论的援引，文字游戏，牵强的类比以及站不住脚的论断”。讽刺的是，如同从星相学的角度解释黑死病，索克尔的论文并非彻底错了；论文在连贯的、故作深奥的思维体系中是正确的，就像使用了偏远小岛上通用的语言而赢了辩论。

所有这些并不是要质疑“理论”在一个半世纪的知识传播中所发挥的核心作用。但理论本身是有诱惑力的，也是危险的。“实践”必须贯穿“理论”，就像“理论”必须贯穿“实践”一样。在快速变化的世界中，这一点前所未有的重要。未来的科学发现一定会检验我们最看重的主张。当证据表明我们只不过是围绕恒星运转的一个星球时，我们要确保自己不是下一个梵蒂冈罗马教廷。

——杰夫·豪

Div

Abili

7

多样性优于能力

7 多样性优于能力

2011年秋季，《自然——结构与分子生物学》杂志刊发的一篇文章表明，经过10多年来的不断努力，研究人员最终成功破解了类似艾滋病病毒的逆转录病毒所使用的蛋白酶结构。[1]人们普遍认为，这一成就是一项突破，但除此之外，这篇文章还有其他一些地方令人感到惊讶。为这一发现做出贡献的国际团队名单中，一个名叫“蛋白质折叠游戏（Foldit）虚无之客小组”的团队被列入其中。该小组是一个电子游戏玩家团体。

“蛋白质折叠游戏”[2]是华盛顿大学一群科学家和游戏设计者开发出来的一项新奇试验，它要求游戏玩家确定蛋白质在酶中的折叠结构。有些玩家还在上中学，而且很少有人拥有科学背景，特别是微生物学背景。数小时内，成千上万的玩家彼此竞争（并且相互合作）。三周过后，他们在微生物学家和计算机未能取得成功的领域获得了成功。该款游戏的共同开发者之一戴维·贝克（David Baker）当时表示：“游戏玩家解决了长期困扰科学界的问题，这还是第一次听到。”[3]

例子不胜枚举。蛋白质折叠游戏不断成功地描绘出其他高度复杂的酶的精准模型。其他一些研究项目也采取了类似方法，从简单的数据收集到复杂的问题解决等，通过大众来执行各种各样的任务。“蛋白质折叠游戏”的另一名共同开发者阿德里安·特勒耶（Adrien Treuille）继而开发了另外一款类似的游戏“Eterna”。在该款游戏中，玩家要设计合成RNA。[4] Eterna的品牌口号十分准确地描述了这一项目的核心前提：“解决谜题和发明药品。”参与Eterna游戏设计的顶尖科学家们设计的方案之后由斯坦福大学进行合成。

蛋白质折叠游戏和本章谈论的其他成就可能将会给我们应对疾病的方式带来革命性变化。但与此同时，它们也呈现出了另一种情形：人们意识到，传统的管理实践经常会在“谁最适合做哪项任务”上大错特错。至少在纳米生物技术领域，将人才与任务匹配的最佳方式并非是让学历最高的人承担最困难的任务，而是要观察成千上万民众的行为，并确定谁最具备完成该项任务所需的潜质。

设计蛋白质折叠游戏的华盛顿大学游戏设计师佐兰·波波维奇（Zoran Popović）说：“或许你认为，生物化学专业的博士生十分擅长设计蛋白质分子。”然而，情况并非如此。“生物化学家擅长其他事情。但蛋白质折叠游戏需要范围更窄、更深入的专业知识。”

一些玩家拥有识别图案的天赋，大多数人则缺乏这种与生俱来的空间推理能力。波波维奇说，另外一些人有特殊的社交技能，他们通常是那些“没上过高中的老奶奶们。她们擅长让人们摆脱困境，让人们用不同的方式去解决问题”。但有哪家大型制药公司会想到聘用未受过多少教育的老奶奶呢？（如果美国礼来制药公司的人力资源部重新考虑、调整招聘策略的话，我们知道有少数老年人是需要工作的。）

特勒耶注意到，他和Eterna小组的其他同事能够“筛选掉数十万擅长解决困难题的人”。换句话说，他们能够以十分高效的方式找到合适的人完成相应的任务，这并非基于某人的简历，也不是基于“自我选择”的魔力，而是基于游戏生成的成千上万数据点实现的。[5] Eterna 颠覆了人们对劳动力的最佳分配方式是命令——控制式管理这一资本主义核心假设的认知。Eterna 依赖的是以往被低估的特性——多样性。的确，在互联网出现之前，人们通常认为这很难实现。

2006 年 6 月，杰夫为《连线》杂志撰写了一篇题为“众包崛起”的文章。[6] 这篇文章援引图库摄影和客户支持等产业的证据并提出，一种全新的经济生产方式已经从开源软件、维基百科以及数字照相机到台式实验室设备等技术工具价格的大幅下降的肥沃土壤中孕育而生。杰夫在文章中写道：“业余爱好者、兼职者的努力突然有了市场，聪明的公司发现了利用潜在大众人才的方式。劳动力并不一定是免费的，但成本要比传统的雇员低得多。这并不是外包，而是众包。”

杰夫与《连线》杂志编辑马克·鲁滨逊在一段玩笑中提到的“众包”一词很快就为人们所接受。最初，“众包”这一概念被广告和新闻等行业的人士接受，因为这一概念根植于这些行业，后来又为普罗大众所接受（这个词语 2013 年首次出现在《牛津英语词典》中）。[7] 作为一种商业实践，众包已成为科技、媒体、城市规划、学术界等领域的标准程序。

与最初的宣传不同的是，众包并非数字时代的万灵丹。但当众包发挥作用时，会显现出近乎神奇的功效。美国国家航空航天局（NASA）、乐高集团（LEGO Group）和三星等公司将公众的贡献融入商业运营的核心之中。在这一过程中，它们重新确定了传统上将生产者与消费者严格区分开来的边界。现在，这已是一层可穿透的边界、思想和创意，甚至是类似于长期战略这样重要的任务都可以通过众包来实现。

这一做法的理论基础在于复杂系统这一新兴学科，众包的“精灵之尘”效力在很大程度上是多样性作用的结果，它在任何大型组织中都会自然地出现。

科学一直都在利用不同类型的知识体系，有效地提取不同学科中存在的多样性。最著名的一个例子便是“经度奖”。1714 年，英国议会拿出一万英镑来奖励能够找到确定经度方法的人。一些顶尖的科学家将大量精力花在解决这一问题上。但最终自学成才的钟表匠约翰·哈里森（John Harrison）获得了奖金。[8]

当然，业余人士一直在为天文学、气象学等依靠大量观察的学科做贡献。但在互联网出现之前，公众很少有机会为其他领域的知识创造献策献力。近年来，许多公司、个人和学术界开始利用全球通信网络汇集智慧，并用于解决单个问题。更重要的是，提高公司或学术实验室通常所缺乏的认知的多样性。

美国礼来制药公司于 2000 年创办了 InnoCentive，该公司的商业模式就是为客户提供高度多样性的知识。InnoCentive 将大公司、商业研发实验室以及医学研究倡议遇到的难题公布在网络公告站上。来自大约 200 个国家近 40 万的专业人员和业余科学家经常访问该网站，其中有超过一半的人居住在美国以外的国家。[9] 这些问题并不是普通的科学难题。你绝对不会想到像默克公司这样的跨国制药企业内，成千上万名化学家都无法解决的化学问题，某个得克萨斯大学一年级电子工程系学生能解决。

尽管如此，每个人都可以发布自己的解决方案。如果该方案切实可行，发布者就将得到奖励，奖金通常在1万美元—4万美元。InnoCentive公司表示，大约有85%的问题最终得以解决。鉴于挑战的难度系数，这样的成功率已经算是高的了。但值得探讨的是谁解决了难题，以及他是如何解决这些难题的。根据哈佛大学商学院的研究，成功的解决方案与研究人员卡里姆·拉哈尼（Karim Lakhani）口中所称的“领域差距”存在正相关关系。说白了，越是外行的人，越可能解决这一难题。[10]

解决难题的人中超过60%拥有硕士或博士学位，而更令人惊讶的是，将近40%的人并没有这些学位。事实上，解决最多难题的人类似：加拿大一名杂务工，他为了照顾父母而退学，中断了攻读粒子物理学的博士学位。

这听起来也并没有那么令人惊讶。InnoCentive公司公布的挑战通常是聪明的人不能解决的难题。如果一家大型消费品公司想以最低的成本生产化合物，它可能会让公司最优秀的化学家应对这一挑战。我们一般都会相信，某个学科领域内最聪明、接受过最好训练的人最有能力解决自己专业领域内的问题。的确，通常是这样的。当他们失败时（他们偶尔是会失败），我们会想寻找一名能力更强的，即类似的其他高水平专家。但是，自我复制是高能力的天性，同此前的专家一样，新的专家团队也是在相同的顶尖学校、机构和公司接受训练。这两组同样能力超群的专家团队会用相同的方法去解决问题，产生同样的偏差、盲点和无意识倾向。《差异：多元化如何仿造出更好的组织、公司、学校和社会》（*The*

Difference: How the Power of Diversity Creates Better Groups, Firms, School, and Sociaties）[11] 一书的作者斯科特·E. 佩奇说："能力很重要，但其边际效应会递减。"

所有这些看上去似乎有些令人兴奋，但对于我们如何分配知识资本以及如何让知识资本自由分配有着潜在的影响，就像 InnoCentive 或 Eterna 的项目一样。鉴于越来越多的研究表明，多元化的团队在大多数领域内更具生产力，[12] 多样性正在成为学校、公司以及其他机构战略发展的要素之一。多样性或许是好的政治、好的公关的特征，它依赖于个体对于种族和性别平等的责任感，或许会对精神有益。但身处挑战可能极端复杂的时代，多样性同样也是好的管理方式，这与多样性被认为要以牺牲能力为代价的时代迥然不同。

种族、性别、经济背景、规则训练都很重要，但仅仅因为，它们是产生认知多样性的密钥。此外，佩奇在给我的电子邮件中说，由于我们无法预知这些多样性的背景、教育经历或知识倾向中哪些会产生突破，"我们应该把我们的差异当作某种才能。而借助这种才能获益则需要耐心和实践"。这会带来挑战，因为无论其优势是什么，多样性是我们通常难以培养的能力，其重要性也不仅仅局限于商业领域。

2015 年 4 月 20 日，《纽约时报》揭示了一个令人不安的人口学秘密。大量非裔美国男性似乎消失不见了，该数量要远大于寻人的数字。人口普查数据通常不会成为令人震惊的头条新闻，但这一条却引起了大多数普通读者的注意："150 万黑人男性消失。”这条新闻是《纽约时报》数据新闻组的调查结果，你无须成为一名调查记者便能发现2010年人口普查数据中的异常。当时，只有大约700万24—54岁的黑人男性未登记，同年龄段的黑人女性则为850万。

“消失”一词会刺激到人们的神经，却能够说明问题。很明显，150万美国人不会平白无故地突然被外星人绑架。但他们还是不见了。他们不在教堂，不在厨房，也没有在帮孩子做家庭作业，或在做饭前准备。他们中有大约60万人在监狱中。其他的90万人呢？其中一小部分当时或许无家可归，还有一部分在海外执行军事任务。但目前，绝大部分似乎都已因为心脏病、糖尿病以及最糟糕的流行病——凶杀而死亡，有大约20万黑人男性在人口学家所称的“黄金年龄”遭遇凶杀身亡。

美国黑人女性可能居住的社区男女比例中位数为43 ： 67。《时代周刊》发现，密苏里州弗格森市的性别差距最为悬殊。2014年，这里的警察射杀一名手无寸铁的黑人青少年，之后引发了“黑人的命也是命”运动。在北查尔斯顿，性别差距更大，该地的警察也曾射杀一名手无寸铁，名为沃尔特·斯科特（Walter Scott）的非洲裔美国疑犯，当时他试图逃跑。

许多人的离开会使得已面临学校、企业、社会结构挑战的社区陷入瘫痪。芝加哥大学两名经济学家最近的研究发现，[13] 性别差距会影响男性的责任感和组建家庭，因为他们无须为妻子或伴侣而努力竞争。这反过来则会进一步催生导致黑人男性消失的因素，如帮派暴力活动增多、无保护性行为、自杀等。大规模黑人男性消失的恶性循环会把这些社区变成行尸走肉一般。

人们很难不受这些负面因素的影响。尽管经历了几代人的改革运动，推行了有效的政策，然而陷入困境的社区面临的问题依然顽固地存在，包括教育失败、青少年早孕、营养不良等。这些在头条新闻轮番出现，使我们甚至忘了每一个受害者、行凶者、旁观者他们都是某人的兄弟、姐妹或孩子。

然而，让我们变得无动于衷的力量似乎比激励我们采取行动的力量要更为强大。1938 年，在“水晶之夜”事件（至少有 91 名犹太人遭屠杀，超过 1 000 座犹太教堂被毁）发生后不久，一位心理学家采访了 41 名纳粹党员。他发现，只有 5% 的受访者认可种族清洗。[14] 自此之后，德国人一直努力探寻罪恶与共犯的答案。一种观点认为，纳粹掌权以及此后的罪行都是当时特殊的时间和地点等导致的不可复制的产物。这是一个军国主义国家被《凡尔赛条约》所羞辱并因此而贫困不堪，引发了暴动、混乱的局面和绝望的情绪。希特勒正是从这片废墟中走出来的，这个独裁主义者提出要恢复秩序和实现国家救赎。希特勒实现了这些承诺，当他的虚无主义意图变得明显时，再反对他已经太迟了。这个故事让许多人感到慰藉。它讲述了足够多的真相而变得令人信服；它赦免了那些低头祈祷其他人会杀死那个疯子的人；它告诉我们存活着的人，这不会发生在我们身上。

除非它正在这里发生。我们设想将聆听到历史的召唤。当历史没有召唤时，我们回到日常生活中，我们的道德精神完好无损。但历史或许不会召唤，或者你必须仔细聆听才能听到召唤。将多样性置于感知之上——无视肤色的能力评估，但其实社会从来就没有真正做到过无视肤色——承认战略性要务不会成为社会再分配的唯一标准。办公室员工、卡车司机和医院候诊室里的病人，千禧一代越来越感觉到，正确、获益、有才能并不够，你还必须要做事公正。

指控任何一人与造成100多万人消失不见有关，并非小事。这么做忽略了这个形象模糊的人作为兄弟、父亲、儿子们的特征。我们在一生中都会发挥能动性，但在我们所处的社会中，能动性并不是一种平均分配的能力。本书无法描述种族主义的起因和后果。有两项统计数据足以说明问题：1934—1962年，美国联邦政府提供了1 200亿美元的住房贷款。正如梅尔文·L. 奥立弗（Melvin L. Oliver）和托马斯·M. 夏皮罗（Thomas M. Shapiro）在他们1995年的著作《黑人财富/白人财富》（*Black Wealth/White Wealth*）中所说："这是美国历史上规模最大、以民众为基础的财富积累。"它带来了数万亿美元的资产，并最终转化成为不同的用途：选择上一所好大学，参加无薪实习，聘请一名好律师将一个前程似锦却偶尔犯糊涂的青少年弄出监狱。这些贷款中有98%流入白人家庭。到1984年，美国白人中产阶级家庭的净资产为9万美元。而黑人中产阶级家庭则不足6 000美元。在接下来几十年中，房地产价格持续上涨，财富差距进一步拉大。到2009年，白人中产阶级家庭资产达到26.5万美元。黑人家庭呢？只有2.85万美元，几乎是白人家庭的1/10。

肯尼迪大法官在推翻同性婚姻限制的"奥贝格费尔

诉霍奇斯案”给多数派意见判决书中写道：“非正义的本质就在于，我们在自身所处时代并不一定会发现它。”[15] 但在2016年，必须承认，我们比之前更清醒。由于20世纪的种族屠杀仍然鲜活地存在于我们的集体意识中，种族主义的恶果每天都会出现在头版新闻中，我们既不能自称无辜，也不能自称无知。

我们也远比历史上任何一个时刻都更加清楚地明白历史将如何评价我们。在美国南北战争爆发前几年，美国神学家、废奴主义者西奥多·帕克（Theodore Parker）在他的讲坛发表了如下言论：

> **我不想假装理解世界的道德；**
> **天际广阔，我极目眺望，视野仍然有限；**
> **我无法计算世界的弧度和广度；**
> **只有遵循着良知的指引。**
> **就我所见所识，我肯定，它指向正义。**

百年之后，马丁·路德·金会改写帕克的话，将道德之弧（moral arc）的概念注入我们的集体意识中，“人人享有公正”的观念尽管还未被广泛接受，但一定会实现。

在对人类暴力史的研究过程中，哈佛大学心理学家斯蒂芬·平克（Stephen Pinker）发现，道德之弧的确很长，但它最近的反应速度变快了。平克在其著作《人性中的善良天使》[①] 中整理

---

① 《人性中的善良天使》由中信出版集团于2015年出版。——编者注

了数个世纪的犯罪和战争数据，这些数据表明自中世纪结束后，人类变得更加平和；仅举一例，在斯堪的纳维亚半岛，谋杀率从平均每10万人中有100名凶杀犯下降到了每10万人中仅有1名凶杀犯。平克认为，这种平和一定程度上归功于他口中所称的“不断扩大的同情圈”。我们曾经把爱和关心留给亲属，后来我们学着把它们扩大，直至覆盖整个部落。此后，我们接受了村庄的概念。到19世纪，普通人会尝试包含与自己的种族、宗教、信仰类似的人以及同一国家的人。随后，发生了失控的第二次世界大战，它给人类上了一堂与国家同情心有关的课。在这一集体创伤后，社群主义的同情圈开始了最快的扩张期。在德国路德教会牧师、纳粹集中营幸存者马丁·尼莫拉的诗《我没有说话》中可以读到经典的表述：

起初他们追杀共产主义者，
我没有说话——
因为我不是共产主义者；
后来他们追杀工会成员，
我没有说话——
因为我不是工会成员；
接着他们追杀犹太人，
我没有说话——
因为我不是犹太人；
最后他们奔我而来——
却再也没有人站出来为我说话。

换句话说，如果打赌我们将为所处时代的不公正承担责任，实际上的风险并不大。2016 年的选举季引发了对政府被动式刑事司法政策的再评估，这一政策导致超过 200 万美国男性入狱，其中 37% 为非洲裔美国人。不难想象，未来的历史学家们会得出结论，国家的决策者们创造了一个联邦政府授权的系统，让一个种族代代贫困下去，将因此导致社会紊乱的行为定罪，之后再推行旨在让那些出身贫困的非白人略感宽慰的举措，而那时其他国民仍然不确定应该将同情的目光投向哪里。

当然，许多人、许多机构，甚至许多州也得出了相似的结论：大学和工作场所的多样化是正确的做法，也是明智的做法。在美国，少数族裔占总人口的 37%。没有任何机构能够达到这一比例，但这并不意味着人们没有努力。科技行业和媒体行业在员工队伍多样化方面取得了微小进步，但董事会和高管层并没有什么变化。截至 2014 年年底，谷歌、雅虎、脸谱网三家公司加在一起只雇用了 758 名非洲裔美国人。美国科技行业的领导中非洲裔美国人的比例不足 3%。性别差距同样很糟糕。推特公司的性别差距尤其明显，女性在该公司的技术岗位中只占 10%。推特的高管层对这一现象毫不关心，在 2015 年 7 月万众瞩目的性别歧视案审理过程中，公司甚至还举办了一场“兄弟会派对”。

值得赞颂的是，大型科技公司付出了真正的努力，让更多少数族裔和女性进入它们的公司。这些公司声称，他们的成就有限更多是因为可以招聘的、符合岗位要求的应聘者渠道不多，而不是因为公司缺乏相应举措。然而，据诸多进入这些企业的女性和少数族裔程序员所说，可以发现更大的障碍可能是存在“技术员应该长什么样子”的无意识偏见。

媒体实验室也经历过这方面的考验，曾经困扰推特或脸谱网等公司打造多元化的社会动态和无意识偏见也同样困扰着它。同其他事情一样，媒体实验室的申请流程也别具一格。申请硕士学位（媒体实验室不授予本科学位）的学生们要申请媒体实验室25个研究小组中的3个。是否录取很大程度上取决于负责这些小组的教职人员。直到最近，对于最终录取的女性和少数族裔的人数仍无人监管。

在伊藤穰一担任媒体实验室主任的最初几年间，这种被动应对带来了可预见的后果。2012—2013学年度，共有136名学生被录取。其中有34人为女性，5人为少数族裔。接下来的下一个年度，情况有所改善，55名学生中有20名女性和7名少数族裔。伊藤穰一一直声称，多样性是他担任媒体实验室主任期间的核心使命之一，他也迫切想让这一比例更加均衡。他实施了一个新举措——设了一个新岗位，即负责多样性和学生管理的助理主任，他同时也鼓励媒体实验室的多样性委员会发挥作用。

在接下来的几年，媒体实验室推行了一系列项目来解决不平衡问题。首先，他们采取了极为积极的举措，找出潜在申请者，让已经入学的学生一对一，帮助他们完善申请材料。此外，他们还发出了几个倡议，向潜在的学生宣传媒体实验室的文化和宗旨。媒体实验室的这些做法反映了高等教育界在缩小文化差距方面所做的努力。这一文化差距使得来自经济不发达社区的成绩优异者不能申请知名院校，原因很简单，要么是没有人知道他们的成绩和考试分数有可能会被录取，要么就是没有人告诉他们为什么这些学校的项目与他们的目标一致。

从某种程度而言，媒体实验室的努力卓有成效。尽管仍然未达到目标，但媒体实验室项目录取的人中女性和少数族裔的人数有了显著的增长，即使各个研究小组的录取人数存在不同。少数族裔申请者的比例一直稳定在 6% 左右，但在 2016—2017 学年度录取的硕士生中，少数族裔的比例达到了 16%。在 2016 学年硕士生录取的人数中，女性的比例达到 43%；女性在博士生中的录取比例更是达到了 53%。

新一级学生以及教职人员都感受到了文化变革，他们感觉到，媒体实验室已经成为一个更加有趣的地方，包含更多的可能性，即便它是一个以鼓励不拘一格的研究兴趣而著称的学术机构。实际上，不仅是媒体实验室如此做了。这一变化很难量化，但可以肯定的是，这一感受与近年来研究多样性影响的结果一致。几年前，“贝当古小组”曾研究性别多样性对合成生物学项目的影响。他们最初的发现并没有令人感到鼓舞，只有 37% 的合成生物学家是女性，这一数字与相关的科学学科相一致。但当他们深入挖掘数据时，情况变得乐观起来。在过去 4 年间，参加国际遗传工程机器大赛的女性数量出现了大幅增长。此外，性别比例更均衡的团队表现优于那些女性人数更少的团队。好的结果是，我们发现类似的事越来越多。

一个更多元化的圈子会让我们所有人都获益。

附言：差异化带来的不同

2007—2008 年的大部分时间里，我都在写一本关于众包的书。找到引人入胜的案例研究并不难。自从《连线》杂志刊发了我最初撰写的有关众包的文章之后，一系列野心勃勃（通常考虑不周）的初创公司如雨后春笋般出现。然而，很少有严谨的研究人员研究导致众包行为成功或失败的群体行为。斯科特·E. 佩奇对多样性运行机制的研究是一个转折点。多样性不仅仅是一个基本准则，或者某些人力资源演示文稿中无关紧要的要点，它更是一个聪明的战略。

佩奇和其他研究人员以及学者向人们展示了一点，无论是对雇主还是雇员、管理人员还是工作人员，多样性都将带来全面的好处。拥有不同知识背景员工的机构似乎在解决问题时会更有优势。在次贷危机以及由此引发的经济衰退时期，这似乎是尤为宝贵的信息。许多行业都遭遇了财富的缩水，但与房地产业（住房需求总会恢复）不同，媒体行业遭遇经济学家（以及更多的记者观察家）口中所称的“周期性影响”和“长期阻力”。也就是说，媒体行业甚至在大衰退袭来之前便已陷入困境，因其阻碍创新和不同的商业模式，使得它很难走上强劲复苏之路。

这看上去似乎是那种你想让最优秀的（即最多样化）团队去面对的问题。但不幸的是，这已经难以实现。多样性于 2006 年达到了巅峰，当时有不到 14% 的记者是少数族裔（与之相比，37% 的美国人口是少数族裔）。[16] 而且，这并未增加少数族裔的读者数量。多样性成为我们最近遭受的衰退的最大受害者——“最后雇用，最先解雇”，这意味着当资本流出时，为了实现并改善新闻采编室多样性而招聘的人是首批被辞退的。少数族裔更可能在线阅读新闻，但他们不太可能发现自己或自己所在的社区在报道中是典型的代表。在网络新闻协会中和数字新闻领域，问题变得更加糟糕，媒体传统上的一元化和硅谷压倒性的白人男性文化结合在了一起。

当光景好的时候，媒体行业会尽最大努力招募女性和少数族裔，但我们未能进一步探究，为何只做到增加的多样性比例仅为个位数。这或许是最大的败笔，或者至少是最大的想象力失败。这正是我们现在应该集中精力去努力的领域。与其从“管道”出口的优势地位哀叹“管道”的内容，我们应该去探究“管道”的源头——从上游进行招募。美国东北大学媒体创新项目的未来目标之一便是在达德利广场等社区留下足印，并启动一项为期 8 年的导师计划，教授各个媒体领域内的非虚构类讲故事技能。这一愿景在很大程度上受到了 OneGoal 项目的激励，后者是芝加哥的一个项目，它的口号表达了所有意思：“大学毕业。句号。”

如果该项目获得成功，媒体创新项目未来一天会变成有三条腿的高脚凳：第一，来自美国东北大学的本科生和硕士生；第二，新闻专业教师队伍，以及相应的研究员项目，用办公室空间和奖金来吸引专业人员教授一个学期或两个学期；第三，达德利广场一些临街商铺的导师计划项目，已经在地区中学内迈出了第一步。那些对非虚构类讲故事（纪录片、调查报道、播客、漫画新闻等）技能感兴趣的孩子们将获邀参加以 OneGoal 为基础的、为期

8年的导师计划项目。

理想情况下，如果依然能够实现健康增长，甘尼特集团（Gannett）或先进出版公司（Advance）或其他巨头将会打造一系列类似项目。现在，更可能的情况是，类似于谷歌这样的公司会投资这样的项目。当然，这似乎不太可能实现，但谷歌会利用我们的内容来推广很多广告，硅谷和美国新闻编辑室都将从一个更丰富、更加多样化的人才“管道”中大大获益，比如程序员和记者等。

——杰夫·豪

Resil-

ove

Stren

8 韧性优于力量

ence

gth

8 韧性优于力量

孩子，钢铁不强，
血肉之躯更强！

——图尔萨·多姆（Thulsa Doom）
《野蛮人柯南》（*Conan the Barbarian*）

“**韧**性优于力量”原则的经典例证便是芦苇和橡树的故事。飓风肆虐时，钢铁般结实的橡树被连根拔起，而柔软、极具韧性的芦苇弯下了腰，待飓风过去后又迅速生长。在对抗的过程中，橡树已经注定失败了。

通常而言，大公司就像橡树，自身变得强大以抵御失败。它们储备资源，实施层级管理、僵化的发展模式和五年计划，旨在使自身免于混乱。换句话说，它们认为相比风险，安全更重要；相比拉力，推力更重要；相比涌现，权威更重要；相比违抗，服从更重要；相比指南针，地图更重要；相比系统，个体更重要。

然而，在互联网时代成长起来的软件公司采取了不同的方式。它们处在全新的领域，周围的变化也很快，以至于它们的前任小心谨慎的风险规避会令公司在发展过程中陷于困境，而此时竞争对手却迎头赶上。结果，它们经常面临失败，但是它们的原始投资非常少，因此能够从失败中学习经验继续前进。

视频网站 YouTube 是践行该方式的绝佳例子。在其最早的迭代中，YouTube 还是一个叫作“收看约会”（Tune in Hook

Up）的视频约会网站。它失败了，但它的原始文件在互联网档案馆（Archive.org）上被保存了下来，最早抓取的 YouTube 网站信息包括菜单选择“我是男性 / 女性，寻求 18—99 岁的男性 / 女性”。[1]

然而，YouTube 的创始人已经意识到互联网需要的不是另一个约会网站，而是一个分享视频内容的网站。从某种程度上来说，2004 年发生的两件大事启发了他们。一个是珍妮特 · 杰克逊（Janet Jackson）在“超级碗”（Super Bowl）上的“走光”事件；另一个是印度洋海啸。这两个事件的视频有成千上万个，但很难找到视频所属的网站，而且这些视频太大了，不能作为邮件的附件发送。[2]

查德 · 赫利（Chad Hurley）、陈士骏（Steve Chen）和乔德 · 卡林（Jawed Karim）于 2004 年 2 月 14 日注册了 YouTube 网站，同年 4 月，该网站上线。第一个上传的视频时长只有 23 秒，主角是卡林，他站在圣地亚哥动物园的大象围场前。[3] 2006 年 10 月，三人将其创立的网站以 17 亿美元的售价卖给了谷歌公司。

从传统角度看，YouTube 的起家并没有强大的基础。它只有三个成员，其中一个在网站上线之前就回校了，没有承担任何管理责任。YouTube 最初的资金来源是易贝（eBay）收购其前雇主贝宝（PayPal）员工时，得到的回报。他们没有商业计划书、没有专利权、没有外部资本，但这恰恰使他们在原有想法失败时，能够自由地变换业务领域。

即便是一个基本任务永远不变的组织也可以选择“韧性优于力量”，只要保持低成本，它就能起死回生。1993 年，身在东京的伊藤穰一将洗手间变成了日本首家商业互联网服务供应商IIKK（后改名为日本PSINet）公司的办公地点。公司大多数设备都是陈旧的，其中一部分已出现故障。服务器过热时，他们只能通过吹风使其降温，直到新的风扇送到。

一家有着固定标准和高额开销的老牌电信公司永远不会使用这样的临时设备，传统企业总习惯于高成本运营。PSINet花数千美元制造的东西，电话公司就得花数百万美元。但当其设备出现故障时，日本PSINet能够好转；当需求增加时，它能够迅速扩张。在一年的时间里，PSINet的办公地点已经从伊藤穰一的洗手间搬进了一间真正的办公室。即便其位于弗吉尼亚的母公司因过度扩张而陷入破产，它还在继续赢利。[4]于1989年创立PSINet的比尔·施拉德（Bill Schrader）后来说道："公司发展得太快了。我们没必要一次打入三个国家，我们可以只打入一个。虽然会落后一些，但那样的话，至少我们现在仍在运营。"[5]

简言之，PSINet用早期的"韧性"换来了快速的增长。作为一家有着数十亿美元负债的上市公司，它已不再具有从2001年互联网泡沫后东山再起所需的韧性。

有足够韧性的机构不仅能顺利从失败中恢复过来，而且还得益于免疫系统效应。正如健康的免疫系统通过发展对抗病原体的新预防措施以应对感染一样，一个有韧性的组织会从错误中学习并适应新环境。这种方法帮助塑造了今天的互联网。互联网并没有为每一个可能出现的攻击或失败做计划，而是通过应对和学习此前出现的攻击和安全漏洞，生成了免疫系统。在早期，失败的代价还较小时，这给了它所需的韧性，使得它无须增加成本就能生存下来。然而，即便是恶意攻击和偶然失败的成本上升，这一灵活免疫反应仍将继续增强网络的韧性。[6]

假以时日，注重韧性优于力量策略还能帮助机构开发更加活跃、强健、有活力的系统，该系统更能抵御灾难性故障。因为它们不在预测未来上浪费资源，不在不必要的手续和程序上浪费过多的时间或精力，它们能确立机构健康发展的基线，帮助它们度过意想不到的风暴。对于互联网初创公司和软件公司是这样，对于硬件公司、社会组织和非营利组织亦是如此。在所有这些领域中，创新成本以及由此带来的失败成本正在迅速下降，以至强调力量优于韧性或许已不再有意义。

当然，上述这些不是为了说明创新者及其所在的机构不应该规划未来或预测潜在的问题。而只是简单地让你意识到，在未来某一时刻终会面临失败，最实用的系统能够快速革新重生。关键在于：当抵御失败的成本超过屈从于失败时，敢于承认这一点；保持韧性，即便公司处于蓬勃发展中。

●●●

“韧性优于力量”的重要性在网络安全领域表现最为明显。2010 年夏，一款全新的恶意软件样本（一个包含恶意代码的小文件，允许研究人员分析并战胜它）吸引了全球各地安全专业人员的注意。对于那些活跃在该领域的人来说，一些新的恶意代码已不是什么大事；据估计，安全行业每天都会观察约 22.5 万个恶意软件。然而，这个被称为“震网”病毒（Stuxnet）的特殊样本与以往的不同。这是人们首次发现针对用来控制如涡轮机和印刷机之类的工业机械的定制化软件的恶意软件。

经过数月坚持不懈的分析发现，针对数据采集与监视控制（SCADA）系统的代码有个非常具体的目的：中断核设施中铀浓缩的过程。当连接到系统的离心机达到特定条件时，恶意软件将强行改变电动机的旋转速度，最终导致离心机在其正常使用年限前几年便被毁坏。更重要的是，离心机不能正常地浓缩铀样本。恶意软件还巧妙地改变了发送回计算机的信息，使得人们在很长一段时间无法发现涡轮机已损坏。震网病毒的两项“伟大”能力，使其成为网络安全专业人员长期痴迷的对象：一是潜入高度安全的工业系统，二是潜藏多年不被发现。

然而，它也证明了为什么韧性总是优于力量：数字时代没有诺克斯堡（Fort Knox）。任何能被黑客攻击的东西都会在某一时刻被黑客入侵。可以这样形容震网病毒被公开时安全专家的震惊程度，你不妨这样想：核电站使用的数据采集与监视控制都是“与空气隔绝的”。这意味着它们和外界绝没有任何联系。当技术人员确实需要将数据导入或导出这些系统时，它们会使用受保护的闪存盘（USB sticks）。震网病毒要么是设法进入了核电站员工的驱动，要么是内部人员作案。分析师确定该软件的目标是伊朗的五座核设施，它是世界上公认最安全的地方，震网病毒这一“壮举”更是奠定了它在安全行业的地位。

震网病毒一直未被监测到，直至它毁坏近 1 000 台伊朗离心机，并使该国的核计划进程倒退数年。有趣的是，这些系统实际上根本不安全。震网病毒一旦经过了第一道防线，据说是无法突破的防线后，它便成为母鸡窝里的狐狸。而农民多年来一直在想为什么有那么多鸡不断消失。

以牺牲灵活性和韧性为代价而选择力量的弊端并不始于计算机系统。第一次世界大战后，法国人偏执地认为德国人会手持枪支入侵自己的国家，这一点可以理解。因此，1930—1939年，法国在与德国450英里长的边界上修建了一系列大规模防御工事——马其诺防线（Maginot Line），它宣称是滴水不漏的完美防御。正如任何一个孩子都会向你讲述的那样，德国人只是耸耸肩，绕到了防线后面。和钢筋、混凝土一起构筑这道防线的还有一定程度的"想当然"。首先，德国在两个西欧超级大国发生战争的情况下不会侵犯比利时或荷兰这两个中立国。其次，飞机，特别是轰炸机，将继续在现代战争中发挥次要作用。再次，没有必要修建可向任何方向旋转射击的大炮，因为德国人不可能攻破法国牢不可破的防御工事，而从防线另一边进攻。讽刺的是，马其诺防线确确实实没有被攻破。直到今天，它仍是一道不可穿越的栅栏。该防线的失败在于设计师没有想到如何以允许你继续战斗的方式输掉战斗，这恰恰是你能找到的关于"韧性"的完整定义。

"骗术"在震网病毒的案例中起着同样重要的作用。控制涡轮机的可编程逻辑控制器不仅缺少可以检测恶意代码的机制，而且也没有办法检测出伪造数据的做法。一旦震网病毒绕开了保证核设施安全的防火墙，它就所向披靡了。

缺乏想象力，无法抵挡坚不可摧的安全的诱惑，这不仅限于伊朗或核电站。信息安全领域内到处都是马其诺防线，尽管它们一再失败，未能克制住敌人。

今天，当我们想到网络安全时，我们马上就会想到计算机及其弱点，但是网络安全是从保护信息的基本需求演变而来的，这一需求可以追溯到最早的书面语言时代。几个世纪以来，人们或多或少地依靠密码学的科学形式来交换敏感信息。

20 世纪 70 年代以前，密码学在很大程度上是军事情报部门和受过一些教育的书呆子的游戏。后者包括约翰尼斯·特里特米乌斯（Johannes Trithemius），他是德国一座男修道院院长，他在 1499 年写了三卷《隐字术》（*Steganographia*）——伪装成魔法技能和咒语的密码学著作。它以手稿的形式流传，直到 1606 年一家法兰克福的出版商出版该书，一同出版的还有该书前两卷的解密密钥。约翰·迪（John Dee）在 1562 年追寻到了一个副本，他想当然地认为该副本是一个因占星术和天使而有可能的即时远距离通信的手册。（想象一下人类在互联网上会有的乐趣！）

另一个德国人沃尔夫冈·恩斯特·海德尔在 1676 年破解了特里特米乌斯的密码，但由于他使用自己的密码重新编码，没人能读懂它，直到美国电报电话公司实验室数学和密码学部门的数学家吉姆·利兹（Jim Reeds）博士和匹兹堡拉洛奇学院的德国教授托马斯·恩斯特（Thomas Ernst）博士在 20 世纪 90 年代解开了该谜团。根据利兹博士的说法，解码手稿最困难的部分是将老一代修道士的数字表格转录到他的电脑中，他告诉《纽约时报》的记者：

"毕竟过去500年里还是有进步的。"

加密技术日益复杂，联网计算机的速度、处理能力和普及速度的不断提升，这些进步已经改变了密码学，随之改变的还有远距离通信、货币交易以及现代生活的其他方方面面。

自密码学出现以来，密钥交换是最大的不便之处。现有的加密解决方案，从恺撒密码到英格玛再到一次性密钥，所有这些都要求发送方和接收方都有密钥的副本。然而，鉴于发送未加密密钥将使得窃听者用它解密其他后续信息，即便是电子信息也需要通过物理的方式交换密钥。这对于资金充足的政府和军事机构来说是一个问题。

惠特菲尔德·迪菲（Whitfield Diffie）在20世纪70年代初就密切关注这个问题，但他没有发现任何与他有共同兴趣的人，直到IBM托马斯·J. 沃森研究中心的一名密码学家建议他与斯坦福大学的马丁·赫尔曼教授交流。第一次会面后，迪菲成为赫尔曼的研究室的一名研究生。他们和第三位合作者拉尔夫·默克尔（Ralph Merkle）一起，专注于解决密钥分配的问题。

他们很快意识到解决方案在于单向函数，该函数是不能轻易被分解的数学函数。把它们想象为调和不同颜色的油漆或打碎鸡蛋。事实上，它们有时被称为"鸡蛋函数"（Humpty Dumpty functions）。[7]

与此同时，迪菲实现了自己的突破，他灵光一现，创建了第一个非对称加密。与之前任何已知的密码不同，非对称加密不要求发送者和接收者有相同的密钥。相反，发送者爱丽丝将其公钥给鲍勃，鲍勃用该公钥加密信息后发送给爱丽丝。爱丽丝再用她的私钥解密。如果伊芙（在窃听他们的对话）也有爱丽丝的公钥，这已不再重要，因为她唯一能做的就是加密一条消息，该消息只有爱丽丝能解密阅读。

第二年，麻省理工学院的三位数学家罗纳德·L. 李维斯特、阿迪·萨米尔和伦纳德·M. 阿德尔曼一同开发了 RSA，这是一种实施迪菲非对称加密的方法，直到今天仍在使用。[8] 像迪菲—赫尔曼—默克尔的密钥交换一样，RSA 依赖于一个单向模函数。这种情况下，该函数要求爱丽丝选择两个非常大的质数，将它们相乘得到 N。再与另一个数字 e 结合，N 将是爱丽丝的公钥。它相当安全，因为破解 N 非常复杂。具体来说，今天使用的最广为人知的算法对于非常大的数字实际上是不可行的，因为数字越大，计算机在有限的时间框架内对其进行因式分解的可能性就越小。

用 RSA 加密的第一个公共消息使用相对较小的 N 值——只有 129 个数字。但 17 年后该密码才被破解——一个 600 名志愿者的团队捐赠他们的备用处理周期，并用 SETI@Home① 的方法破解了该密码。当然，数学家用更简单的方法来分析大量数据的那一天可能会到来，RSA 不能产生足够大的密钥以对抗世界最强的计算机网络的那一天也将会到来。

从恺撒密码到现在，我们已经走了很长的路，但即使今天我们仍然依仗于这个可疑的概念：密钥，这个能使我们解密

① 一项利用全球联网的计算机共同搜寻地外文明的科学实验计划。——译者注

信息的秘密，可以被安全、私密地保存——我们有能力保护我们的秘密。相比之下，系统安全的历史相对较短。直到 1988 年，罗伯特·塔潘·莫里斯（Robert Tappan Morris，传奇密码学家和国家安全局主任罗伯特·莫里斯之子）利用缓冲区溢出传播第一个恶意软件，人们才意识到计算机实际上很容易受到攻击。因此，我们相当于在沙滩上建了一座城堡。更令人不安的是，我们没有改变战略，没有接受不可避免的失败，没有学会如何控制和降低它们造成的伤害，我们只是在城堡里添加更多的沙子，再次陷入幻觉，认为城墙牢不可摧，没有什么可以攻破它，甚至狭隘地坚持着过时的推测。

●●●

2014 年 7 月，华尔街向华盛顿的立法者发送了一份不祥的文件。由于网络攻击带来的危害迫在眉睫，可以摧毁大量数据，从银行账户卷走数不清的资金，金融服务业最大的贸易集团要求政府组建一个“网络战争委员会”，“系统性后果可能会对经济造成毁灭性影响，因为个人和公司对储蓄和资产安全丧失信心可能引发金融机构的普遍挤兑，其影响可能会远远超出直接受影响的银行、证券公司和资产管理人”。

该文件指出，银行依赖面临一系列安全漏洞的电网只会加剧危险。文件发送的同月，网络安全公司云反击（CrowdStrike）透露，一群被称为“能量熊”（Energetic Bear）的俄罗斯黑客一直在攻击美国和欧洲的能源公司，表面上是就西方反对俄罗斯入侵乌克兰做出反应。一位已经追踪该小组多年的安全领域专家称，他们有一定的组织性和必要的资金，可能得到了政府的支持。他们的第一次攻击在 2012 年，将发电公司、电网运营商和石油管道运营商作为目标。当时，“能量熊”好像在执行一个间谍任务，但是目前正在使用的恶意软件允许他们访问能源公司使用的工业控制系统。来自财富 500 强中的互联网安全公司赛门铁克（Symantec）的一名研究员告诉彭博新闻社的记者：“我们非常关注此类破坏活动。”[9]

2012 年下半年，美国银行遭受了分布式拒绝服务（DDOS）攻击，攻击者向目标服务器发送大量信息，使公司信息技术基础设施陷于瘫痪直到逐渐停止运转。这个贸易集团说，这只是即将于中短期到来的更为复杂的攻击的预热。该贸易集团表示，该行业目前没有为防御此类攻击做好准备。

大银行和基础设施公司并不是唯一的目标。在网络攻击和网络防御的永恒游戏中，网络攻击一直在赢，但后来它被打垮了。2013 年，大约有 8 亿个信用卡账号被盗，这个数字是 2012 的 3 倍。[10] 这个庞大的数字仍然不足以说明这一问题的广泛性和严重性。一家财富 500 强公司的首席信息安全官说：“我们的运营假设是，启动一个新服务器 10 分钟之内，它就被别人‘拥有’（成功渗透一台设备的行内用语）了。”

密码学的例子、震网病毒和当前网络安全状态的共同主题不是我们无法创建强大的系统，而是我们采取新的防御策略总是比不上攻击者的速度。

2012 年，罗恩·里弗斯特（Ron Rivest）和他的合作伙伴写了一篇文章，该文章采取游戏理论的方法研究网络安全。文章旨在为双方玩家找到最佳策略，以使每一方都能以最低的成本维持对系统的控制。他们先假设无论你的系统多么强大，它都会遭受损害。然后他们继续证明，每当攻击者适应了，最好的防御策略是玩“指数”，即以相同的平均时间但不同的、难以预测的时间间隔实施防御性措施（例如重置密码或破坏和重建服务器）。

因此，防御性游戏的一个关键因素就是能够比攻击者更快地移动且不可预测。韧性优于力量。今天，恶意软件、电脑病毒和其他形式的网络攻击可以以极快的速度响应，并尽可能快地绕过防御。防御可能赶上攻击的唯一方法是认识到现代互联网与其他由不同因素组成的网络有着更加相似的复杂性。“恶意因素在复杂的系统中无处不在，”网络安全专家、圣菲研究所研究员斯蒂芬妮·福雷斯特（Stephanie Forrest）指出，“生物系统、生态、市场、政治系统，当然也包括互联网，均是如此。”

事实上，互联网上的邪恶因素已泛滥成灾。乌克兰的网络黑手党、无聊的美国互联网黑客应有尽有——它们的最大障碍已经不再是任何既定网络的安全系统，而是彼此。进攻和防守的第一线越来越多是自动化系统。2016 年 8 月，美国国防高级研究计划局（DARPA）主办了首届“全机黑客锦标赛”（All-Machine Hacking Tournament）和“网络大挑战”（Cyber Grand Challenge）。[12] 在 12 个小时的比赛中，机器互相测试了对方的防御系统，修补了被编程以防漏洞的系统，并“验证了自动化网络防御的效力”。

让问题变得更严重的是，网络攻击有对其有利的因素。与警方的调查不同，黑客不必担心国家边界或管辖权。要想获得成功，攻击只需从一个地方进入城堡。而国王则必须保护王国的每一寸土地。所有这些都无法与黑客攻击的速度和敏捷性对抗。

福雷斯特在与人合写的一篇于《哈佛商业评论》发表的一篇博文中指出："光速电子通信与机构对数据安全和隐私问题做出反应所需的时间大相径庭，而且这一差距呈扩大趋势。"为了改变这种差距，作者指出，我们需要停止再把网络安全视为一个技术问题，而是要意识到它是政治和社会层面的问题。[13]

机构在以任何试图操纵复杂新格局的组织或人群的速度移动。在如此严峻的形势下，每个人都有自己精明的打算，如果你刮开表面，就能发现隐藏的动机。但计算机病毒不仅是以光速移动，它们还能适应进化的速度。对生物病毒而言，出现的速度会非常非常快。最常见的病毒之一，A 或 B 型流感或常见的病毒流感，能在 10 小时内产生 1 000—10 000 个相同病毒。[14] 病毒迟早会出现变异，使其对宿主主体内的任何疫苗产生抵抗力。几个月甚至几周内，从病毒角度看，它成功适应了宿主，变异就能像病毒一样传播。

同样，恶意软件、计算机病毒和其他形式的网络攻击也能以惊人的速度响应，并尽可能快地绕过防御系统。

复杂系统这一新兴领域已经开始阐明其潜在的驱动力和模式，它们是造成佛罗里达沼泽生态系统表面混乱或抵押贷款衍生品黑市的根源。福雷斯特越发相信，它也能帮我们模拟这些系统。要抓一只老鼠，就得像老鼠一样思考。越来越多的安全专家呼吁，要遏制病毒，像抗体或免疫系统一样思考或许会有帮助。

福雷斯特说："生物系统已进化到可以应对众多威胁，如增殖病原体、自身免疫、逐步升级的军备竞赛，欺骗和模拟。一种帮助生物系统实现对抗这些威胁的设计策略便是物种中的遗传多样性，生态系统中的物种多样性和免疫系统中的分子多样性。"[15]

相比之下，计算机行业专注于同质性：大量炮制无限接近的相同硬件和软件。结果是，一个代理可以在一个主机（如计算机）内造成大破坏；或者，任何加入物联网中的个体都可以轻而易举地传染任何数量的副本。

作为数亿年进化的产物，人类的免疫系统具有拜占庭式复杂的特征，但在本质上，它只是在玩一个复杂的"我们对抗他们"的游戏。任何对宿主来说是异质的就是"他们"；任何不是异质的就是"我们"。福雷斯特和她的同事使用"基于代理的建模"模拟复杂系统，这是一种战争游戏，它通过强大的计算机和无数个体代理互相攻击。这不同于气候科学家使用的其他计算机建模系统，例如，基于代理的建模允许个体行为自私，最重要的是，从他们的错误中学习和适应，就像生态系统中的个体参与者或人体内永久的细胞战争一样。[16]

"它能让我们看到一场传染病是如何到达临界点的，"福雷斯特说道，"通过向每个代理输入'自私'的行为，我们就能了解复杂的系统中所发生的事情，就像棋类游戏中走 5 步、10 步或 15 步后会怎么样。"有些网络防御政策在短期内能产生极大的意义，但长远看来被证明是灾难性的。模拟的最聪明免疫策略之一是开足马力运作的能力，即使在激烈的战斗中也要如此。这种韧性需要一定的谦卑和接受水平，这对于网络安全设备常见的军事思维而言并不常见。但正如福雷斯特的研究表明的那样，这可能是唯一安全的路径，不要重蹈 In-Q-Tel（一家高科技风险投资公司）执行官丹·吉尔的覆辙，尽可能地远离电网。[17]

附言：
容忍混乱，或者接受意料之外的事

我与这个原则有些个人联系，因为我从小就被教育应该重视“力量”，但是我成年生活的环境却需要一个独特的韧性。2008年1月，我的儿子被诊断出患有“整体发育迟缓症”。芬恩当时四个月大，但他的颈部肌肉无法支撑他的头部重量，而且他的体重似乎不会增加。然而，医生真正担心的是他冷漠的、毫无表情的行为举止。最终，芬恩不仅能笑，而且还会发出一些咯咯声、笑声和尖叫声，这些都成了他最宝贵的特质，有效地代替了口头交流。在我写下这段话时，芬恩已经快九岁了。他面临一系列身体和智力上的挑战，自闭症只是其中之一。所说的这些都不是为了博取同情。我的妻子和我非常幸运能拥有资源、金钱等，能为芬恩和他没得自闭症的姐姐提供良好的生活。

这个故事是为了说明，这些原则中有很多都会给个人带来深刻的影响。芬恩在很多事情上都表现出色，他能头手倒立，在打水仗时是个狡猾的家伙，但他最大的天赋可能在于打破我们卑微的现状。我不曾真正知道什么时候会离开家，可能是去急症室，或者是赶着去附近杂货店采购，或回到家。每天，我们的儿子都会给我们提供一个机会，让我们以一种超越家庭范畴的适应力学习到宝贵的一课：我的直觉是坚持自己的立场——我父亲并不是一个万宝路男人[①]，但他整个夏天都在一个小牧场狩猎土狼，树立了威严的形象。我想表现出勇敢，磨砺我的意志，测试我的耐力，尝试

---

① 万宝路男人，指自由、粗犷的男性。——译者注

着取得胜利。

然而，这从来都没有奏效。过去几年我已经明白并且接受了以下这一点：我对育儿的所有期待，或者说是自由意志，导致一个结果：总是努力去赢的我却一直失败。只有当我接受没有胜负之分，有的只是事情的发展和我选择面对它们的方法时，我才能成功。

所有这些和商业、科技飞速变化的世界有什么关系呢？要我说，关系相当大。在颠覆性的21世纪，我曾为《连线》杂志报道过音乐和报纸行业。韧性并不一定意味着你能预料到失败，意味着你知道你无法预料下一步，却在情境感知下工作。对芬恩来说，它意味着理解一个恐慌的手势，如拳头摩擦脸颊意味着“赶紧回家”而不是“等你付完新耳机的钱之后再一起回家，爸爸！”对音乐行业来说，这意味着认识到互联网是个可利用的机会，而不是一个需要压制的威胁。纸媒密切跟踪报道音乐行业迅速衰落的情况，然后继续犯着惊人的类似错误。它们没有在繁荣的多年时间里有意义地投资于创新的新闻产品，这意味着许多大公司在利润增长越来越慢时只能走向衰落。

音乐和新闻行业都太小了，就像煤矿里的金丝雀。当大范围的技术变革威胁和破坏法律、医学和能源时会发生什么？已经有这样的迹象了。如果本书的受众是所有人，做出艰难抉择的将是所有人，他们要制定新的策略，不再预测胜利和能力，而是更多地在这个不可预测的世界中茁壮成长。正如芬恩帮我明白的那样，接受本身就是一种勇气。

——杰夫·豪

Syst
ov
O

9 系统优于个体

9　系统优于个体

媒体实验室聚集了一批世界最有成就的艺术家、思想家和工程师，实验室隶属的麻省理工学院总体也是这样。或者就此而言，马萨诸塞大街另一端的学术机构——哈佛大学同样如此。让媒体实验室与众不同的是，在尊重能力和才能的同时，这里最被看重的品质是原创思维、大胆实验和极致追求，这些品质在大多数院系都会很快引起麻烦。媒体实验室引以为傲地自称为“错置玩具的归岛”（出自圣诞主题动画片《红鼻子驯鹿鲁道夫》）。事实上，它更像是“超级英雄军团”。

即便在媒体实验室这样的环境中，其研究范围跨越多个学科的神经科学家埃德·博伊登依然脱颖而出。世界经济论坛是世界最顶尖企业高管、政治领袖和时尚人士参加的年度会议，人们经常谈起博伊登参加世界经济论坛时的一段有趣故事。讨论并购、条约和数十亿美元交易这类实际行动总会避开官方正式场合，往往在晚餐或私人聚会中举行。在这样的场合，你甚至会发现波诺[①]和加拿大总理贾斯廷·特鲁多（Justin Trudeau）交流园艺技巧。因此，博伊登参加了大会最后一晚举行的著名“书呆子晚餐会”（Nerds Dinner）。晚餐开始时，美国有线电视新闻网（CNN）主持人法里德·扎卡里亚（Fareed Zakaria）和美国国立卫生研究院院长弗朗西斯·柯林斯（Francis Collins）等在场的嘉宾们简要介绍了自己的成就和目标。轮到博伊登时，长着络腮胡、有些不修边幅的他起身环顾了周围声名显赫的各位嘉宾后说道：“我叫埃德·博伊登。

① 波诺，爱尔兰摇滚乐队 U2 的主唱兼吉他手。——译者注

我正在揭秘大脑。”说完就坐下了。[1]

如果博伊登夸大其词或自我吹捧，故事就不会这样让人印象深刻。博伊登是传统的科学家，具备这个职业的品质——小心谨慎，对一切持怀疑态度。他说自己正在揭秘大脑，因为事实表明他是朝这个方向努力的。大脑是我们最神秘的器官，我们孜孜不倦地研究和探索，然而收效甚微。但在过去十几年中，相关研究已经有了长足进步，这很大程度得益于36岁的博伊登的一些突破性研究所发挥的关键作用。

直到最近，科学研究大脑的方法还和研究肾的方法一样。换句话说，研究者将这个器官视为“个体”，将整个研究的核心放在专攻它的解剖结构、细胞组成以及其在体内发挥的功能。博伊登并未遵循这种学术传统。他在媒体实验室中的研究小组叫作合成神经生物学小组，倾向于将大脑看成是动词而不是名词，它不是单独的器官，而是重叠系统的中心，要在决定其功能的刺激因素不断变化的背景下去理解它。

博伊登的小组是一群实用主义者，注重实践而非理论，这一点并不令人感到惊讶。他说：“我会询问刚进入小组工作的人设想大脑的难题将在50年后得以解决，我们需要发明许多工具以实现这一目标。需要的工具会是什么，哪一个是我们现在要着手做的？”[2] 他的实验室里既有电动工具和焊接板，也有烧杯和移液管。由于整个研究体系并不在乎学科之间清晰的边界，博伊登有意识地招聘多种学科背景并多才多艺的研究者。他带领的40人的团队由最好的研究员、助理、博士后以及研究生组成，其中包括一位前小提琴演奏家、风险投资人、比较文学学者和几个从大学退学的人。

●●●

揭秘大脑不是一个“难题”，难题是试图简单表达出“挑战”的数量和性质，这些挑战相互关联，阻挠我们理解大脑这个可以理解一切的器官。其中的一个挑战单单从规模上说就十分骇人：人类的大脑平均有 1 000 亿个神经元。如果用人口类比神经元，一平方毫米大脑组织（想象一下一粒罂粟籽大小）就能容纳美国加利福尼亚州伯班克市的人口。这还没有把周边将要变成神经元的 1 万亿个神经胶质细胞计算在内，它们就像为印地赛车手服务的维修站机械师。[3]

让神经科学家感到惊叹也困惑的并不是大脑中细胞的数量，而是存在于细胞和细胞之间的东西。无法追溯哪些特定的神经元生成爱，也找不到导致不同形式愤怒的确切的大脑区域。意识是“涌现”原则的终极表现。依我们所见，在我们呼吸的每一秒，大脑中数不清的、互相冲撞的化学信号形成意识。单一神经元和其他神经元之间有数以百万亿计的连接，也称为突触。这些连接等同于数千个银河系一样的星系中的众多恒星，这一点解释了为什么大脑的复杂程度堪比宇宙，它是人类认知中一片广大而未知的前沿领域。

这些连接产生的计算能力足以让任何一个人重拾自尊。你的大脑能存储 2.5 千万亿字节的数据量，[4] 这意味着只需 10

个人以及他们携带的脑灰质，就可以超过1995年所生产的全部硬盘的存储量。[5]尽管人类成功制造了超级计算机，具有和大脑一样的22亿倍每秒百万浮点运算速度，但数量仅有4台，每台都占满了整个仓库，所耗能量可供一万个家庭使用。而大脑仅耗费点亮一盏电灯泡的能量。[6]所以，揭秘大脑不是一个“难题”，这是历史的困局，没有先例或可供参考的样本。

并不只有探索大脑挑战了传统的方法。本书之前提到的许多难题也是如此。开发应对极端气候变化的天气预报？构建金融市场，使其既覆盖全球、运行稳健，又有足够的韧性可以从难以避免的失败中重新复苏？博伊登说，二者都是属于21世纪的特殊问题。他说：“关于登月计划，人们说了很多，但登月计划最初的实现是建立在物理学的经典定律上。基础科学相当于建造模块，都是已知的。”

但无论是治愈阿尔茨海默症还是学习如何预测不稳定的气象系统，这些新问题似乎在本质上存在不同，需要从复杂的体统中寻找所有的建造模块。“我们即将不得不进入的领域是人类大脑一时很难理解的，”博伊登说，“但这并不意味着我们应该听大脑的指令不再直面现实。”简单来说，这些领域本身就包含了复杂的系统。

解决包含复杂系统的难题突出了跨学科方法和“反学科”方法之间微妙却非常重要的区别。跨学科方法可能包括让物理学家和细胞生物学家在被称为细胞生理学的跨学科领域一起工作。但博伊登提出了一个更深刻的问题：如果解决这些棘手的问题需要完全重建科学，即创建全新的学科，或倡导一种完全避开既有学科的新方法，又会怎样呢？博伊登更喜欢使用“全学科”（omnidiciplinary）这个词。

15 岁那年，博伊登高中毕业进入麻省理工学院。他在过完 16 岁生日两周后开始上课，四年后他获得了两个学士学位和一个硕士学位。他的研究方向包括激光和量子计算，他身上有自相矛盾的两个特点：既充满干劲儿，也像 E. B. 怀特（E. B. White）曾描述的那些拥有永不满足、开放头脑的人那样——“愿自己是幸运的”。[7] 或者换一种说法，博伊登不会在研究的“个体”四周划定严格的边界，他的研究不限于“个体”。相反，令他着迷的是生命本身，是生命中所有富有活力的复杂性——一个不同化合物化学反应的过程，比如细胞如何复制，或如何癌变。

在麻省理工学院的最后一年，博伊登花了几周时间待在新泽西州的贝尔实验室。在那里，他发现了一群拥有不同背景的科学家追求一个共同的目标：攻克大脑。具体来说，他们试图理解鸟的神经回路如何产生鸟鸣。博伊登发现，既对焊电路板感兴趣又对理解最终要运用的复杂数学算法着迷的人特别适合攻克大脑。因此，这一年还没有结束时，博伊登就到了斯坦福大学，开始攻读神经科学博士学位。

斯坦福大学有自己攻克大脑的研究队伍。博伊登很快结识了一名医学专业学生卡尔·戴瑟罗斯。两人进行了长时间的头脑风暴，寻找触发特定神经元的方式。这些方式和现阶段脑科学研究方法不同，实际是内嵌于生命体的大脑中。他们想到一个方法，使用磁珠打开个体神经元内的离子通道。但博伊登很快找到了另一种实现相同目的却完全不同的途径，用一种叫作视蛋白的对光敏感蛋白质，“通过对光的反应将离子打入神经元或从中抽出”。[8]

这些一直被视作边缘项目，过了几年戴瑟罗斯和博伊登才重拾最初激活单个神经元的想法。2004 年，成为博士后的戴瑟罗斯和博伊登决定提取一份视蛋白样本开始相关研究。当年 8 月，博伊登走进实验室，将一盘培养的神经元细胞放在显微镜下，开始用他编写的程序对神经元细胞施以蓝光脉冲。“让我惊讶的是，我修改的第一个神经元细胞对蓝光做出反应，发出了精确的动作电位。当晚我搜集了相关数据，论证了一年后我们发表在《自然神经科学》（*Nature Neuroscience*）期刊上的那篇文章中的所有核心原则，宣布了光敏感通道蛋白 ChR2 可用于神经元去极化。”[9]

这是一项十分重要的突破，2015 年戴瑟罗斯和博伊登每人获得了 300 万美元奖金，他们的努力获得了认可。这笔奖金来自于马克·扎克伯格和其他科技界慈善家设立的“突破奖”。[10] 此前，神经科学家只是观察发生在大脑中的一切，观察大面积的神经元细胞对某种刺激做出反应，并试图推测其中的因果关系。但有了戴瑟罗斯和同事称为“光遗传学”的新技术后，研究者可以刺激单个神经回路，并观察其反应。

博伊登很快就与他人分享光遗传学带来的荣誉，既有他的合作者，也有 2005 年他和戴瑟罗斯第一次公开他们方法时那些紧紧追踪动态的其他科学家。然而绝非巧合的是，用一位知名神经科学家的话说，“想人之未想”[11] 的这两位都是局外人，他们将大脑置于更大的系统中进行研究。如博伊登所说，创造“大脑的光开关”需要分子生物学、基因工程、外科手术、光学纤维和激光方面的技术。[12] 其中只有一项能在标准的神经学课程中找到。

光遗传学给大脑研究带来了革命性变化。自光遗传学出现以来，博伊登和其他研究者已经改进了相关技术，通过基因改造使神经元识别不同颜色的光。未来几年内这项技术就可以实现临床应用，尽管首例患者试验 2016 年才获批准。[13] 几年前，博伊登和一组研究人员使用这项技术治愈了老鼠的失明。虽然不可能准确描述失明的老鼠在植入对光敏感的细胞后到底“看到”了什么，但研究者判定这些老鼠同不失明的老鼠一样能通过出口被亮色标注的六臂迷宫，而且要比那些没有接受治疗的失明老鼠容易得多。其效果在 10 个月的研究期间治疗一直有效。[14]

光遗传学的应用不限于神经学领域，或仅仅治疗特殊种类的失明。[15] 在博伊登、戴瑟罗斯和张峰研发这项技术的 10 年间，它已被应用于研究大脑功能，用于控制与嗜睡症相关的神经元，[16] 治疗帕金森氏症和其他神经性紊乱症，还被用于研究心脏起搏[17]——设想一个成为心脏一部分受它调节的起搏器，[18] 以及治疗癫痫。随着新的视蛋白在微生物和藻类中被发现，光遗传学应用的可能性大大增加，因为这些视蛋白可以对不同类型的光做出反应，在哺乳动物细胞中工作方式不同，允许多通道控制不同群落细胞，也可使用比如说红光而不是蓝光。此外，光遗传学也帮助带动了其他技术的进一步发展，如神经记录和神经影像技术。[19]

“这个星球上有超过 10 亿人遭受某种大脑紊乱的痛

苦。”博伊登说，“许多这类疾病，从帕金森氏症、癫痫到创伤后应激障碍，最终都可能通过从光遗传学中汲取的方法治愈。”

●●●

伊藤穰一在加入媒体实验室后不久访问了底特律。近期他启动了一个名为“创客行会”（Innovators’ Guild）的项目，旨在将新奇的想法引入长期处于“真空状态”的著名学术研究机构，同时让媒体实验室连接更广阔的世界。该项目的联合发起方是奈特基金会和设计咨询公司艾迪欧（IDEO）。三家机构的目标是将媒体实验室的创新想法付诸实践，解决底特律中心贫民区的一些迫切问题，如制造新颖的产品。

但当到达底特律后小组发现，当地社区对困难有着不同的认识。许多路灯的电线因为可回收利用而被人扯走卖钱，当地许多街道在晚上一片漆黑。一些媒体实验室的设计者开始寻找潜在的解决方案，他们使用带有塑料组件的光伏系统。但是，在和社区中的更多人交谈后，他们再一次发现自己最初的想法是不对的。缺电不是真正的问题，真正的问题是缺少路灯使得人们无法知道社区的其他人在哪里，这让他们没有安全感。小组主动放弃了最初的想法，否则无法与这些人一起工作并倾听他们的声音，媒体实验室的工程师和设计专业的学生帮助底特律市民找到了一个解决方法，利用社区资源、发动社区成员安装路灯。

学生和设计者与社区成员坐下来讨论时发现，当地唯一的零售商店就是酒类商店，而且生意似乎不是很好，直到他们了解到这些商店也卖可以拆开的手电筒。他们花了几天时间教孩子们焊接。孩子们制造了可穿戴的装置，不但能发光，还能让他们在黑暗中找到彼此。他们没有围绕这个东西讲理论，而是帮助孩子们制作。大多数点子都来自孩子们自己，这一点让人十分激动。这件事给媒体实验室的小组的启示是，负责任的干预意味着要理解任何一项创新将在更大“系统”中发挥的作用。相对来说，任何由媒体实验室自己设计的东西都是“个体”。光伏电是否能进入底特律混乱的社区，适应特殊的需求、环境和复杂性？有这个可能，但那更多的是出于偶然，而非刻意为之。

“系统优于个体”原则让人认识到，负责任的创新不只需要速度和效率，同时也要持续关注新技术带来的整体影响，以及理解人、社区和环境之间的关系。

前几代人的创新主要受涉及个人利益或企业利益的问题驱动，比如“这个东西能给我带来什么？我如何用它去赚钱？”然而，创新者不用考虑生态、社会和互联网的影响而去开发新产品和新技术的时代已经过去。未来，驱动创新必须考虑到创新潜在的系统影响。我们运用这个策略，可以保证未来的创新对我们生存的多种自然系统有积极影响，或至少是不好不坏的影响。

为实现这一目标，我们必须对目标社区有更加全面的了解。对媒体实验室来说，这就是将研究重点从创造“个体”向构建关系转变，让媒体实验室成为网络中的一个节点。过去，媒体实验室好像是一个创新型人才、产品和想法的大容器。这不是说媒体实验室从没有做过提高用户界面、鼓励个体以及扩展数码装置的潜能来促进社交和通信之类的事。媒体实验室的一些项目涉及构建网络本身，比如“驴网”（DonkeyNet，顾名思义就是利用“驴”的运载能力为偏远地区提供无线 Wi-Fi）之后名为 DakNet，这个项目成了“印度的电子邮递员”。此前，实验室其他的项目关注了移动诊断，乡村医疗工作者的工具，也包括硬件方面，如“一个孩子，一台电脑”计划（One Laptop per Child，OLPC）。该计划设计了一款低成本笔记本电脑，后来是平板电脑，保障全世界的孩子都有电脑可用。[20]

过去几年间，媒体实验室试图靠近一种模式，将实验室看成一个使用广泛网络的平台，可以连接全球社区，吸引不断增多的多样化的投入。通过“实验室主任研究学者计划等项目，实验室不断拓展与慈善基金会、个人慈善家和全球不同社区的合作，建立起从利比亚到底特律、从国际象棋大师到僧人的跨大洲、跨领域研究学者网络。DakNet 计划和“一个孩子，一台电脑”计划等过往项目为迫切需要的互联互通提供了资金，而实验室主任研究学者计划则属于不断扩展的人类知识和倡议网络的一部分。

“系统优于个体”为我们阐释了这样一个原则：干预每一项科学和技术的创新必须考虑到其对全球网络的整体影响。

将之与受价格和工程因素影响的传统工业设计进行对比。一个阐释传统工业设计方法的著名案例是福特汽车。亨利·福特（Henry Ford）授权 T 型车使用黑色漆，因为它干得更快。但普利茅斯州立大学特伦特·E. 博格斯（Trent E. Boggess）教授近期的研究对这件事提出了疑问，他的不同解释也表明福特是用“个体”的观点来看待T型车的。博格斯说：“T型车是实用性最强的车。福特无疑认为对于车辆喷漆，黑色是最实用的颜色。T型车被喷成黑色不是因为黑色漆干得快，而是因为它廉价且十分耐用。”[21]

尽管廉价，但耐用的喷装可能成为车被看好的一项品质，这些车的受众是普罗大众，“价格低到正常收入的人都买得起——和家人一道享受在上帝的开阔大地上飞驰的快乐时光。”[22]但事实证明，这并不是购车人唯一想要的东西。1927年，廉价耐用的T型车被A型车所替代，后者吸收了众多时尚审美元素和福特此前排斥的高科技。[23]

尽管这些改变是为了迎合大众的需求，[24]但直到20世纪80年代，社会科学研究才系统地在设计中得以应用。结果出现了以人为中心，试图回应用户各项需求的设计。如同史蒂夫·乔布斯所言，“要从客户体验着手，再返回到技术层面”。[25]到20世纪90年代末，这种设计演化成了参与式设计，用户可以贡献自己的想法。之后又进一步发展成为共同设计，即邀请用户自己成为设计者。[26]

共同设计的本质便是激发用户寻找解决方法的能力，这一解决方法根植于他们所在的系统中，并对系统有所回应。许多这样的解决方法具有高度专属性，特别适合创造它的人，但并不具有普适性。在亨利·福特所处的工业化时代，这种方式是致命的，但现代数码和制造技术使得为少数用户定制产品和软件变得越来越可行。

这种方式的优势之一是能打造出高度有韧性的系

统，当其用户需要变化时可以快速响应。与福特用A型车替代T型车时需要全部重组设备不同，一个专注投入的群体可以立即重新设计方案，或差不多接近这种效果。

当然，共同设计并不是唯一寻找基于系统的解决方案的方式，媒体实验室也不是唯一将这条原则融入工作当中的机构。谷歌在介绍其无人驾驶汽车时，强调汽车本身只是一个“个体”，驾驶它的人工智能是“系统”，只不过无缝衔接地融入了其他所接触的系统。正因为如此，传感器和软件都设计成能处理现有的道路设施情况，解决比如醉驾和帮助行动不便者驾车等共同问题。基于“个体”的方法设计无人驾驶汽车，得到的至多是昂贵的玩具，或被设计成能使车企利润最大化的货运汽车。然而，谷歌利用基于“系统”的方法，则是旨在为人们的生活带来真正的变化。

附言：在“白色空间”内工作

2016 年 3 月，媒体实验室联合麻省理工学院出版社出版了《设计与科学期刊》(*JoDS, Journal of Design and Science*)一书，试图让设计和科学走得更近。

将两者连接在一起的做法包括审视设计的科学和科学的设计，以及两者的动态关系。目的是用媒体实验室有代表性的“反学科”研究风格催生出充满创意而又适应性强的方法。

当我想到我们创造出的“空间”时，我会想起一张代表“所有科学”的巨大的纸。各种学科就是这张纸上很多分布广泛的小黑点，而点与点之间大量的白色空间代表了“反学科”研究的空间。很多人愿意在这个白色空间施展身手，但对这片区域的学术资助非常少，如果没有其中一个黑点背后的学科重要性的话，靠白色空间获得一个终身教职更加困难。

此外，使用传统学科研究的方法越来越难以解决许多有趣的问题，也包括那些怪异的、棘手的难题。揭秘人类身体的复杂性就是一个很好的例子。我们快速取得突破的最佳机会是通过一个协作性的“科学”方法，但相反我们似乎无法跨越“多科学”方法，众多不同学科组成复杂的马赛克，经常让我们无法知道看的是同一个问题，因为我们的语言有特定含义，我们的显微镜设置也不同。

学术资助和学术进展大多分散在各个学科，要花更大力气和更多资源才能做出特殊贡献。尽管学科之间或超越学科的空间对于搞学术研究来说存在风险，但那里的竞争也会更少；可以用更少的资源测试有前景、“离经叛道”的方法；通过消除现存学科间那些不好的连接，挖掘能够发挥巨大影响的潜力。互联网以及计算、制模和生产成本的下降也使许多研究成本得以下降。

设计对大部分人来说已经成了一个箩筐，里面装了很多不同的东西，失去了含义。另一方面，设计包罗了很多重要的思想和做法，在设计的背景下设想科学的未来，也可以在科学的背景下设想设计的未来，这会是一个有趣的、有成果的尝试。

设计已经从对有形和无形东西的设计演变到对系统的设计，再到对复杂适应性系统的设计。这种演变也带来设计者职责的变化。他们不再是位于中心的规划者，而是其工作系统内的参与者。这是一项根本性转变，需要一套新的价值与之匹配。

现在很多为企业或政府工作的设计者，在研发产品和系统时首要关注点是确保社会更高效地运行。但是这些行为的初衷并不包括关注企业和政府需要之外的其他系统。这些被忽视的系统，比如微生物系统，陷入了困境，也向设计者发出了严峻的挑战。

麻省理工学院教师内里·奥克斯曼和尹美真开设了一门很受欢迎的课程，叫“跨越规模的设计”。课程讲授的设计规模从微生物到天体物理学。尽管设计师和科学家无法预测复杂的自适应系统的结果，尤其是在所有系统规模上进行预测，但我们可以察觉、理解并对我们在系统内的干预行为负责。这更像是那些我们无法完全控制结果的设计，更像是生孩子并影响他或她的成长过程，而不是设计一个机器人和汽车。

从事这种设计的一个例子是媒体实验室的副教授凯文·埃斯韦尔特，他自称是“进化的雕刻家”。他致力于研究如何编辑生物群体的基因，如携带莱姆病的老鼠和携带疟疾的蚊子，使得它们能抵抗病原体。这项叫作CRISPR基因驱动的技术是编辑基因的工具，它可以让携带被修改基因的生物体放归到野外后，它们所有的后代以及后代的后代都会保留下相应的基因改变，进而让我们有可能消灭疟疾、莱姆病和其他病媒传播疾病和寄生虫疾病。埃斯韦尔特关注的不是基因编辑工具或某个生物体，而是整个生态系统，包括我们的健康系统、生物圈、社会，还有考虑此类干预的能力。

作为参与型设计师，我们关注改变自身以及我们做事的方式，目的是为了改变世界。从这样的新视角出发，我们能更有效地解决那些不适应当前学术系统但是极端重要的问题：本质上，我们在寻找那些重塑我们思维的方式，通过影响自身进而影响世界。

——伊藤穰一

总 结

一旦学会观察一种特定的模式，你就可以开始在任何目光所及之处识别出它来。举例来说，如果所有生物体的进化都是断断续续的——长期的稳定会被短暂的爆炸性改变所打断，这通常被称作“间断平衡”——人类玩的游戏也是如此，这又有什么好奇怪的呢？比如篮球迷们可能会把朱利叶斯·欧文（Julius Irving）在1980年美国男子职业篮球联赛（NBA）总决赛中的反身上篮当作篮球这一运动进化过程中的决定性时刻。冰球球迷们则可能会认为，证明竞技运动最伟大的举动是当你没有接触冰球时的行为，韦恩·格列茨基（Wayne Gretsky）将冰球变成了一项真正的团队运动。

认真学习围棋的学生们也可以举出类似的例子，即一名围棋手的复盘。他们这么做是在学习历史经验。著名的有“一子解双征”，这是中国唐代一名围棋大师击败当时来访的日本王子的招式；或1846年的“赤耳之局”，其中冒险的一步棋改变了未来几代人对弈的方式。[1] 这些“妙手”（表现出令人惊讶有洞见的棋招，这使得它们获得了某种传奇般的地位）或许数十年之久都难得一见。[2] 如此一来，在2016年3月初的一场万众瞩目的比赛中出现了两步或被看成是“妙手”的棋招，这着实不同寻常。

人们在提到围棋时总同时提起国际象棋，但两者除了都是两人坐在桌子两端面对面进行的一场战略游戏之外，围棋相比于国际象棋规则更加简单，它只有两个规则，同时也更加复杂，从数量级来说，围棋可能的步数甚至超过宇宙中的原子数量。[3]高水平的围棋棋手将很小体积的黑白子落在由横向和纵向各19条线构成的棋盘上，而初学者可能会选择更为简单的横纵各9条线或13条线的棋盘。无论棋盘大小，最终目标都是占领尽可能多的领地，并吃掉对手尽可能多的棋子。

德国国际象棋大师里夏德·泰希曼（Richard Teichmann）曾说过："国际象棋99%都是战术。"要想获得胜利就要能看出每一步的长久影响。然而，地球上没有任何人能够在面对一张空白围棋棋盘时算出所有361步的所有可能后果。围棋天才似乎都拥有神秘的模式识别技能，并能依靠自己的直觉。在功能性磁共振成像的研究中，围棋选手们掌管视觉意识和全局意识的大脑右半球要比左半球的活动更强。[4]事实上，由于有着无限可能，与国际象棋相比，一幅围棋棋盘更像是画家的空白画布。大约在《旧约》写就的同一时期，发明围棋的中国人一定是这么认为的。围棋与作画、书法、琴艺一同被认为是每一名君子应该掌握的"四艺"。

直到最近，围棋的这些特点——接近于无限的可能性、更多依靠直觉而非逻辑，使得编程一台电脑让其能够下围棋成了数学领域一个"艰难的问题"，这其实是"不可能"的委婉说法。这个问题也无法用与解决国际象棋表面上相似问题的方法加以解决。IBM的一个计算机科学家团队花了12年时间研制出了深蓝（Deep Blue），这台电脑拥有击败国际象棋大师的能力。深蓝于 1997 年取得了成功，它在 6 局对弈中战胜了加里 · 卡斯帕罗夫（Garry Kasparov）。深蓝拥有每秒钟分析 2 亿个棋位的能力，它依靠的是“暴力”（brute force）算法，能够评估每一步棋未来 20 步的每一个可能后果。

每秒钟计算 2 亿个棋位，这听起来像是一个很庞大的数字，但深蓝却无法挑战能力适中的围棋八段棋手。那 360 颗黑白棋子所蕴含的可能性之多会令人头晕目眩。全新的游戏理论和数学领域被创造出来，以使我们微弱的大脑甚至能够思考这些问题。对于深蓝这样的使用暴力算法的机器智能，下围棋将需要比我们所处宇宙的 1 000 兆年预期寿命更长的运算处理时间。

2006 年，一位名叫雷米 · 库隆（Rémi Coulom）的法国计算机科学家发表了一篇论文，[5] 暗示将发起新一轮的冲击。在 20 世纪 50 年代，研究人员已经开发出一种搜索算法为核爆炸的效果建模，它是以蒙特卡洛大赌场命名的。因无法探索每种可能的结果，蒙特卡洛搜索了全体的一个统计学样本。这种算法本身并不能运用在围棋上面，但库隆进一步改善了这种算法，使得这种软件能够识别出一些棋步应该获得比其他棋步更多的关注。其中一些是能够带来更多可能性的节点。库隆对他的蒙特卡洛树搜索算法进行编程，以确定采用哪种顺序下出的棋步获胜概率最大，然后再关注在这一特别节点引发的结果。这使得该软件能够学习成功的游戏模式，而人类棋手通过无数小时的下棋将这些模式潜意识地内化于心。

在接下来的几年内，库隆编写的程序“疯狂的石头”（Crazy Stone）开始在其他软件产品中取得压倒性胜利令人印象深刻。2013 年，它打败了一名世界优秀专业棋手，但这只是在对方让 4 子的前提下——这是一名专业棋手对弈能力出众的业余棋手时让子的做法。事实上，围棋界和机器学习界当时的共识是，人工智能达到无须让子便可与人类最强棋手一战的阶段尚需多年的时间。一台机器无法复制能够赋予最高水平对弈以活力的、即兴的、有创造力的天赋才能。

这是科学期刊《自然》（*Nature*）2016 年 1 月刊发一篇轰动性文章之前的事情。这篇文章称，谷歌的人工智能项目——深度思维（DeepMind）已经加入到这场竞赛中来。[6] 深度思维开发的程序被称作是“阿尔法狗”，它首先从围棋过往比赛的浩瀚棋谱中学习，而后又通过创新形式的增强学习，不断自我对弈，直至变得越来越强大。这篇文章披露，2015 年 11 月，谷歌组织了一场欧洲围棋冠军樊麾与“阿尔法狗”的 5 盘对弈。最终比分是多少呢？机器得分 5，人类得分 0。这是机器学习领域的分水岭时刻，一台计算机首次在没有让子的情况下击败一名职业围棋选手。这篇文章援引了雷米 · 库隆的话，他原本认为机器真正精通这种游戏还需要 10 年的时间。另外一名人工智能研究者——乔纳森 · 谢弗（Jonathan Schaeffer）表示，深蓝 1989 年已经能够经常战胜国际象棋大师，但它仍然又花了 8 年时间才变得足够强大到能够击败加里 · 卡斯帕罗夫。

“阿尔法狗”也即将迎来它的“卡斯帕罗夫时刻”。《自然》杂志披露，2016 年 3 月，它将与李世石（Lee Sedol）对弈，后者是公认的在围棋界目前最伟大的大师。谢弗对《自然新闻》（*Nature News*）说："无意冒犯"阿尔法狗"团队，但我会下注给人类。把"阿尔法狗"看作是少年天才。突然之间，它很快便已经学会很好地下围棋了。但它并没有太多经验。我们从国际象棋和跳棋中可以发现，经验很重要。"

并非所有人都对机器无情地入侵人类生活的方方面面欢呼雀跃。在《自然》杂志发表上述文章的那一天，马克·扎克伯格发布了一条帖文宣称，Facebook（脸谱网）也有自己的人工智能，能够在围棋比赛中击败人类。"你为什么就不能放过这一古老的游戏，让它不受任何虚拟玩家的干涉呢？我们真的所有一切都需要人工智能吗？"[8]到2016年6月，这条帖子已经收到了超过85 000条表情反馈和4 000条评论。

●●●

围棋欧洲冠军樊麾是在两名观众的面前完成与"阿尔法狗"的5局对弈的：一名裁判和一名来自《自然》杂志的编辑。李世石是在首尔四季酒店内，面对来自全球各地的电视镜头开始第一局对弈的，它们来观看我们拯救自身存在缺陷、不可预料的人性的最后、最大的希望。李世石下出了一系列冒险、非传统的棋步，他或许希望这些棋步会让一台阅读过大量棋谱的机器猝不及防。但"阿尔法狗"并没有眨眼，逐步掌控了棋局直至最终获胜，抵挡了李世石的进攻行为。其他专业棋手说，情况很快明朗，"阿尔法狗"在伦敦击败樊麾后几个月时间里，已经成了一名技艺更加高超的棋手。

在击败李世石一局之后，深度思维团队已经完成了掌握这门一直被认为是人类思考过程真实写照的游戏。突然之间，在整个系列赛中获胜的希望近在咫尺了。

在第二局比赛中，李世石表现出刚建立起的对阿尔法狗的尊重，他下棋很谨慎、毫无漏洞。这并非为了要让最终观看这场系列赛的2.8亿名观众惊叹佩服，但在与李世石水平相当的人看来，李世石下出的棋招几乎无懈可击，他的身上也散发出了一股平静却坚定不移的信心。随着比赛进入中盘，“阿尔法狗”做出了不同寻常的举动：它下令让代它落子的人将一颗黑子落在了棋盘右侧的空盘中。这在其他情况下或许说得通，但在当时的棋盘上，“阿尔法狗”似乎在放弃棋盘下部的较量。这历史性的一手棋是人类不可能下出来的，根据阿尔法狗的计算，人类下这一步的概率是万分之一。[9] 这一手棋在观战者中间立即造成了震动和困惑。李世石脸色变得苍白，起身离席15分钟才返回。

英语解说员也沉默了下来，直至其中一位带有很大保留地说：“这是十分出人意料的一步棋。”

与《连线》杂志撰稿人凯德·梅茨（Cade Metz）一同观看比赛的樊麾一开始也与其他人一样感到困惑不解。他告诉梅茨：“这是‘非人类’的一步棋。我从没见过任何人下过这样的一步棋。”正如梅茨后来所说，[10] 围棋2 500年的知识集合和认知不会让任何人在系列赛中的第二局下出黑棋第37手，除了樊麾。自从前一年的秋天败给“阿尔法狗”之后，樊麾就花费大量时间帮助谷歌深度思维团队为与李世石的对弈进行训练，这一体验使得他能够理解阿尔法狗的这步棋与它要采取的战略之间的关联。他说："漂亮。"他又数次重复了这个词语。这已经不仅仅是"手筋"——一步能够让对手卸下提防的妙招。这是兼具美感和战略才华的杰作，或许甚至可以说是妙手。李世石继续下出了几无破绽的围棋棋招，但这并不足以对抗深度思维软件所展示出的令人惊叹的创造性，即便是在第 37 手之后也是如此。当天结束，头条新闻并不是阿尔法狗赢得第二场比赛，而是它的这一手展示出了如此深刻的人类特性——即兴创作、创造性，甚至是某种优雅和魅力。我们由此得知，这部机器拥有灵魂。

●●●

在人机大战决出胜负几周后，谷歌深度思维背后的人工智能研究员之一——杰米斯·哈萨比斯（Demis Hassabis）在麻省理工学院发表了一次演讲，谈到了这场比赛以及他的团队是如何开发"阿尔法狗"的。这场演讲在麻省理工学院最大的讲堂之一举行，现场座无虚席，许多没座儿的学生都站在墙边聆听哈萨比斯讲述他们在机器学习领域的做法，这使得他所在的团队向那些曾预言计算机需要 10 年时间才能击败李世石这样的大师的专家们证明，他们错了。

关键是将深度学习——一种模式识别，类似于人类大脑（或谷歌）在看过多幅图像之后能够识别出一只猫或一辆消防车——与"学习"聪明地结合在一起，它由此可以从统计数据上猜测出可能会发生什么，或者在围棋比赛中，考虑到过往所有比赛，一名人类棋手可能会在特定的棋势内下出哪一步。这便是一名围棋棋手最基本的模式：从他学习到的历史棋谱的模式中猜测下一步如何走。然后，他们再添加上一种强化学习，让计算机尝试新的东西。就像大脑通过得到多巴胺的奖励进行学习一样，当它做出成功的举动后，便会强化“这是正确的”的神经通路。强化学习可以让一台计算机做出尝试，奖励成功的实验，并由此强化这些战略。“阿尔法狗”也是从最基本版起步的，而后又创造出稍有不同的版本，数百万次地尝试不同的战略，并得出能够获胜的战略，直至其能够击败更好的自己，并逐渐变得更加强大。之后，在与人类专业棋手对抗之后，它还会继续学习，会让人类和自己都变得更加强大。

哈萨比斯在演讲中展示出了一项又一项的突破，而身处讲堂内的研究人员此前都曾认为这些突破或许是不可能的。现场的兴奋感显而易见。他还展示了“阿尔法狗”和李世石其他对局的图片和视频。正如大家所看到的那样，第 37 手并不是系列赛中最后的戏剧性时刻。在第二局对弈之后，李世石也做了功课，根据蒙特卡洛树搜索算法的已知弱点制定了战略。李世石开局便制造“劫争”，即一方提掉另一方的子，迫使其反击或放弃主动权。像李世石这般水平的棋手采取如此进攻性的开局，大多数对手都会被击溃。然而，“阿尔法狗”似乎毫不费力地化解了每一次完美的攻击。一位评论员惊讶地说，观众是不是在见证围棋下法的“第三次革命”。在第 176 手之后，李世石投子认负，他输掉了整个比赛，也输掉了比赛的 100 万美元奖金。在比赛之后举行的新闻发布会上，李世石看上去似乎是肩膀承载着代表整个人类物种的压力，他向全球观众致歉。他说，人类必须应对心理博弈，同时又要应对棋盘上的比赛。他不无悲伤地说："我无法克服压力。"

不足为奇的是，第四局比赛在严峻的背景下开战。已经如此轻而易举地将处于创造性巅峰的李世石击败，"阿尔法狗"似乎注定会在最后两盘中横扫获胜。第四局比赛的前半段没有显示出任何不同于此猜测的迹象。然而，李世石做出了出人意料、重大的举动，他在中腹祭出了"挖"的妙招。全球数百万人突然明白，"阿尔法狗"对这一招束手无策，完全不知道如何应对。它下出了几招笨棋之后认输。评论员称，李世石下出了大师级的妙招——可能是他独有的妙手。

最终，阿尔法狗获得了 5 局比赛中的 4 局胜利。人们或许认为，一台计算机击败了围棋历史上的传奇冠军可能会减少人类对围棋的兴趣，或者让围棋变得不再那么有趣。事实上，在线观看比赛视频的人数超过观看超级碗比赛的人数。[11] 围棋棋盘的销量也大幅增长[12]，一名来自麻省理工学院围棋俱乐部的学生宣布，该俱乐部的规模扩大了一倍。哈萨比斯在麻省理工学院演讲时表示，与"阿尔法狗"的互动重燃起李世石对于围棋的兴奋感。

很明显，"阿尔法狗"并未让围棋变得不再有趣，反而为这项运动、围棋选手和学者界注入了一股创造力和能量。机器与围棋界——他们授予"阿尔法狗"荣誉九段（围棋棋手的最高段位）——的积极反应和有力关系使得伊藤穰一进一步坚定了信念：未来不一定会出现类似于终结者的智能，由它们来决定人类是不好的存在，必须消灭。未来社会将是人类和机器合作，相互启迪，让集体智能不断扩大。

●●●

未来学家、经常进行巡回演讲的雷·库兹韦尔（Ray Kurzweil）在他2005年著作《奇点临近》（*The Singularity Is Near*）中普及了指数式改变的概念。库兹韦尔预测，到2029年，计算机将拥有同人类一样的阅读能力，奇点——机器变得比人更聪明的时刻，将于2045年到来。根据奇点理论，到那时，我们将会亲眼见证"智能爆炸"，机器将能够快速设计出更加智能的机器，出现类似于2013年的电影《她》（*Her*）中所描绘的场景。

机器学习领域的绝大多数专家都相信，人工智能总有一天将会进化到奇点，尽管大多数人与其说身穿男士内衣到诺贝尔奖委员会演讲，也不会像库兹韦尔这样给出如此详细的日期。从技术上说，奇点是函数具有无穷值的那个点，如黑洞中央的时空。在技术上的奇点之后会发生什么？库兹韦尔认为，我们会进入极乐超人类主义阶段，人类和机器之间的界限将难以区分，畅游在地球上的超级智能将解决人类面临的所有问题。贝宝创始人之一、特斯拉汽车（Tesla Motors）发明人埃隆·马斯克（Elon Musk）等人则认为，机器肯定会把人类视作感染地球的转移性癌症，进而将现代人类消灭。

我们则支持另外一种更加宽泛的观点：人工智能可能是好的，也可能是坏的。或许与未来世纪可能发生的威胁或好的成果相比，它根本不重要。北极圈一种被称作正反馈的气候过程正在加速北极冰面的融化——如果它的速度比预报得快，我们或许将面临一场让我们回到黑暗时代的全球灾难。或许一群虚无主义黑客一下子彻底摧毁全球金融市场，引发大恐慌以及广泛的冲突。或许还会出现类似于 14 世纪的黑死病的大规模全球流行病。

大灭绝事件并不像看上去那样不可能。毕竟此前曾经发生过。据估计，大约 7 000 年前的火山爆发将全球人类人口数量减少至一座小城镇那样多。尽管如此，我们支持一种不那么悲观的观点：与 1896 年的“动画图片”的观众们可能将预计到《公民凯恩》的出现相比，我们并不能更多地理解新技术最终的用途将带来什么影响。本书的重点并不在于用可怕的未来景象恐吓你。这种想法就像设想开普勒 -62e 行星有生命迹象一样有用。

由于人工智能被用作从 Siri[①] 到特斯拉汽车等所有一切事物的标签，我们认为这一问题解决类的人工智能是“狭义的”或“专业化的”人工智能，以区别于通用人工智能（AGI，artificial general intelligence）。人工智能专家本 · 格策尔（Ben Goertzel）提出，通用人工智能将是可以申请大学院校，被批准入学并获得学位的一台机器。

专业化的人工智能与通用人工智能之间存在许多差别，但二者均非编程而来的。它们可以被“训练”，或者说它们会“学习”。专业化的人工智能是被工程师们仔细训练过，他们调整数据和算法并不断测试，直至其能够完成特定的事情。这些人工智能

① 苹果手机的语音控制功能。——译者注

是没有创造力的，它们被严格地管理，它们的应用范围很狭窄。

在我们达到通用人工智能之前，仍需要在机器学习和其他领域实现数十项进步，但“阿尔法狗”已经实现了其中几项进步。它看上去具有创造性，能够通过统计学系统得出某种数理逻辑。这一成就的重要性怎么说都不为过，许多人不相信，你可以从深度学习中实现符号推理。

然而，尽管“阿尔法狗”很聪明，也很有创造力，但它只能在围棋上击败你，而不是国际跳棋。它的全部表达和想象只是有着横竖各 19 条线的方格以及黑白子。在“阿尔法狗”对去夜店或参加竞选感兴趣之前，仍然需要实现很多的技术突破。事实上，我们或许永远也不会拥有能去夜店或参加竞选的机器。然而，或许不需要太长时间，“阿尔法狗”便可以决定假释、设定保释金额、开飞机或教我们的孩子。

随着人工智能的不断进步，机器或许将成为我们的身体、家庭或交通工具、市场、法院系统、创新工程和政治不可或缺的一部分。我们作为社会整体已经比作为个体更加智慧了。我们已经是集体智慧的一部分。随着机器不断融入我们的网络和社会，它们将成为我们自身智慧的延伸，带领我们进入到更加广阔的智慧中去。

一些奇点主义者（Worst. Cult. Name. Ever.——有史以来最糟糕的名字）认为，不会需要太长时间，人工智能就会变得足够优秀，乃至让许多人类失业。这或许是对的，尤其是从短期来看。然而，其他人则认为，生产力的增长将使得我们创造出一种普惠的基本收入，为因机器而失业的人们提供支持和保障。与此同时，也有很多人担心，我们的工作给了我们尊严、社会地位和体系，与仅仅提供收入相比，我们需要更加关心如何自我娱乐以及通过学术或创新努力创造出什么。

我们还必须自我发问，人类和机器如何共同合作，我们如何确保人们会感觉生活在他们身边的人工智能拥有与他们相同的价值观，并反映出他们的道德，即便它们在不断进化。一种前景被看好的做法是如媒体实验室可扩展合作研究小组负责人伊亚德·拉万所说的“众机回圈”（society in the loop）式的机器学习，即通过社会规范来训练和控制人工智能，这或许将产生一种人类和机器协同进化的体系[13]。

今年，美国国防部为人工智能编制了36亿美元的预算。然而，学术界和产业界的人工智能研究人员都呼吁，机器以及制造这些机器的人能够与公众开放地展开讨论。问题是，是否存在开放社会打造通用人工智能的努力与更加秘密的、由军方控制的打造人工智能的努力之间的竞争？随着私人公司变得越来越有竞争力并逐渐接近“答案”，人工智能领域开放研究的黄金时代是否正在走向终结？

这些事件将在未来几十年内逐一展开，或许会比本书中讨论的其他事物更能够影响整个世界。无论发生什么，奇点主义者们在一件事情上是正确的：以指数速度发展的并不仅仅是技术，改变自身也在以指数速度发生。改变是技术带来的产物，同样也是其他发展带来的产物。在过去25年间，我们已经从一个由简单体系占据统治地位的世界进入到被复杂体系所困扰和阻碍的世界。在序言部分，我们已经解释了这一转变的背后因素。它们分别是复杂性、不对称以及不确不可预见性。我们将会总结我们的目标，它的雄心不啻提供一份21世纪的用户说明书：打造建立在弹性、灵活性和教育失败基础之上的机构。

●●●

我们初次见面打算写这本书是在2012年春天的一个大风之日。那是周日的下午，麻省理工学院媒体实验室外的街道空无一人。之前一年的秋天，伊藤穰一被任命为媒体实验室的主任，媒体实验室有着传奇般的地位，是驱动信息科技的诸多技术创新的起点。伊藤穰一从他临时居住的波士顿南区的公寓骑车过来（他最后在剑桥市购买了一栋房屋，但他在同一地停留的时间不超过两三天）。我们的出版经纪人约翰·布罗克曼（John Brockman）建议我们见一面。我们略显尴尬地握了握手，然后就上楼去了媒体实验室诸多玻璃会议室中的一间，看看我们是否想要共同写一本书。

当天结束，一些主题已经出现。我们都对这个世界充满好奇心，我们也都不是通过常规路径进入到学术界，这意味着我们没有会折磨学者一生的学科式狭窄视野。伊藤穰一在读大学时辍学，并作为一名企业家和博客作者建立了他的知识信用。杰夫在哈佛大学的研究员职位使其获得美国东北大学终身教职之前，他长期为《连线》杂志撰文。

我们两人过去几年一直在同大量决策者对话，从财富 500 强公司的经理到联邦调查局特工，再到外国领导人。我们的个人经历也使得我们担心，大型机构是否有能力安然度过人类历史的决定性时刻，即我们自己的历史时刻。我们也都相信，未来会发生远超普通高管能理解的激进、动荡变革，这进一步加剧了我们的担忧。

在我们见面的第一天，我们也都表达了对于未来主义领域的怀疑。人类对于预测未来事件有着可怕的记录，预言的喧嚣在未来只会变得更加猛烈。

或许最重要的是，我们发现，我们实际上都“关心”世界。通常来说，为新观点而绞尽脑汁的书似乎都在外科式的超然态度与可疑的激情演讲之间摇摆。我们想要写出一些新的东西，能够将严谨的治学与更加个人化的工作热情结合起来。

我们在第一天谈论的观念成了本书中的架构原则，这些原则在具体方法中也十分重要。人们的生活处于生死存亡的关头，整个产业处于危险之中。关注拥有巨大经济和社会价值组织不知不觉地就卷入历史的圆锯中解体，这与其说是我们晚餐聚会的聊天内容，还不如说更像四级火警。

我们并不是要向你兜售一种组织工作日或运动养生的方式，我们也肯定不是要让你相信我们的未来观，因为我们自身也没有这些，除了我们坚信未来将与我们现在居住的世界完全不同。我们的确要表达一个观点：创新并不是学习如何利用社交媒体产生潜在客户。根据全球网络化来修正企业也不仅仅要为管理团队购买昂贵的电话会议设备。相反，我们认为，这需要一种更加深刻、更加基础的变革：一种全新的思考模式——一种堪比四足动物学习用两只后腿站立的认知革命。

●●●

思考这些原则的方法之一是，它们是通过对两个简单而又影响深远的因素推动人类与世界相互作用方式发生重大变革的观察所得。很明显，第一个因素便是互联网的发展，它与此前任何一种通信技术均不相同，它不仅提供了多人对多人的连接，而且也提供了一人对多人的连接。英国经济学家罗纳德·科斯（Ronald Coase）提出了著名的论断，阐释了在公开市场上，公司能够比独立代理人更好地配置和管理资源。尤查·本克勒（Yochai Benkler）在“科斯的企鹅，或者 Linux 操作系统和企业的性质”（“Coase’s Penguin, or Linux and the Nature of the Firm”）一文中表明，当合作成本下降时，就像 Linux 操作系统和维基百科（Wikipedia）那样，人们将把自己分配给这些项目，这将比自上而下和有组织的公司更加高效地创造资产和机构。他把这称为“共同对等生产”。[14] 这一资产负债表外的、视线以外的、不属于我们国内生产总值一部分的创造力的爆炸增长正在接管更大的世界。每一个卷入其中的人不仅是生产者，同时也是消费者，不仅是工人，同时也是经理。金钱只不过是你需要增加的众多货币之一，在这样一个需要并且奖励关注、声誉、网络、学习、创造力、意志的世界快乐地生活。突然之间，我们全都成了广播员、出版商或者即将成为的煽动家。

现在，大多数学术领域内的进步似乎都以“瞬间”

的速度发生，许多发现都以令人眼花缭乱的速度建立在彼此之上。然而，没有什么可以比拟私人行业的进展速度。过去10年中最有价值的初创公司最初都是硅谷里类似酒吧打赌的产物。6年后，优步（Uber）的估值达到了625亿美元，超过了赫兹租车和其他所有大型汽车租赁公司的总和。然而，与大多数市场价值超过多数岛屿国家的公司相比，优步似乎只依靠很少的员工，大约只有1 000名雇员。这与沃尔玛在宾夕法尼亚州利哈伊谷的配送中心的雇员人数相当。

这一切都证明了互联网和摩尔定律结合在一起之后所发生的事情。它们将一些定量测度（速度、成本、规模）变成了定性事实。例如，当深圳的一些工程师能够以大规模、低成本试制一款新的产品，进行焦点小组调研并进行配送，这不是小幅度的改变。它并不代表银行的“新收入模式”，银行可能几年前为他们提供了小额商业贷款。他们还想办法绕过了令大型公司无能为力的管理规定。现在，银行和政府被整体推出了循环。这是性质上的变化，而非数量上的改变。

下一步会怎样？你不知道？猜猜看。其他人也不知道。没有人能够预测未来。事实上，专家和所谓的未来学家有着最糟糕的记录——表现甚至不如那个长期存在的竞争者——随机猜测游戏（Random Guess）。

这很好，原因在于，维系与不确定性的健康关系是贯穿这些原则的重要主题之一。在过去几年中，人类一直都被轻松击败，但这与我们即将面对的事相比算不了什么。例如，成功的机构不会与庄家对赌季度销售数字，它们知道下一次可能就将遭遇黑天鹅事件。它们或许不会下大赌注，而是会选择采取投资组合的战略，在不同的产品、市场或观点中下小额赌注。

如果说工业时代是关于命令–控制式的管理系统、等级制度和事实，网络时代的逻辑则反映了我们——美国人，同时也是全人类——数十年来不断重估自己在世界中的位置。我们认识到，我们无法命令或控制天气；事实上，我们在控制自己创造的复杂系统领域也鲜有成功；在保护敏感网络免遭网络袭击或利用货币政策影响市场方面同样如此。如果说本书中的各派研究人员、科学家和思想家在一件事情上或许能达成共识，那就是，我们现在学习到了足够多的知识，以至发现自己的所知依然十分有限。很难相信，1894 年，后来获得诺贝尔奖的物理学家阿尔贝特·迈克耳孙（Albert Michelson）曾经说："看上去，绝大多数最为重要的基础科学原则已经牢固地确立了。"[15] 他似乎认为，剩下的就只是一些零碎的事情。在 30 年的时间里，相对论将让所有此类言论成为狂妄自大的荒唐表现。

世界正处在根本结构性变革中。我们必须具备这样一种能力，即下意识地适应和发现因为不适应我们的旧习惯而被忽视的事情。我们正在经历整个世界发生大变革的阶段，在我们的有生之年，世界可能因为人工智能而发生天翻地覆的改变。

人类从根本上来说是具有适应性的。我们创造的社会更加重视我们的生产力而非我们的适应性。这些原则将有助于你做好准备，变得更加灵活，能够学习新的角色，并在它们不再管用的时候将之抛弃。当我们为追求速度放弃跑鞋选择超音速飞机时，如果社会能经受住最初的爆击，我们可能依然发现，这架飞机上的风景正是我们所一直追寻的。

致　谢

来自伊藤穰一：

本书是我的合著者杰夫·豪和研究员贾·埃弗斯（Chia Evers）多年不辞辛劳的成果，没有他们两位，本书无法完成。本书来自于我们三人令人惊叹的合作，我们贡献出了不同的技能、背景知识和视角。我相信，此番合作完成的终稿远比其中每部分的总和更重要。

1997 年，我在东京的一家咖啡店与约翰·布罗克曼（John Brockman）和他的妻子卡廷卡·马特森（Katinka Matson）相会。他们告诉我，我应该写一本书，而他们可以代理我的作品。从此之后，约翰就成了我的出版经纪人。15 年后，约翰的儿子马克斯·布罗克曼（Max Brockman）将我介绍给了和他一起工作的杰夫·豪，并建议我们见面讨论一下合著事宜。感谢布罗克曼夫妇对我抱有信心，感谢马克斯出色的洞察力让我和杰夫建立了联系。同样十分感谢我们在大中出版社（Grand Central Publishing）的编辑格雷琴·杨（Gretchen Young），她提出了宝贵的编辑意见；感谢格雷琴·斯托帕（Gretchen Stopa）和卡瑟琳·斯托帕（Katherine Stopa），他们致力于打造出最好的作品。

感谢梅根·史密斯（Megan Smith）在从牛津前往剑桥的公交车上问我是否有兴趣成为媒体实验室的主任。

感谢尼古拉斯·尼葛洛庞帝，作为伟大的导师他总是推动我去更大胆地思考。由于他对自己原则的坚守，对渐进主义和平庸主义的不懈抗争，媒体实验室乃有今日，同时树立了我为之奋斗的标准。

感谢媒体实验室的教师们，拓展了我的好奇心和对所有事物的理解，以及对学术界的兴趣。他们也在本书所提到这些原则的提炼发展过程中发挥了重要作用。他们既在休息室里交谈议论着，也通过大量的电子邮件往来讨论。

在过去 5 年中，媒体实验室，包括其中的学生、工作人员和老师，在很大程度上已经成了我家庭的延伸。尽管有太多人需要感谢，无法一一提及，但我还是愿意向所有人致谢，感谢他们无限的创意、能量和热情，感谢无数小时的不断帮助，感谢对我想法的不断挑战。同样，面对我非常规的背景和媒体实验室非常规的做法，麻省理工学院的行政管理部门也给予了无与伦比的支持。我要尤其感谢现任校长拉斐尔·赖夫（Rafael Reif），他曾作为时任教务长对我进行了最后一次面试，并批准我这样一个曾辍学的人担任实验室主任。还有鲍勃·兰格（Bob Langer）教授需要感谢，他是一位神奇的导师，帮我驾驭麻省理工学院这个美好但时而复杂的生态系统。需要感谢的还有现任教务长马蒂·施密特、负责财务的副校长伊斯雷尔·鲁伊斯（Israel Ruiz）、系主任哈希姆·萨尔基斯（Hashim Sarkis）、负责研究的副校长玛丽亚·朱伯（Maria Zuber）。

任何一本关于媒体实验室的书都要向已故的杰里·威斯纳致以谢意，是他让麻省理工学院相信，创立一个“前所未有的院系”是有意义的。也要向辞世的马文·明斯基、西摩·帕佩特（两位都于2016年去世）、穆里尔·库珀致谢，他们是媒体实验室的三位先驱，同杰里·威斯纳和尼古拉斯·尼葛洛庞帝一道塑造了实验室最初的DNA。

哈佛大学的乔治·丘奇为本书提供了幽默而有深度的建议和灵感，他不断提醒我们，“如果你们所做的事情存在竞争，那你们就是在做一些很无聊的事情”。里德·霍夫曼是我几乎所有事情的“思想伙伴”，在思考媒体实验室及其原则的过程中一直给予我鼓励和支持。感谢约翰·希利·布朗和约翰·哈格尔写出《拉动力》[①]（*The Power of Pull*）一书。感谢我后认的教父蒂莫西·利里，作为“表演哲学家”，他向我展示如何有风格的拒绝服从，告诉我“质疑权威，自我思考”。也要感谢巴拉克·奥巴马（Barack Obama）帮助我决定使用“投放”这个表述。

感谢赛斯·高汀（Seth Godin）、J. J. 艾布拉姆斯（J. J. Abrams）、沃尔特·艾萨克森（Walter Isaacson）、保拉·安东内利（Paola Antonelli）、文森佐·罗佐（Vincenzo Iozzo）、杰里米·鲁宾、罗恩·里弗斯特、斯科特·E. 佩奇、米奇·雷斯尼克、杰米斯·哈萨比斯、肖恩·邦纳、科林·拉尼（Colin Raney）、斯科特·汉密尔顿、埃伦·霍夫曼（Ellen Hoffman）、纳塔利·萨尔蒂尔（Natalie Saltiel），以及其他许多帮助检查和修改文字的人。

我的执行助理田中美香（Mika Tanaka）和前助理希

① 《拉动力》由中信出版社于2013年出版。——编者注

瑟·德·曼比（Heather de Manbey）承担了安排我的日程及相应工作流程，这是项出力不讨好的工作。感谢林千晶（Chiaki Hayashi）安排了东京一切需要安排的事情，不辞辛劳，积极推动。韦斯·内夫（Wes Neff）承担了协调我演讲活动的工作。马克·施特尔廷（Mark Stoelting）和他的团队是世界上最棒的行程代理人，我的行程是对他们能力的测试。

我的姐姐伊藤瑞子是家中真正的学者，她的丈夫斯科特·费希尔（Scott Fisher）是我和媒体实验室之间建立的最早的联系。感谢我已去世的母亲将我带到这个世界，给我追求自我和自己道路的支持和信心。最后也是最需要感谢的是我的妻子瑞佳（Mizuka），她的爱和支持贯穿写作的全过程，也感谢她忍受了我疯狂的生活。

来自杰夫·豪：

2012 年春季的一天，我的代理人打来电话问我是否有兴趣合著一本书。我回答的第一个词是“不行”。当作家们聚在一起讲述关于冲突的故事时，最痛苦的就是合作创作的关系出了问题。“另外那个作者是谁？”我仅仅出于好奇问道。他说是伊藤穰一。我回答道：“哦，如果是这样，我答应。”2003 年我写过一则有关伊藤穰一的简短人物介绍，发表在《连线》杂志上。他是在互联网起步初期引导发展的人物之一，确保互联网的透明化和民主化，他也对优秀的和怪异的人抱有充分的尊重。更为令人印象深刻的是，他激发了同事和朋友们的奉献精神。如果《福布斯》杂志富豪排行榜衡量的是社会资本而不是金融资本，伊藤穰一将位列榜首。通过写作的 4 年时间，我很容易理解其中的原因。伊藤穰一拥有你在世界顶尖研究实验室负责人身上所能想象的所有才华，但这些都比不上他看待世界带有的那份极富感染力的快乐和好奇。这本书的创作时常遇到挑战，但由于有了伊藤穰一，写作的过程一直充满乐趣。

如果人类确实能发现不死神药，权当确实如此，我仍然没有时间偿还对贾·埃弗斯欠下的“巨额债务”。她会用自己勤劳、聪慧和恬静的特点影响接触的人和事。她对本书贡献的程度和她无边好奇心一样广大。这本书确实是三个不同但互补的人一起合作的产物。

我十分感谢约翰·布罗克曼建议我和伊藤穰一合著一本书，感谢马克斯·布罗克曼在众多曲折伴随此书创作的过程中提供的无价建议和支持。

在书的致谢部分感谢编辑是传统，但我们在大中出版社的编辑团队可以作证，本书的编辑过程远不像传统那样。感谢里克·沃尔夫（Rick Wolf）将此书列入出版计划；感谢米奇·霍夫曼热情的鼓励；最感谢的是格雷琴·杨，对本书充满信任，从写作到完成一路关注。非常感谢凯尔·波普（Kyle Pope），很多年来他的智慧和编辑建议照亮了我最黑暗的一段时光。同样感谢波凯瑟琳·斯托帕、杰夫·霍尔特（Jeff Holt）、吉米·弗朗哥（Jimmy Franco），安德鲁·邓肯（Andrew Duncan），以及大中出版社团队的其他人。

麻省理工学院媒体实验室名至实归，吸引了我们这个时代最具原创力的大脑。但本书最终获益最多的来自媒体实验室自创立以来就展现的深厚人文精神。实验室的工作人员、教师和学生不断证明技术的价值应该以其改善用户生活的能力来衡量。米奇·雷斯尼克对本书施加的影响力远超教育领域，戴维·孔（David Kong）也是如此，他的同情心和对社会正义的追求比肩他的博学多才。媒体实验室的全体人员一次又一次无偿提供给我最宝贵的资源：他们的时间。还要感谢埃伦·霍夫曼、内里·奥克斯曼、娜佳·皮克（Nadya Peek）、德布·罗伊（Deb Roy）、杰里米·鲁宾、斯蒂西·斯洛尼克（Stacie Slotnick）、菲利普·施密特（Philipp Schmidt）、杰西·苏萨（Jessica Sousa），还有其他许多人通过这样或那样的方式在本书中留下他们的贡献。感谢媒体实验室外的众多资源，如汤姆·奈特、斯科特·佩奇等，他们花大量时间将极其复杂的想法翻译成连最迟钝的记者都能理解的语言。

书籍有时堪比野兽，自私且无情。没有来自朋友、家人和同事的支持，这些“生物”从不会消失。对于支持我创作本书的美国东北大学和我无比自豪称为同事的许多人，我欠了很多“债务”。写书的 4 年生活中也发生了很多事，毫不夸张地说，如果没有史蒂夫·伯加德（Steve Burgard），这本书绝不会完成。他聘用我去美国东北大学教授新闻学课程，却在本书写作过半时辞世。我还对现任系新闻学院院长乔纳森·考夫曼（Jonathan Kaufman）以及“媒体创新”项目的同人迪娜·克拉夫特（Dina Kraft）和阿拉斯佐·巴加克（Aleszu Bajak）怀有深深谢意。在写作过程的每一步，明智的建议和慷慨的鼓励都使我受益，这些来自我的正式导师艾伦·施罗德（Alan Schroeder），以及我那些大方的“非正式导师”们：迈克·博德特（Mike Beaudet）、苏珊·康诺弗（Susan Conover）、恰克·方丹（Chuck Fountain）、卡林·亨佩尔（Carlene Hempel）、丹·肯尼迪（Dan Kennedy）、劳伦·莱夫（Laurel Leff）、格拉迪斯·麦凯和林克·麦凯（Gladys and Link McKie），和约翰·维贝（John Wihbey）。

同样，当我回忆本书创作之前的几年时光，我看到很多足印，但很少是我自己的。我将无以表达的感谢和爱献给我的朋友们，他们富有才华也充满善意，在我力量虚弱感到无助时给予我支持。没有玛莎·拜宾格（Martha Bebinger）、哈伦·博斯马吉安（Harlan Bosmajian）、加里·奈特（Gary Knight）、安德里亚·迈耶（Andrea Meyer）、瓦莱丽·斯蒂弗斯（Valerie Stivers）、菲奥纳·特纳（Fiona Turner）和帕特·惠伦（Pat Whalen），在本书写作的重压下我可能离终点线还有很远就倒下了。同样感谢的话也给迪赛琳娜·罗德里格斯（Dircelene Rodriguez），这6年里对我们家持久的爱和照顾造就了坚实的根基，其他一切都建立在这个基础之上。

如果本书展示了对学习的热爱以及将这份爱传递给了他人，这一点归功于我的父亲罗伯特·豪（Robert Howe），他一生的事业都倾注于此。如果本书展示了对人类本性根本的信心，这一点是源自我的母亲阿尔玛（Alma），她在本书完成前就去世了，但此前已经深深影响了本书其中一位作者。如果在本书的创作过程中展示出了任何艺术性，这一点是源自我的姐姐珍妮·豪（Jeanie Howe），她将自己一生投入到教育事业中，帮助学生坚立对生活的信心。

一如以往，我亏欠最大的是我心胸开阔的女儿安娜贝尔（Annabel）、调皮的儿子芬恩和我美丽聪慧的妻子阿莉西娅·阿尔伯特（Alysia Abbott）。没人应该和一个写书的作者一起生活，尤其是这个作者还有工作。为了重要项目牺牲自己是一回事，但这么做却让自己最爱的人承受牺牲就太过分了。我无法用语言向家人表达感激，他们耐心、宽容而且有着不可思议的幽默感。

本书至少部分原因是为了献给约翰·梅尔菲（John Melfi）。伙计，咱们在Nymphana见吧，那里总有鱼上钩。

注 释

序 言

1. Emmanuelle Toulet, *Birth of the Motion Picture*, (New York: Harry N. Abrams, 1995), 21.

2. 兄弟二人聘请了一位非常有名的画家——亨利·布里斯波特（Henri Brispot）来为这一幕电影配图，而这也就此成为世界首幅电影海报。

3. Martin Loiperdinger and Bernd Elzer, "Lumiere' s Arrival of the Train: Cinema' s Founding Myth," *The Moving Image* 4, no. 1 (2004): 89–118, doi:10.1353/mov.2004.0014.

4. Daniel Walker Howe, *What Hath God Wrought* (Oxford: Oxford University Press, 2007), 7.

5. David L. Morton, Jr. *Sound Recording: The Life Story of a Technology* (Baltimore: Johns Hopkins University Press, 2006), 38-39.

6. Paul A. David, "The Dynamo and the Computer, an Historical Perspective on the Modern Productivity Paradox." *American Economic Review*, 80, no. 2 (1990):355–361.

7. Ashley Lutz, "20 Predictions from Smart People

That Were Completely Wrong," *Business Insider*, May 2, 2012, http://www.businessinsider.com/false-predictons-2012-5?op=1#ixzz3QikI1PWu.

8. David Lieberman, "CEO Forum: Microsoft's Ballmer Having a 'Great Time,'" *USA Today*, April 30, 2007, http://usatoday30.usatoday.com/money/companies/management/2007-04-29-ballmer-ceo-forum-usat_N .htm.

9. Michel Foucault, *The Archaeology of Knowledge* (New York: Pantheon, 1972).

10. Thomas S. Kuhn, *The Structure of Scientific Revolutions: 50th Anniversary Edition* (University of Chicago Press, 2012).

11. 同上。

12. Daniel Šmihula, "The Waves of the Technological Innovations," *Studia Politica Slovaca*, issue 1 (2009): 32–47; Carlota Perez, *Technological Revolutions and Financial Capital: The Dynamics of Bubbles and Golden Ages* (Northampton, MA: Edward Elgar Publishing, 2002).

13. Frank J. Sonleitner, "The Origin of Species by Punctuated Equilibria," *Creation/Evolution Journal* 7, no. 1 (1987): 25–30.

14. Chris Mack, "The Multiple Lives of Moore's

Law," *IEEE Spectrum* 52, no. 4 (April 1, 2015): 31–31, doi:10.1109 /MSPEC.2015.7065415.

15. Janet Browne, *Charles Darwin: Voyaging* (New York: Knopf, 1995).

16. 同上。Janet Browne, *Charles Darwin: The Power of Place* (New York: Knopf, 1995); Adrian Desmond and James Moore, *Darwin* (London: Michael Joseph, 1991).

17. Dietrich Stoltzenberg, *Fritz Haber: Chemist, Nobel Laureate, German, Jew; A Biography* (Philadelphia: Chemical Heritage Foundation, 2004).

18. Marc Goodman, *Future Crimes: Everything Is Connected, Everyone Is Vulnerable and What We Can Do About It* (New York: Doubleday, 2015).

19. Peter Hayes, *From Cooperation to Complicity: Degussa in the Third Reich* (New York: Cambridge University Press, 2007).

20. "Through Deaf Eyes," PBS, http://www.pbs.org/weta/throughdeafeyes/deaflife/bell_nad.html.

21. 我们应该注意到，这个引用的准确性存疑。

22. Mark Cousins, *The Story of Film* (London: Pavilion, 2012), Kindle Edition, chapter 1: "Technical Thrill (1895–1903), The sensations of the first movies.” .

23. Richard Brody, “The Worst Thing About ‘Birth of a Nation’ Is How Good It Is,” *New Yorker*, February 1, 2013, http://www.newyorker.com/culture/richard-brody/the-worst-thing-about-birth-of-a-nation-is-how-good-it-is.

24. 这一“宇宙历”源于已故的卡尔·萨根（Carl Sagan），引自 The Dragons of Eden (*New York: Ballantine*, 1977)。后曾再次出现在萨根所著的 *Cosmos: A Personal Voyage* (1980)，以及国家地理（*National Geographic*）频道 2014 年纪录片《宇宙时空之旅》(*Cosmos: A Spacetime Odyssey*)，由奈尔·德葛拉司·泰森（Neil DeGrasse Tyson）解说。

25. John Hagel III, John Seely Brown, and Lang Davison, “The Big Shift: Measuring the Forces of Change,” Harvard Business Review, July–August 2009, https://hbr.org/2009/07/the-big-shift-measuring-the-forces-of-change.

26. Šmihula, “The Waves of the Technological Innovations” ; Perez, Technological Revolutions and Financial Capital.

27. John Hagel III, John Seely Brown, and Lang Davison, “The New Reality: Constant Disruption,” *Harvard Business Review*, January 17, 2009,

https://hbr.org/2009/01/the-new-reality-constant-disru.html.

28. 最近的一个例子请看 Devlin Barrett, Danny Yadron, and Damian Paletta, "U.S. Suspects Hackers in China Breached About 4 Million People's Records, Officials Say," *Wall Street Journal*, June 5, 2015, http://www.wsj.com/articles/u-s-suspects-hackers-in-china-behind-government-data-breach-sources-say-1433451888.

29. James O'Shea, *The Deal from Hell: How Moguls and Wall Street Plundered Great American Newspapers* (New York: PublicAffairs, 2012).

30. Matt Levine, "Guy Trading at Home Caused the Flash Crash," *Bloomberg View*, April 21, 2015, http://www.bloombergview.com/articles/2015-04-21/guy-trading-at-home-caused-the-flash-crash.

31. Melanie Mitchell, *Complexity: A Guided Tour* (New York:Oxford University Press, 2009), 10.

32. 同上，第 176 页。

33. 同上，第 13 页。

34. 佩奇提到的是伪纪录片《摇滚万岁》中的著名场景，头脑迷糊的主吉他手奈杰尔·塔夫内尔（Nigel Tufnel）努力解释一个扩音器的重要性，它能够超过音量键上常规的 10 级。“音量大了一级，对吗？”

35. 引用于 Joichi Ito and Jeff Howe, “The Future: An Instruction Manual,” *LinkedIn Pulse*, October 2, 2012, https://www.linkedin.com/pulse/20121002120301-1391-the-future-an-instruction-manua.

36. Nate Silver, *The Signal and the Noise: Why So Many Predictions Fail* (New York: Penguin, 2012); Louis Menand, “Everybody’s an Expert,” *New Yorker*, December 5, 2005, http://www.newyorker.com/magazine/2005/12/05/everybodys-an-expert; Stephen J. Dubner, “The Folly of Prediction,” *Freakonomics* podcast, September 14, 2011, http://freakonomics.com/2011/09/14/new-freakonomics-radio-podcast-the-folly-of-prediction/.

37. National Council for Science and the Environment, *The Climate Solutions Consensus: What We Know and What to Do About It,* edited by David Blockstein and Leo Wiegman (Washington, D.C.: Island Press, 2012), 3.

38. *Oxford Advanced Learner's Dictionary,* http://www.oxforddiction- aries.com/us/definition/learner/medium.

39. 媒体实验室网站包括实验室筹款模式、当前研究和历史沿革的综合概况。http://media.mit.edu/

about/about-the-lab.

40. Olivia Vanni. "An Ex-Apple CEO on MIT, Marketing & Why We Can't Stop Talking About Steve Jobs," BostInno.com. April 8, 2016. http://bostinno.streetwise.co/2016/04/08/apples-steve-jobs-and-john-sculley-fight-over-ceo/.

41. 截至 2016 年 5 月，媒体实验室有一些因生物学而激发灵感的项目：凯文·埃斯弗尔特（Kevin Esvelt）的“雕刻进化组织”正在研究基因驱动和生态工程；内里·奥克斯曼的“介导物质组”正在实验微流控芯片技术和 3D 打印生命原料；石井裕（Hiroshi Ishii）的可触媒体小组已经创造出一种带有“活的纳米制动器”的织物，能够根据穿着者的体温通过细菌打开或关闭材料中的排气孔。

42. Malcolm Gladwell. "Creation Myth: Xerox PARC, Apple, and the Truth about Innovation." *New Yorker*, May 16, 2011, http://www.newyorker.com/magazine/2011/05/16/creation-myth.

1
涌现优于权威

1. Steven Johnson, *Emergence: The Connected Lives of Ants, Brains, Cities, and Software* (New York:

Scribner, 2001), 64.

2. Balaji Prabhakar, Katherine N. Dektar, and Deborah M. Gordon, "The Regulation of Ant Colony Foraging Activity without Spatial Information," Edited by Iain D. Couzin, *PLoS Computational Biology* 8, no. 8 (August 23, 2012): e1002670. doi:10.1371/journal.pcbi.1002670。另请参阅 Bjorn Carey, "Stanford Biologist and Computer Scientist Discover the 'Anternet,'" *Stanford Engineering: News and Updates*, August 24, 2012, http://engineering.stanford .edu/news/stanford-biologist-computer-scientist-discover-anternet.

3. F. A. Hayek, "The Use of Knowledge in Society," *American Economic Review* 35, no. 4 (1945): 519–30.

4. 截至 2015 年 11 月 15 日，有超过 32 亿人（全球人口的 40%）可以使用互联网。http://www.internetlivestats.com/internet-users/.

5. Jim Giles, "Internet encyclopaedias go head to head," *Nature* 438 (December 15, 2005), 900–901.

6. Prabhakar, Dektar, and Gordon, "The Regulation of Ant Colony Foraging Activity without Spatial Information."

7. World Health Organization, "Tuberculosis: Fact Sheet No. 104," reviewed March 2016, http://www.

who.int/mediacentre/factsheets/fs104/en/.

8. Thomas M. Daniel, "The History of Tuberculosis," *Respiratory Medicine* 100, issue 11 (November 2006): 1862–70, http://www.sciencedirect.com/science/article/pii/S095461110600401X.

9. Mark Nicas, William W. Nazaroff, and Alan Hubbard, "Toward Understanding the Risk of Secondary Airborne Infection: Emission of Respirable Pathogens," *Journal of Occupational and Environmental Hygiene* 2, no. 3 (2005): 143–54, doi:10.1080/15459620590918466, PMID 15764538.

10. Centers for Disease Control and Prevention (CDC), "Tuberculosis Morbidity — United States, 1994," *Morbidity and Mortality Weekly Report* 44, no. 20 (May 26, 1995): 387–89, 395, http://www.ncbi.nlm.nih.gov/pubmed/7746263.

11. World Health Organization, "What Is Multidrug-Resistant Tuberculosis (MDR-TB) and How Do We Control It?" updated October 2015, http://www.who.int/features/qa/79/en/.

12. World Health Organization, "WHO's First Global Report on Antibiotic Resistance Reveals Serious, Worldwide Threat to Public Health," press release, April 30, 2014, http://www.who.int/mediacentre/

news/releases/2014/amr-report/en/.

13. Team Bettancourt, "Fight Tuberculosis with Modern Weapons," http://2013.igem.org/Team:Paris_Bettencourt.

14. 同上。

15. 接受杰夫·豪采访。

16. 当本书即将完成之际，劳伦斯伯克利国家实验室联合生物能源研究所的研究人员宣布了一项有关于从生物量和大肠杆菌制造具备商业可行性的生物燃料的重大进展。华盛顿大学的《保护》(*Conservation*)杂志报道称，这一新的工艺流程利用重新再造后的大肠杆菌来耐受用于破坏植物原料的熔盐，同时还能产出能够耐受盐的生物酶。最终的目标是要生产出"低成本、一锅法合成工艺"的生物燃料。联合生物能源研究所燃料合成所副所长安卓拉·穆库帕蒂艾(Aindrila Mukhopadhya)说："能够将所有一切东西都放在一起，走开，再回来，然后就可以得到你的燃料，这是迈向生物燃料经济阶段的必要步骤。" Prachi Patel, "Green Jet Fuel in One Easy Step." Conservation magazine, May 12, 2016, http://conservationmagazine.org/2016/05/green-jet-fuel-one-easy-step; Marijke Frederix, Florence Mingardon, Matthew Hu, Ning Sun, Todd Pray, Seema Singh, Blake A. Simmons,

Jay D. Keasling, and Aindrila Mukhopadhyay, "Development of an E. Coli Strain for One-Pot Biofuel Production from Ionic Liquid Pretreated Cellulose and Switchgrass," Green Chemistry, 2016,doi:10.1039/C6GC00642F.

17. Nathaniel Rich, "The Mammoth Cometh," *New York Times Magazine*, February 27, 2014, http://www.nytimes.com /2014/03/02/ magazine/the-mammoth-cometh.html.

18. 接受杰夫 · 豪采访。

19. DIYBio, https://diybio.org/.

20. Ryan Mac, "Already Backed with Millions, Startups Turn to Crowdfunding Platforms for the Marketing," *Forbes*, August 6, 2014, http://www.forbes.com/sites/ryanmac/2014/08/06/backed-with-millions-startups-turn-to-crowdfunding-for-marketing/#6cfda89c56a3.

21. 关于"众包"的更多讨论，杰夫谨推荐他的第一本著作：*Crowdsourcing: Why the Power of the Crowd Is Driving the Future of Business*, (New York: Crown Business, 2009).

22. 可参阅 Christina E. Shalley and Lucy L. Gilson, "What Leaders Need to Know: A Review of Social and Contextual Factors That Can Foster or Hinder Creativity," *Leadership Quarterly* 15, no. 1 (2004):

33–53, doi:10.1016/j.leaqua.2003.12.004: “（研究人员）已经发现一系列核心性格特点在各个领域都很稳定的存在，它们使得一些个体比其他人更具创造性……这些特点包括更加广泛的兴趣、独立判断、自主性以及对于自身创造性的坚定信心。除了性格特点外，创新性表现还需要一系列与创新相关的技能……创新思考的能力、提出替代选择、发散思维或者暂停判断。这些技能都是必要的，因为创新需要认知感知，这涉及收集和应用不同的信息、准确的记忆、运用高效的启发、长时间高度集中的能力和意愿。当个体面临多个选择、示例解决方案或者潜在的相关观点时，他们更可能会相互联系，让自己变得更具创造性。”（引文有删减）

23. 接受杰夫·豪采访。

24. Harold J. Morowitz, “The Understanding of Life: Defining Cellular Function at a Molecular Level and Complete Indexing of the Genome,” 出版日期未知，但可能是 1984 年，论文由汤姆·奈特提供。

25. James J. Collins, Timothy S. Gardner, and Charles R. Cantor, “Construction of a Genetic Toggle Switch in Escherichia Coli,” *Nature* 403, no. 6767 (January 20, 2000): 339–42, doi:10.1038/35002131.

26. Michael B. Elowitz and Stanislas Leibler, "A Synthetic Oscillatory Network of Transcriptional Regulators," *Nature* 403, no. 6767 (January 20, 2000): 335–38, Doi:10.1038/35002125.

27. Tom Knight, Randall Rettberg, Leon Chan, Drew Endy, Reshma Shetty, and Austin Che, "Idempotent Vector Design for the Standard Assembly of Biobricks," http://people.csail.mit.edu/tk/sa3.pdf.

28. 接受杰夫 · 豪采访。

2
抗力优于推力

1. "Nuclear Meltdown Disaster," *Nova* (PBS), season 42, episode 22.

2. Nassim Nicholas Taleb, *The Black Swan: The Impact of the Highly Improbable* (London: Penguin UK, 2008)

3. David Nakamura and Chico Harlan, "Japanese Nuclear Plant's Evaluators Cast Aside Threat of Tsunami," *Washington Post*, March 23, 2011, https://www.washingtonpost.com/world/japanese-nuclear-plants-evaluators-cast-aside-threat-oftsunami/2011/03/22 /AB7Rf2KB_story.html.

4. Yuki Sawai, Yuichi Namegaya, Yukinobu Okamura, Kenji Satake, and Masanobu Shishikura, "Challenges of Anticipating the 2011 Tohoku Earthquake and Tsunami Using Coastal Geology," *Geophysical Research Letters* 39, no. 21 (November 2012), doi:10.1029/2012GL053692.

5. Gwyneth Zakaib. "US Government Advises Wider Evacuation Radius around Crippled Nuclear Plant." *Nature News Blog*, March 16, 2011, http://blogs.nature.com/news/2011/03/us_residents_advised_to_evacua_1.html.

6. "在很多方面，'媒体实验室'是一桩买卖，"莫斯在任命时告诉麻省理工学院学生报纸《技术》（*The Tech*）。他建议媒体实验室应将其研究与赞助企业的兴趣充分结合。"你必须在学术自由、从事不同类型的研究和赞助企业想要研究成果商业化这两者之间力求平衡。在媒体实验室，我们可能得在过去所做努力的基础上进一步与赞助商构建原型"。

7. 该组织的官网为 http://www.safecast.org.

8. "Nuclear Fears Spark Rush for Radiation Detectors," *Agence France-Presse*, March 29, 2011.

9. 通常是小写的"b"。

10. Andrew "bunnie" Huang, "Hacking the Xbox (An Introduction to Reverse Engineering)," n.d., http://hackingthexbox.com/.

11. 涉及 Safecast 的信息来自该组织发布的信息历史以及和创始人的对话。

12. 由 Jacob Schmookler 开创的一个想法，in *Invention and Economic Growth* (Boston: Harvard University Press, 1966). Schmookler 的作品概述，参见 F. M. Scherer, "Demand-Pull and Technological Invention: Schmookler Revisited," *The Journal of Industrial Economics* 30, no. 3 (1982): 225–37, http://www.jstor.org/stable/2098216.

13. 参见 https://aws.amazon.com/what-is-cloud-computing/.

14. David Weinberger. *Small Pieces Loosely Joined: A Unified Theory of the Web* (New York: Basic Books, 2003).

15. Dan Pink, "The Puzzle of Motivation," TED Talk, July 2009, https://www.ted.com/talks/dan_pink_on_motivation.

16. IETF, "Mission Statement," https://www.ietf.org/about/mission.html

17. 截至 2016 年 5 月，超过 80 家机构和组织——包括杰夫就读的美国东北大学——正在使用

Experiment.com 为研究项目筹资。根据该网站统计，通过该平台筹资的研究项目已发表了 20 篇科技论文。http://experiment.com/how-it-works.

18. 采访杰夫 · 豪。

19. 更多信息，包括法律文件，参见“Rubin v. New Jersey (Tidbit),” Electronic Frontier Foundation (EFF), https://www.eff.org/cases/rubin-v-new-jersey-tidbit.

20. 现在比特币基金网站上可找到 PDF 格式的文件，http://bitcoin.org/bitcoin.pdf.

21. Erik Franco. “ Inside the Chinese Bitcoin Mine That's Grossing $1.5M a Month,” Motherboard, February 6, 2015, http://motherboard. vice.com/read/chinas-biggest-secret-bitcoin-mine?utm_source= motherboardyoutube.

22. Quoted in Maria Bustillos, “The Bitcoin Boom,” New Yorker, April 1, 2013.

23. Joshua Davis. “The Crypto-Currency: Bitcoin and Its Mysterious Inventor.” The New Yorker, October 10, 2011.

24. Ethan Zuckerman, “The Death of Tidbit and Why It Matters,” …My Heart's in Accra, May 28, 2015, http://www.ethanzuckerman.com/blog/2015/05/28/

the-death-of-tidbit-and-why-it-matters/.

25. John Hagel III, John Seely Brown, and Lang Davison, The Power of Pull: How Small Moves, Smartly Made, Can Set Big Things in Motion, (New York: Basic Books, 2012)

26. Mark S. Granovetter, "The Strength of Weak Ties," American Journal of Sociology 78, no. 6 (1973): 1360–80, http://www.jstor.org/stable/2776392.

27. Malcolm Gladwell, "Small Change: Why the Revolution Will Not Be Tweeted," New Yorker, October 4, 2010, http://www.newyorker.com/reporting/2010/10/04/101004fa_fact_gladwell?printable=true.

28. Yves-Alexandre de Montjoye et al., "The Strength of the Strongest Ties in Collaborative Problem Solving," Scientific Reports 4 (June 20, 2014), doi:10.1038/srep05277.

29. Doug McAdam, "Recruitment to High-Risk Activism: The Case of Freedom Summer," *American Journal of Sociology* 92, no. 1 (1986): 64–90, http://www.jstor.org/stable/2779717.

30. "2013 Everett M. Rogers Award Colloquium," YouTube, https://www.youtube.com/watch?v=9l9VYXKn6sg.

31. Ramesh Srinivasan and Adam Fish, "Internet Authorship: Social and Political Implications within Kyrgyzstan," *Journal of Computer-Mediated Communication* 14, no. 3 (April1, 2009): 559–80, doi:10.1111/j.1083-6101.2009.01453.x.

32. Ethan Zuckerman, Digital Cosmopolitans: Why We Think the Internet Connects Us, Why It Doesn't, and How to Rewire It (W.W. Norton & Company, 2013).

33. 正如序言中出现的威廉·吉布森所说，这个知名观点的来源并不清楚。米德在 1944 年成立的文化研究所（The Institute for Cultural Studies）于 2009 年关闭，该研究所认为，"我们无法找到第一次引用该观点的时间和地点……我们相信这个观点的流传很有可能通过报纸报道，自发或非正式的言论。然而，我们知道这深深地扎根于她的专业作品，这也反映了她在不同的背景和措辞中经常表达的信念。" http://www.interculturalstudies.org/faq.html.

34. Maria Popova, "Autonomy, Mastery, Purpose: The Science of What Motivates Us, Animated," Brain Pickings, http://www.brainpickings.org/index.php/2013/05/09/daniel-pink-drive-rsa-motivation/.

3
指南针优于地图

1. 接受杰夫·豪的采访。

2. James Aley, "Wall Street's King Quant David Shaw's Secret Formulas Pile Up Money. Now He Wants a Piece of the Net," *Fortune*, 1996, 3–5, http://money.cnn.com/magazines/fortune/fortune_archive/1996/02/05/207353/index.htm.

3. Rob Copeland, "Two Sigma Readies New Global Equity Fund," *Institutional Investor Magazine*, November 1, 2011, http://www.institutionalinvestor.com/article/2925681/asset-management-equities/two-sigma-readies-new-global-equity-fund-magazine-version.html#/.VoPhbpMrK34.

4. 2014年刊载于"对冲基金观察家"网站（HFObserver）。该网站已变为会员制，相关页面已经无法登陆。

5. "Silk Pavillion Environment | CNC Deposited Silk Fiber & Silkworm Construction | MIT Media Lab," accessed May 24, 2016, http://matter.media.mit.edu/environments/details/silk-pavillion.

6. "CNSILK—CNC Fiber Deposition Shop-Bot Deposited Silk Fibers, MIT Media Lab," accessed

May 24, 2016, http://matter.media.mit.edu/tools/details/cnsilk.

7. "The Year in Review," Metropolis, December 2013, http://www.metropolismag.com/December-2013/The-Year-in-Review/.

8. Programme for International Student Assessment (PISA), "PISA 2012 Results — OECD," http://www.oecd.org/pisa/keyfindings/pisa-2012-results.htm.

9. Paul E. Peterson et al., "Globally Challenged: Are U.S. Students Ready to Compete?" PEPG Report No. 11-03 (Cambridge, MA: Program on Education Policy and Governance, Harvard University), http://hanushekstanford.edu/publications/globally-challenged-are-us-students-ready-compete.

10. Christina Clark Tuttle et al., "KIPP Middle Schools: Impacts on Achievement and Other Outcomes" (Washington, D.C.: Mathematica Policy Research, February 27, 2013), https://www.mathematica-mpr.com/our-publications-and-findings/publications/kipp-middle-schools-impacts-on-achievement-and-other-outcomes-full-report.

11. See "Standards in Your State | Common Core State Standards Initiative," accessed May 26, 2016, http://www.corestandards.org/standards-in-your-

state/.

12. Anu Partanen, "What Americans Keep Ignoring About Finland's School Success," *Atlantic*, December 29, 2011, http://www.theatlantic.com/national/archive/2011/12/what-americans-keep-ignoring-about-finlands-school-success/250564/.

13. 接受杰夫 · 豪的采访。

14. "The United States Standard Screw Threads," accessed May 26, 2016, https://www.asme.org/about-asme/who-we-are/engineering-history/landmarks/234-the-united-states-standard-screw-threads.

15. Tom Knight, "Idempotent Vector Design for Standard Assembly of Biobricks," *MIT Libraries*, 2003, 1–11, http://dspace.mit.edu/handle/1721.1/45138.

16. "About Me (redith)," http://www.thesmartpolitenerd.com/aboutme.html.

17. 接受杰夫 · 豪的采访。

18. Nicholas Wade, ed., The New York Times Book of Genetics (Guilford, CT: Lyons Press, 2002), 250.

19. Human National Human Genome Research Institute, "The Human Genome Project Completion: Frequently Asked Questions," https://

www.genome.gov/11006943.

20. "MIT Independent Activities Period (IAP)," http://web.mit.edu/iap/.

21. "iGEM 2004—The 2004 Synthetic Biology Competition—SBC04," http://2004.igem.org/index.cgi.

22. Anselm Levskaya et al., "Synthetic Biology: Engineering Escherichia Coli to See Light," *Nature* 438, no. 7067 (November 24, 2005): 441–42, doi:10.1038/nature04405.

23. iGEM, "Main Page — Registry of Standard Biological Parts," accessed May 26, 2016, http://parts.igem.org/Main_Page.

24. "Team:Paris Bettencourt/Acceptance—2015.igem.org," accessed May 26, 2016, http://2015.igem.org/Team:Paris_Bettencourt/Acceptance.

25. "Team:NYMU-Taipei—2013.igem.org," accessed May 26, 2016, http://2013.igem.org/Team:NYMU-Taipei.

26. "Team:EPF Lausanne/Perspectives—2013.igem.org," accessed May 26, 2016, http://2013.igem.org/Team:EPF_Lausanne/Perspectives.

27. 据尼葛洛庞帝介绍，这个表述是他在墙上的挂钟上看到的，挂钟位于媒体实验最初那栋楼的

4层。斯图尔特·布兰德（Stewart Brand）将这个表述收录在他所著关于媒体实验室的书中，这个座右铭也由此诞生。Joichi Ito, "Deploy: How the Media Lab's 'Demo or Die' Evolved to 'Deploy,'" *PubPub*, January 31, 2016, http://www.pubpub.org/pub/deploy.

28. 同上。

29. "Seymour Papert," accessed May 26, 2016, http://web.media.mit.edu/—papert/.

30. Seymour Papert, "Papert on Piaget," March 29, 1999, http://www.papert.org/articles/Papertonpiaget.html. 最初刊登在 *Time magazine*'s *The Century's Greatest Minds*, March 29, 1999.

31. Seymour A. Papert, Mindstorms: *Children, Computers, And Powerful Ideas* (New York: Basic Books, 1993).

32. 同上，xvi.

33. Eric Hintz, "Remembering Apple's '1984' Super Bowl Ad," *National Museum of American History*, January 22, 2014, http://americanhistory.si.edu/blog/2014/01/remembering-apples-1984-super-bowl-ad.html.

34. 来自米奇·雷斯尼克对其进行的采访。

35. "About Us," *Scratch Foundation*, accessed May

27, 2016, http://www.scratchfoundation.org/about-us/.

4
风险优于安全

1. 当然，现在出现了更多的苹果商店，最新的统计数据是全球共有超过 400 家。“Apple Retail Store — StoreList,” Apple, http://www.apple.com/retail/storelist/.

2. 利亚姆 · 凯西于 2012 年 4 月 3 日接受杰夫 · 豪采访。

3. 自此之后，胡的重点从硬件转移到了软件领域。Lyndsey Gilpin, “Julia Hu:Lark Founder. Digital Health Maven. Hip-Hop Dancer,” TechRepublic, July 27, 2015, http://www.techrepublic.com/article/julia-hu-lark-founder-digital-health-maven-hip-hop-dancer/.

4. 到 2020 年有望增至 3 万亿美元。Michael De Waal-Montgomery, “China and India Driving $3T Consumer Electronics Boom, Smart Home DevicesGrowing Fastest,” *VentureBeat*, n.d., http://venturebeat.com/2015/11/05/china-and-india-driving-3t-consumer-electronics-boom-smart-home-devices-growing-fastest/.

5. Steven Levy, "Google's Larry Page on Why Moon ShotsMatter," *WIRED*, January 17, 2013, http://www.wired.com/2013/01/ff-qa-larry-page/.

6. David Rowan, "Chinese Pirates Are Tech's New Innovators," *Wired UK*, June 1, 2010.

7. David Barboza, "In China, Knockoff Cellphones Are a Hit," *New York Times*, April 27, 2009, http://www.nytimes.com/2009/04/28/technology/28cell.html.

8. Robert Neuwirth, "The Shadow Superpower," *Foreign Policy*, accessed May 29, 2016, https://foreignpolicy.com/2011/10/28/the-shadow-superpower/.

9. Douglas S. Robertson et al., "K-Pg Extinction: Reevaluation of the Heat-Fire Hypothesis," *Journal of Geophysical Research: Biogeosciences* 118, no. 1 (March 1,2013): 329–36, doi:10.1002/jgrg.20018.

10. Bjorn Carey, "The Perils of Being Huge: Why Large Creatures Go Extinct," Live Science, July 18, 2006, http://www.livescience.com/4162-perils-huge-large-creatures-extinct.html.

11. "MLTalks: Bitcoin Developers Gavin Andresen, Cory Fields, and Wladimir van Der Laan" (MIT Media Lab, November 17, 2015), http://www.media.mit.edu/events/2015/11/17/mltalks-bitcoin-

developers-gavin-andresen-cory-fields-and-wladimir-van-der-laan.

12. 有关撤销安德雷森提交权限的理由是他本人所写的一篇博客，他声称，他相信澳大利亚程序员克雷格·赖特（Craig Wright）称自己是中本聪的说法。但其他核心开发者则把这当作安德雷森被黑客入侵的证据。若想了解整个争议，请查阅 Maria Bustillos, “Craig Wright’s ‘Proof’ He Invented Bitcoin Is the ‘Canadian Girlfriend of Cryptographic Signatures’,” *New York*, May 3, 2016, http://nymag.com/selectall/2016/05/craig-wright-s-proof-he-invented-bitcoin-is-basically-a-canadian-girlfriend.html.

13. “2009 Exchange Rate—New Liberty Standard,” February5, 2010, http://newlibertystandard.wikifoundry.com/page/2009+Exchange+Rate.

14. John Biggs, “Happy Bitcoin Pizza Day!,” *TechCrunch*, May 22, 2015, http://social.techcrunch.com/2015/05/22/happy-bitcoin-pizza-day/.

15. Robert McMillan, “The Inside Story of Mt. Gox,Bitcoin’s $460 Million Disaster,” *WIRED*, March 3, 2014, http://www.wired.com/2014/03/bitcoin-exchange/.

16. Cade Metz, “The Rise and Fall of the World’s Largest Bitcoin Exchange,” *WIRED*, November 6,

2013, http://www.wired.com/2013/11/mtgox/.

17. 同上。

18. AP, "Tokyo Court Starts Mt. Gox Bankruptcy Proceedings — The Boston Globe," *BostonGlobe.com*, April 25, 2014, https://www.bostonglobe.com/business/2014/04/25/tokyo-court-starts-gox-bankruptcy-proceedings/1dcuC1YIYb1jJrd8ut8JjJ/story.html.

19. Metz, "The Rise and Fall of the World's Largest Bitcoin Exchange."

20. Jon Southurst, "Mt. Gox Files for Bankruptcy, Claims $63.6 Million Debt," *CoinDesk*, February 28, 2014, http://www.coindesk.com/mt-gox-files-bankruptcy-claims-63-6m-debt/.

21. "MtGox Finds 200,000 Missing Bitcoins in Old Wallet," *BBC News*, accessed May 29, 2016, http://www.bbc.com/news/technology-26677291.

22. Jon Southurst, "Missing Mt Gox Bitcoins Likely an Inside Job, Say Japanese Police," *CoinDesk*, January 1, 2015, http://www.coindesk.com/missing-mt-gox-bitcoins-inside-job-japanese-police/.

23. Tim Hornyak, "Police Blame Fraud for Most of Mt. Gox's Missing Bitcoins," *Computerworld*,

December 31, 2014, http://www.computerworld.com/article/2863167/police-blame-fraud-for-most-of-mt-goxs-missing-bitcoins.html.

24. "MtGox Bitcoin Chief Mark Karpeles Charged in Japan," *BBC News*, September 11, 2015, http://www.bbc.com/news/business-34217495.

25. Adrian Chen, "The Underground Website Where You Can Buy Any Drug Imaginable," *Gawker*, June 1, 2011, http://gawker.com/the-underground-website-where-you-can-buy-any-drug-imag-30818160.

26. Sarah Jeong, "The DHS Agent Who Infiltrated Silk Road to Take Down Its Kingpin," *Forbes*, January 14, 2015, http://www.forbes.com/sites/sarahjeong/2015/01/14/the-dhs-agent-who-infiltrated-silk-road-to-take-down-its-kingpin/#6250111369dd.

27. Andy Greenberg, "Silk Road Mastermind Ross Ulbricht Convicted of All 7 Charges," *WIRED*, February 4, 2015, https://www.wired.com/2015/02/silk-road-ross-ulbricht-verdict/.

28. Riley Snyder, "California Investor Wins Federal Government's Bitcoin Auction," *Los Angeles Times*, July 2, 2014, http://www.latimes.com/business/technology/la-fi-tn-bitcoin-auction-

20140702-story.html.

29. John Biggs, "US Marshals to Sell 44,000 BTC at Auction in November," *TechCrunch*, October 5, 2015, http://social.techcrunch.com/2015/10/05/us-marshals-to-sell-44000-btc-at-auction-in-november/.

30. "FAQ—Bitcoin," Bitcoin.org, accessed May 29, 2016, https://bitcoin.org/ en/faq.

31. Eric Hughes, "A Cypherpunk's Manifesto," *Electronic Frontier Foundation*, March 9, 1993, https://w2.eff.org /Privacy/Crypto/Crypto_misc/cypherpunk.manifesto.

32. Joichi Ito, "Shenzhen Trip Report—Visiting the World's Manufacturing Ecosystem," *Joi Ito's Web*, September 1, 2014, http://joi.ito.com/weblog/2014/09/01/shenzhen-trip-r.html.

33. "Phantom Series—Intelligent Drones," *DJI*, http://www.dji.com/products/phantom.

34. "The World's First and Largest Hardware Accelerator," *HAX*, https://hax.co/.

5
违抗优于服从

1. David A. Hounshell and John Kenly Smith, *Science and Corporate Strategy: Du Pont R and D, 1902–1980* (Cambridge University Press, 1988).

2. Pap Ndiaye, *Nylon and Bombs: DuPont and the March of Modern America* (Baltimore: JHU Press, 2007).

3. Hounshell and Smith, *Science and Corporate Strategy*.

4. 同上。

5. Gerard Colby, *Du Pont: Behind the Nylon Curtain* (Englewood Cliffs, NJ: Prentice-Hall [1974], 1974).

6. Hounshell and Smith, *Science and Corporate Strategy*.

7. "Wallace Carothers and the Development of Nylon: National Historic Chemical Landmark," *American Chemical Society*, n.d., http://www.acs.org/content/acs/en/education/whatischemistry/landmarks/carotherspolymers.html.

8. Thomas S. Kuhn, *The Structure of Scientific Revolutions: 50th Anniversary Edition*, (University

of Chicago Press, 2012).

9. Zachary Crockett, "The Man Who Invented Scotch Tape," *Priceonomics*, December 30, 2014, http://priceonomics.com/the-man-who-invented-scotch-tape/.

10. Tim Donnelly, "9 Brilliant Inventions Made by Mistake," *Inc.com*, August 15, 2012, http://www.inc.com/tim-donnelly /brilliant-failures/9-inventions-made-by-mistake.html.

11. David R. Marsh et al., "The Power of Positive Deviance," *BMJ* 329, no. 7475 (November 11, 2004): 1177–79, doi:10.1136/bmj.329.7475.1177.

12. Tina Rosenberg, "When Deviants Do Good," New York Times, February 27, 2013, http://opinionator.blogs.nytimes.com/2013/02/27/when-deviants-do-good/.

13. David Dorsey, "Positive Deviant," *Fast Company*, November 30, 2000, http://www.fastcompany.com/42075/positive-deviant.

14. "Austin Hill—Venture Partner @ Montreal Start Up," *CrunchBase*, accessed May 30, 2016, https://www.crunchbase.com/person/austin-hill#/entity.

15. Mathew Ingram, "Austin Hill, Internet Freedom Fighter," The Globe and Mail, October 4, 1999.

16. Joseph Czikk, "'A Straight Out Scam': Montreal Angel Austin Hill Recounts First Business at FailCampMTL," Betakit, February 25, 2014, http://www.betakit.com/montreal-angel-austin-hill-failed-spectacularly-before -later-success/

17. Konrad Yakabuski, "Future Tech: On Guard," Globe and Mail, August 25, 2000, sec. Metro.

18. David Kalish, "Privacy Software Reason for Concern," Austin American-Statesman, December 14, 1999.

19. "囚徒困境"是1950年，美国兰德公司（RAND Corporation）的梅里尔·弗勒德（Merrill Flood）和梅尔文·德雷希尔（Melvin Dresher）提出的，普林斯顿大学的数学家艾伯特·W. 塔克（Albert W. Tucker）将该理论正式化。"囚徒困境"描述了双方在无法沟通的情况下做出决定的场景，但双方都知道该场景的结果部分取决于另一方的决定。最经典的例子是两个囚徒每人都有一次坦白的机会。若只有一人坦白，他或她将被释放，而另一人将坐牢；若两人都保持沉默，那两人都会被从轻处理；如果两人都坦白，他们都将坐牢，但判决会减轻。最好的选择是两人都保持沉默，但最常见的选择是坦白——两个人都不想冒风险，认为另一个人肯定会坦白将自己送进监狱。"囚徒困境"的变数经常用于探讨经济学和道德问题。"Prisoner's

Dilemma," Stanford Encyclopedia of Philosophy, revised August 29, 2014, http://plato.stanford.edu/entries/prisoner-dilemma/.

20. Austin Hill, "On Your Permanent Record: Anonymity, Pseudonymity, Ephemerality & Bears Omfg!," Medium, March 17, 2014, https://medium.com/@austinhill/on-your-permanent-record-f5ab81f9f654#. ak8ith7gu.

21. Felix Martin, Money: The Unauthorized Biography (New York: Knopf Doubleday Publishing Group, 2015).

22. 同上，43 页。

23. 同上，55—60 页。

24. Simon Singh, The Code Book: The Science of Secrecy from Ancient Egypt to Quantum Cryptography (New York: Knopf Doubleday Publishing Group, 2011). Kindle Edition, chapter 1: "The Cipher of Mary, Queen of Scots."

25. 同上。

26. Pierre Berloquin, Hidden Codes & Grand Designs: Secret Languages from Ancient Times to Modern Day (New York: Sterling Publishing Company, Inc., 2008).

27. Singh, The Code Book.

28. 同上。

29. Singh, The Code Book, chapter 2: "Le Chiffre Indéchiffrable" ; Richard A. Mollin, An Introduction to Cryptography (Boca Raton, FL: CRC Press, 2000).

30. Singh, The Code Book.

31. Singh, The Code Book, chapter 6: "Alice and Bob Go Public."

32. C.E.Shannon, "A Mathematical Theory of Communication," SIGMOBILE Moble Computing Communications Review 5, no. 1 (January 2001): 3–55, doi:10.1145/584091.584093.

33. C. E. Shannon, "Communication Theory of Secrecy Systems," Bell System Technical Journal 28, no. 4 (October 1, 1949):656–715, doi:10.1002/j.1538-7305.1949.tb00928.x.

34. B. Jack Copeland, Colossus: The Secrets of Bletchley Park's Code-Breaking Computers (OUP Oxford, 2006).

35. Russell Kay, "Random Numbers," April 1, 2002.

36. Singh, The Code Book.

37. David R. Lide, ed., A Century of Excellence in Measurements, Standards, and Technology: A

Chronicle of Selected NIST Publications 1901–2000, NIST Special Publication 958 (Washington, D.C.: U.S. Department of Commerce, National Institute of Standards and Technology, 2001).

38. W. Diffie and M. Hellman, "New Directions in Cryptography," IEEE Transactions in Information Theory 22, no. 6 (November 1976): 644–54, doi:10.1109 /TIT.1976.1055638.

39. Steven Levy, "Battle of the Clipper Chip," New York Times Magazine, June 12, 1994, http://www.nytimes.com/1994/06/12/magazine/battle-of-the-clipper-chip.html.

40. R. L. Rivest, A. Shamir, and L. Adleman, "A Method for Obtaining Digital Signatures and Public-Key Cryptosystems," Communications of the ACM 21, no. 2 (February 1978): 120–26, doi:10.1145/359340.359342.

41. AP, "Firm Shuts Down Privacy Feature," Calgary Herald, October 9, 2001.

42. CCNMatthews (Canada), "Radialpoint CEO a Finalist for Ernst & Young Entrepreneur of the Year Awards," MarketWired, July 29, 2005.

43. Roberto Rocha, "What Goes Around Comes Around; Montreal-Based Akoha.com Encourages Acts of Kindness by Turning Altruism into a

Game," Gazette, July 14, 2009.

44. The Akoha Team, "Akoha Shutting Down August 15 2011," Akoha Blog, August 2, 2011, https://blog.akoha .com/2011/08/02/akoha-shutting-down-august-15-2011/.

45. Michael J. Casey, "Linked-In, Sun Microsystems Founders Lead Big Bet on Bitcoin Innovation," Moneybeat blog, Wall Street Journal, November 17, 2014, http://blogs.wsj.com/moneybeat/2014/11/17/linked-in-sun-microsystems-founders-lead-big-bet-on-bitcoin-innovation/.

46. "Enabling Blockchain Innovations with Pegged Sidechains," r/Bitcoin, Reddit, http://www.reddit.com/r/Bitcoin/comments/2k070h/enabling_blockchain_innovations_with_pegged/clhak9c.

47. Timothy Leary, "The Cyber-Punk: The Individual as Reality Pilot," Mississippi Review 16, no. 2/3 (1988).

48. T.F. Peterson, Nightwork (Cambridge, MA.: The MIT Press, 2011), https://mitpress.mit.edu/books/nightwork.

49. 虽然有关包括肠道细菌在内的人类微生物群落的科学仍在发展，但有趣的证据表明，我们的细菌不仅对我们的健康，也对我们的行为产生强烈影响。参见：Charles Schmidt, “Mental Health: Thinking from the Gut,” Nature 518, no. 7540 (February 26, 2015): S12–15, doi:10.1038/518S13a.; Peter Andrey Smith, “Can the Bacteria in Your Gut Explain Your Mood?,” The New York Times, June 23, 2015, http://www.nytimes.com/2015/06/28/magazine/can-the-bacteria-in-your-gut-explain-your-mood.html.; and David Kohn, “When Gut Bacteria Changes Brain Function,” The Atlantic, June 24, 2015, http://www.theatlantic.com/health/archive/2015/06/gut-bacteria-on-the-brain/395918/.

6
实践优于理论

1. 这句话的出处是可疑的。

2. 有关这部分的细节来源于 2014 年 1 月对“追求学习”学校的一次访问。

3. 名为“追求学习”（Q2L）的初中和高中 , http://www.q2l.org/.

4. Pap Ndiaye, *Nylon and Bombs*, DuPont and the March of Modern America (Baltimore: Johns Hopkins University Press, 2006), 164.

5. Jessica Guynn, "Google Gives Employees 20% Time to Work on Diversity," *USA TODAY*, May 14, 2015, http://www.usatoday.com/story/tech/2015/05/13/google-twenty-percent-time-diversity/27208475/.

6. 有关这部分的细节来源于 2013 年 12 月对双西公司的一次访问。

7. Dave Winer, "Why You Should Learn to Code," *Scripting News*, February 27, 2013, http://threads2.scripting.com/2013/february/whyyoushouldlearntocode.

8. 例子请参见，Diana Franklin et al., "Assessment of Computer Science Learning in a Scratch-Based Outreach Program," in Proceeding of the 44th ACM *Technical Symposium on Computer Science Education*, SIGCSE '13 (New York, NY, USA: ACM, 2013), 371–76, doi:10.1145/2445196.2445304.; and Shuchi Grover and Roy Pea, "Computational Thinking in K–12: A Review of the State of the Field," *Educational Researcher* 42, no. 1 (January 1, 2013): 38–43, doi:10.3102/0013189X12463051.

9. 2014年4月19日，杰夫·豪对詹姆斯·吉的采访。

10. Tim Mansel, "How Estonia Became E-Stonia," BBC News, May 16, 2013, http://www.bbc.com/

news/business-22317297.

11. Stuart Dredge, “Coding at School: A Parent’s Guide to England’s New Computing Curriculum,” *Guardian*, September 4, 2014, http://www.theguardian.com/technology/2014/sep/04/coding-school-computing-children-programming.

12. Michael Barber et al., “The New Opportunity to Lead: A Vision for Education in Massachusetts in the Next 20 Years” (Massachusetts Business Alliance for Education, 2014), http://www.mbae.org/wp-content/uploads/2014/03/New-Opportunity-To-Lead.pdf.

13. 2014 年 1 月 29 日，杰夫·豪对萨阿德·里兹维的采访。

14. John Dewey, *Interest and Effort in Education* (New York: Houghton Mifflin, 1913), referenced in Mizuko Ito, "Seamless and Connected—Education in the Digital Age," HFRP—*Harvard Family Research Project*, April 24, 2014, http://www.hfrp.org/publications-resources/browse-our-publications/seamless-and-connected-education-in-the-digital-age.

15. 有关该领域近期的研究情况，请见 Andrea Kuszewski, “The Educational Value of Creative Notes Disobedience,” *Scientific American*

Blog Network, July 7, 2011, http://blogs.scientificamerican.com/ guest-blog/the-educational-value-of-creative-disobedience/; and Mizuko Ito et al., "Connected Learning: An Agenda for Research and Design" (Digital Media and Learning Research Hub, December 31, 2012), http://dmlhub.net /publications/connected-learning-agenda-for-research-and-design/.

16. 在媒体实验室 2014 春季会员活动中，伊藤穰一的姐姐伊藤瑞子和米奇·雷斯尼克对这些议题进行了一次很长的、广泛而精彩的讨论。这段视频可以在"2014 春季会员活动：学习优于教育"（麻省理工学院媒体实验室，2014）的相关网页中找到。http://www.media.mit.edu/video/view/spring14-2014-04-23-3.

17. Tania Lombronzo, "'Cheating' Can Be an Effective Learning Strategy," NPR, May 30, 2013, http://www.npr.org/sections/13.7/2013/05/20/185131239/cheating-can-be-an-effective-learning-strategy; Peter Nonacs, "Why I Let My Students Cheat on Their Exam," *Zócalo Public Square*, April 15, 2013, http://www.zocalopublicsquare .org/2013/04/15/why-i-let-my-students-cheat-on-the-final/ideas/nexus/.

18. 关于这个议题，丹尼尔·平克所著颇多。具体参见 Daniel H. Pink, *Drive: The Surprising Truth*

About What Motivates Us (New York: Penguin, 2011); Dan Pink, "The Puzzle of Motivation," 2009, https://www.ted.com/talks/dan_pink_on_motivation.

19. Maria Popova, "Autonomy, Mastery, Purpose: The Science of What Motivates Us, Animated," *Brain Pickings*, http://www.brainpickings.org/index.php/2013/05/09/daniel-pink-drive-rsa-motivation/.

20. Faith Wallis, *Medieval Medicine: A Reader* (University of Toronto Press, 2010).

7
多样性优于能力

1. Firas Khatib et al., "Critical Structure of a Monometric Retroviral Protease Solved by Folding Game Players," Nature Structural and Molecular Biology 18 (2011): 1175–77, http://www.nature.com/nsmb/journal/v18/n10/full/nsmb.2119.html; "Mason Pfizer Monkey Virus," Microbe Wiki, http://microbewiki.kenyon.edu/index.php/Mason_pfizer_monkey_virus.

2. "Solve Puzzles for Science," Foldit, accessed June 1, 2016,http://fold.it/portal/.

3. Ewan Callaway, "Video Gamers Take on Protein Modellers," Nature Newsblog, accessed June 1, 2016, http://blogs.nature.com/news/2011/09/tk.html.

4. "Welcome to Eterna!," http://eterna.cmu.edu/eterna_page.php?page=me_tab.

5. 包括佐兰·波波维奇和阿德里安·特勒耶的引言在内的该部分早期版本内容出现在 Slate 网站中。Jeff Howe, "The Crowdsourcing of Talent," Slate, February 27, 2012, http://www.slate.com/articles/technology/future_tense/2012/02/foldit_crowdsourcing_and_labor_.html.

6. Jeff Howe, "The Rise of Crowdsourcing," WIRED, June 1, 2006, http://www.wired.com/2006/06/crowds/.

7. Todd Wasserman, "Oxford English Dictionary Adds 'Crowdsourcing,' 'Big Data,'" Mashable, June 13, 2013, http://mashable.com/2013/06/13/dictionary-new-words-2013/.

8. "Longitude Found: John Harrison," Royal Museums Greenwich, October 7, 2015, http://www.rmg.co.uk/discover/explore/longitude-found-john-harrison.

9. Michael Franklin, "A Globalised Solver Network to Meet the Challenges of the 21st Century," InnoCentive Blog, April 15, 2016, http://blog.

innocentive.com/2016/04/15/globalised-solver-network-meet-challenges-21st-century/.

10. Karim R. Lakhani et al., "The Value of Openess in Scientific Problem Solving" (Cambridge, MA: Harvard Business School, January 2007), http://hbswk.hbs.edu/item/the-value-of-openness-in-scientific-problem-solving.

11. Scott E. Page, The Difference: How the Power of Diversity Creates Better Groups, Firms, Schools, and Societies (Princeton, NJ: Princeton University Press, 2008).

12. Katherine W. Phillips, "How Diversity Makes Us Smarter," Scientific American, October 1, 2014. www.scientificamerican.com/how-diversity-makes-us-smarter/.

13. Kerwin Charles and Ming-Ching Luoh, "Male Incarceration, the Marriage Market, and Female Outcomes," The Review of Economics and Statistics, 92, no. 3 (2010); 614–627.

14. 4 年后，支持种族清洗的德国人数量依然稳定在 5%，尽管现在只有 26% 的人愿意表达他们的反对，1938 年则达到 63%。Sarah Ann Gordon, Hitler, Germans, and the "Jewish Question" (Princeton, NJ: Princeton University Press, 1984), 262–63.

15. Obergefell v. Hodges, 135 S. Ct. 2071 (Supreme Court of the United States 2015).

16. 美国报纸编辑协会（ASNE）发布了一份年度共识，对报纸新闻编辑室内的多样性进行了考量。有关媒体多样性和大衰退之间关系的分析，请参见 Riva Gold's Atlantic magazine article, "Newsroom Diversity: A Casualty of Journalism's Financial Crisis." (July 2013) http://www.theatlantic.com/national/archive/2013/07/newsroom-diversity-a-casualty-of-journalisms-financial-crisis/277622/.

8
韧性优于力量

1. "YouTube—Broadcast Yourself.," Internet Archive Wayback Machine, April 28, 2005, https://web.archive.org/web/20050428014715/http://www.youtube.com/.

2. Jim Hopkins, "Surprise! There's a Third YouTube Co-Founder," USA Today, October 11, 2006, http://usatoday30.usatoday.com/tech/news/2006-10-11-youtube-karim_x.htm.

3. Amy-Mae Elliott, "10 Fascinating YouTube Facts That May Surprise You," Mashable, February 19, 2011,

http://mashable.com/2011/02/19/youtube-facts/.

4. Keith Epstein, "The Fall of the House of Schrader," Keith Epstein. Investigation | Communication | Insight, April 23, 2001, http://www.kepstein.com/2001/04/23/the-fall-of -the-house-of-schrader/.

5. Ellen McCarthy, "After the Glamour, a Modest Return," Washington Post, July 18, 2005, sec. Business, http://www.washingtonpost.com/wp-dyn/content/article/2005/07/17/AR2005071700718.html.

6. 虽然并非每个人都认为用免疫系统的方法解决网络安全是现实的，但过去几年这个方法越来越成为主流。Nicole Eagan, "What the Human Body Teaches Us about Cyber Security," World Economic Forum, August 20, 2015, https://www.weforum.org/agenda/2015/08/good-immune-system-wards-off-cyber-threats/; Shelly Fan, "How Artificial Immune Systems May Be the Future of Cybersecurity," Singularity HUB, December 27, 2015, http://singularityhub.com/2015/12/27/cyberimmunity-ai-based-artificial-immune-systems-may-be-cybersecurity-of-the-future/; "Workshop on Bio-Inspired Security, Trust, Assurance and Resilience (BioSTAR 2016)" (37th IEEE Symposium on Security and Privacy, IEEES&P 2016 Workshop), San Jose, CA, May 26, 2016), http://biostar.cybersecurity.bio/.

7. 在《密码故事》一书中，西蒙·辛格举了个例子，爱丽丝和鲍勃分别有一桶黄色颜料。爱丽丝在她的颜料桶中加了一升紫色颜料，鲍勃在他的桶里加了一升红色颜料，然后他们交换了颜料桶。爱丽丝在鲍勃的颜料桶中加入一升紫色颜料，而鲍勃在爱丽丝的颜料桶中加入了一升红色颜料。现在爱丽丝和鲍勃每人都有一个相同的暗棕色颜料桶，但是伊芙（窃听者）没法再调制这种颜色，即使她可以使用他们的染料。她当然可以将颜色信息输入电脑，让电脑分析计算可能的调制方法，但这仅仅是三种颜料的混合，试想一下如果颜料桶中有百万种颜色，甚至是10亿种，更甚至是万亿种颜色呢？就算是用最强大的处理器分离每种单独的染料，也要花上比太阳燃烧更长的时间。Singh, The Code Book, Kindle edition, chapter 6: "Alice and Bob Go Public."

8. 虽然李维斯特、沙米尔和阿德尔曼通常被认为创建了第一个可行的非对称密码，但当时没有人知道英国政府通信总部（GCHQ）的密码学家詹姆斯·埃利斯（James Ellis）、克利福德·科克斯（Clifford Cocks）和马尔科姆·威廉姆森（Malcolm Williamson）已经发明了一种非常类似的方法。然而，由于他们的工作直到1997年才公开，所以它对公钥密码学的发展没有太大影响。同上。

9. Amy Thomson and Cornelius Rahn, "Russian

Hackers Threaten Power Companies, Researchers Say," Bloomberg News, July 1, 2014, http://www.bloomberg.com/news/articles/2014-06-30/symantec-warns-energetic-bear-hackers-threaten-energy-firms.

10. Martin Giles, "Defending the Digital Frontier," *Economist*, July 12, 2014, http://www.economist.com/news/special-report/21606416-companies-markets-and-countries-are-increasingly-under-attack-cyber-criminals.

11. Forrest, Hofmeyr, and Edwards, "The Complex Science of Cyber Defense," *Harvard Business Review*, June 24, 2013, https://hbr.org/2013/06/embrace-the-complexity-of-cybe.

12. "The World's Firt All-Machine Hacking Tournament," http://www.cybergrandchallenge.com.

13. Stephanie Forrest, Steven Hofmeyr, and Benjamin Edwards, "The Complex Science of Cyber Defense."

14. John M. Barry, *The Great Influenza: The Epic Story of the Deadliest Plague in History* (New York: Penguin, 2005), 267.

15. Stephanie Forrest, Steven Hofmeyr, and Benjamin Edwards, "The Complex Science of Cyber Defense."

16. 同上。

17. Andrea Peterson, “Why One of Cybersecurity’s Thought Leaders Uses a Pager instead of a Smart Phone,” *Washington Post*, August 11, 2014, https://www.washingtonpost.com/news/the-switch/wp/2014/08/11/why-one-of-cybersecuritys-thought-leaders-uses-a-pager-instead-of-a-smart-phone/.

9
系统优于个体

1. 与伊藤穰一的对话。

2. 接受杰夫·豪的采访。

3. Ferris Jabr and Scientific American staff, “Know Your Neurons: What Is the Ration of Glia to Neurons in the Brain?” Scientific American, June 3, 2012.

4. Paul Reber, “What Is the Memory Capacity of the Human Brain?,” Scientific American, May 1, 2010, http://www.scientificamerican.com/article/what-is-the-memory-capacity/.

5. Nate, “How Much Is A Petabyte?,” Mozy Blog, July 2, 2009, https://mozy.com/blog/misc/how-much-is-

a-petabyte/.

6. Mark Fischetti, "Computers versus Brains," Scientific American, November 1, 2011, http://www.scientificamerican.com/article/computers-vs-brains/.

7. Elwyn Brooks White, Here Is New York (New York Review of Books, 1949), 19.

8. Edward Boyden, "A History of Optogenetics: The Development of Tools for Controlling Brain Circuits with Light," F1000 Biology Reports 3 (May 3, 2011), doi:10.3410/B3-11.

9. Boyden, "A History of Optogenetics."

10. "Edward Boyden Wins 2016 Breakthrough Prize in Life Sciences," MIT News, November 9, 2015, http://news.mit.edu/2015/edward-boyden-2016-breakthrough-prize-life-sciences-1109.

11. John Colapinto, "Lighting the Brain," New Yorker, May 18, 2015, http://www.newyorker.com/magazine/2015/05/18/lighting-the-brain.

12. Quinn Norton, "Rewiring the Brain: Inside the New Science of Neuroengineering," WIRED, March 2, 2009, http://www.wired.com/2009/03/neuroengineering1/.

13. Katherine Bourzac, "In First Human Test of

Optogenetics, Doctors Aim to Restore Sight to the Blind," MIT Technology Review, February 19, 2016, https://www.technologyreview.com/s/600696/in-first-human-test-of-optogenetics-doctors-aim-to-restore-sight-to-the-blind/.

14. Anne Trafton, "Seeing the Light," MIT News, April 20, 2011, http://news.mit.edu/2011/blindness-boyden-0420.

15. Karl Deisseroth, "Optogenetics: Controlling the Brain with Light [Extended Version]," Scientific American, October 20, 2010, http://www.scientificamerican.com/article/optogenetics-controlling/.

16. 同上。

17. Ernst Bamberg, "Optogenetics," Max-Planck-Gesellschaft, 2010, https://www.mpg.de/18011/Optogenetics.

18. Udi Nussinovitch and Lior Gepstein, "Optogenetics for in Vivo Cardiac Pacing and Resynchronization Therapies," Nature Biotechnology 33, no. 7 (July 2015): 750–54, doi:10.1038/nbt.3268.

19. Deisseroth, "Optogenetics: Controlling the Brain with Light [Extended Version]."

20. "1985 | Timeline of Computer History," Computer

History Museum, accessed June 7, 2016, http://www.computerhistory.org/timeline/1985/.

21. 出自 Tom Collins, The Legendary Model T Ford: The Ultimate History of America's First Great Automobile (Fort Collins, CO.: Krause Publications, 2007), 155.

22. Henry Ford, My Life and Work (New York: Doubleday, 1922), 73.

23. David Gartman, "Tough Guys and Pretty Boys: The Cultural Antagonisms of Engineering and Aesthetics in Automotive History," Automobile in American Life and Society, accessed June 7, 2016, http://www.autolife.umd.umich.edu/Design/Gartman/D_Casestudy/D_Casestudy3.htm.

24. Elizabeth B-N Sanders, "From User-Centered to Participatory Design Approaches," Design and the Social Sciences: Making Connections, 2002, 1–8.

25. 出自 Drew Hansen, "Myth Busted: Steve Jobs Did Listen to Customers," Forbes, December 19, 2013, http://www.forbes.com/sites/drewhansen/2013/12/19/myth-busted-steve-jobs-did-listen-to-customers/.

26. Sanders, "From User-Centered to Participatory Design Approaches."

总结

1. 越少讲到 1835 年的“吐血之战”越好。

2. Sensei's Library, "Excellent Move," last edited May 31, 2016, http://senseis.xmp.net/?Myoshu

3. 这听起来不太可能，对吗？但这是真的。有关其中涉及的数学运算的解释，请参阅 Eliene Augenbraun, "Epic Math Battles: Go versus Atoms," Scientific American 60-Second Science Video, May 19, 2016, http://www.scientificamerican.com/video/epic-math-battles-go-versus-stoms.

4. Xiangchuan Chen, Daren Zhang, Xiaochu Zhang, Zhihao Li, Xiaomei Meng, Sheng He, Xiaoping Hu, "A Functional MRI Study of High-Level Cognition: II. The Game of GO," Cognitive Brain Research, 16, issue 1 (March 2003): 32–37, ISSN 0926-6410, http://dx.doi.org/10.1016/S0926-6410(02)00206-9.

5. Rémi Coulom, "Efficient Selectivity and Backup Operators in Monte-Carlo Tree Search." Computers and Games, 5th International Conference, CG 2006, Turin, Italy, May 29–31, 2006, revised papers, H. Jaap van den Herik, Paolo Ciancarini, H. H. L. M. Donkers, eds., Springer, 72–8, http://citeseerx.ist.psu.edu/viewdoc/summary?doi=10.1.1.81.6817.

6. David Silver, Aja Huang, Chris J. Maddison, Arthur

Guez, Laurent Sifre, George Van Den Driessche, Julian Schrittwieser et al., "Mastering the Game of Go with Deep Neural Net-works and Tree Search," Nature 529, no.7587 (2016): 484–489.

7. Elizabeth Gibney, "Go Players React to Computer Defeat," Nature News, January 27, 2016, http://www.nature.com/news/go-players-react-to-computer-defeat-1.19255.

8. Mark Zuckerberg, Facebook post dated January 27, 2016, https://www.facebook.com/zuck/posts/10102619979696481? comment_id=10102620696759481 &comment_tracking=%7B%22tn%22%3A%22R0%22%7D.

9. Cade Metz, "In Two Moves, AlphaGo and Lee Sedol Redefined the Future," Wired, March 16, 2016, http://www.wired.com/2016/03/two-moves-alphago-lee-sedol-redefined-future/.

10. Cade Metz, "The Sadness and Beauty of Watching Google's AI Play Go," Wired, March 11, 2016, http://www.wired.com/2016/03/sadness-beauty-watching-googles-ai-play-go/.

11. 2016 年，超级碗吸引了 1.119 亿观众，而李世石与“阿尔法狗”的对弈比赛视频的观众人数达到了 2.8 亿。Frank Pallotta and Brian Stelter, "Super Bowl 50 Audience Is Third Largest in TV

History," CNN Money, February 8, 2016, http://money.cnn.com/2016/02/08/media/super-bowl-50-ratings/.

12. Baek Byung-yeul, "Lee-AlphaGo Match Puts Go Under Spotlight," Korea Times, March 10, 2016, http://www.koreatimes.co.kr/www/news/nation/2016/04/663_200122.html.

13. Iyad Rahwan, "Society-in-the-Loop: Programming the Algorithmic Social Contract," Medium, August 13, 2016. http://medium.com/mit-media-lab/society-in-the-loop-54ffd71cd802#.2mx0bntqk.

14. Yochai Benkler, "Coase's Penguin, or, Linux and the Nature of the Firm," Yale Law Journal (2002): 369–446.

15. Melanie Mitchell, Complexity: A Guided Tour (New York: Oxford University Press, 2009), ix.